U0631321

创业成败

关于挑战、机遇和创新

THE BIG
Book of Small
Business

[澳] 安德鲁·格里菲思（Andrew Griffiths）著

胡赛 译

湖南人民出版社　博集天卷 CS-BOOKY

本作品中文简体版权由湖南人民出版社所有。
未经许可，不得翻印。

图书在版编目（CIP）数据

创业成败：关于挑战、机遇和创新 /（澳）格里菲思（Griffiths, A.）著；胡赛译.
—长沙：湖南人民出版社，2015.10
书名原文：The Big Book of Small Business
ISBN 978-7-5561-1126-8

Ⅰ. 创… Ⅱ.①格… ②胡… Ⅲ.①中小企业—企业管理 Ⅳ.① F276.3

中国版本图书馆 CIP 数据核字（2015）第 244358 号

著作权合同登记号：图字 18-2015-066

THE BIG BOOK OF SMALL BUSINESS by Andrew Griffiths
Copyright © Andrew Griffiths 2011
First published by Allen & Unwin, Sydney, Australia 2011
Published by arrangement with Allen & Unwin Pty Ltd, Sydney, Australia
through Bardon–Chinese Media Agency
Simplified Chinese translation copyright © 2015
by China South Booky Culture Media Co., Ltd.
ALL RIGHTS RESERVED

创业成败：关于挑战、机遇和创新

作　　者	[澳] 安德鲁·格里菲思
译　　者	胡　赛
出 版 人	谢清风
责任编辑	胡如虹
监　　制	于向勇　马占国
版权统筹	辛　艳
策划编辑	袁开春
出版发行	湖南人民出版社 [http://www.hnppp.com]
地　　址	长沙市营盘东路 3 号
邮　　编	410005
经　　销	新华书店
印　　刷	三河市华东印刷有限公司
版　　次	2015 年 11 月第 1 版　　2020 年 7 月第 2 次印刷
开　　本	787mm×1092mm　1/16
印　　张	21
字　　数	299 千字
书　　号	ISBN 978-7-5561-1126-8
定　　价	45.00 元

（如发现印装质量问题请与出版社调换）

致谢

　　《创业成败：关于挑战、机遇和创新》是我迄今为止所有商业经验的结晶，包括成功和失败的体验。我对于创业者了解得越多，就越热爱他们。创业者充满活力，朝气十足，总是面临挑战，但也不断获得回报，而且还有着许多美妙的特质。

　　能够生活在一个企业家的时代，我们是非常幸运的。在这个时代中，创业的人比以往任何时代都要多。我十分钦佩那些有足够勇气、敢于抛开稳定的工作和收入所带来的安全感，追寻创业梦想，并热忱迎接所有随之而来的风险的人。当然，回报会与风险结伴而来，特别是在创业过程中你能够掌控自己的命运。一旦你体验过这种感觉，就很难回归以往的生活。

　　所以，谨以此书献给在这颗行星上的每一位企业家，你们是我的灵感所在，望你们坚持自己所做的事情，保持成功给你们带来的喜悦，永远不要失去你们创造世界、创造生活的热情。从而，使我们的世界变得更好。

目录

CONTENTS

CONTENTS

前言　企业家的时代

不知不觉，距离我的第一本书《101 种营销的方法》（*101 Ways to Market Your Business*）出版已经十年了。在这十年中，我们的世界发生了很多改变，科技与我们的日常生活的关系日益密切。在最美好的时代中，我们还遭遇了前所未有的金融挑战。

对于现代企业家而言，这段时间可以说是坐着过山车过来的。很多资历较老的企业已经悄然逝去，而一些新兴的企业在很短的时间内就取得了成功。我们发现自己需要新的技能，需要合理的建议，需要精辟的见解，还需要更为广泛的通信工具。

我认为，对于如今的企业而言，最大的风险是不能创新。可惜的是，有很多企业都罹患了这种疾病，不少行业无法告别过去，无法转变生产方式来迎合现在的消费者。我们已经看到了商业世界的巨大转变，不仅是大型企业，小企业也是如此，革新所带来的挑战对于商业世界的大型和小型企业同样适用。

事情的另一面则是，当前的时代为聪明的企业家提供了超乎想象的机遇。我称它为"企业家时代"，这是一个任何人都可以开创企业的时代，一个不需要很多资金甚至时间，也能够创立成功企业的时代。当然，这些大多与互联网世界相关，但这正是要点所在：如果你所在的公司，在经营中拒不接纳互联网，也不接纳互联网提供的各种机遇，那这家公司就走上了恐龙曾走过的那条老路。

但这本书并不是谈论如何在网上开办公司。这是一本关于秉持创新思想的书。太多的人曾在商场上犯过这样或那样的错误，本书旨在为你提供一条能够规避陷阱，借鉴他人成功经验的捷径。

成就一位企业家的究竟是什么

我非常信奉这样一种策略：找到成功的人，并借鉴他们的态度和习惯，可以在任何你想要达成的目标上提高成功的概率。我曾经与很多世界上最为成功的企业家一起工作、面谈，为他们做过宣讲，并阅读过很多有关他们事迹的作品，这让我能够整理出当今成功人士的以下的特质：

这些人能够较快地看到机遇，尤其是看到已经存在的小众市场（又名利基，niche）。他们既积极又充满能量，如果有不明白的，会毫不畏缩地提出问题。他们热情采用新技术，但是却避免被技术奴役。他们有一种要把事情做得比竞争对手更好的渴望，这一恒定而永无止境的创造精神业已融入他们的企业文化。他们认为对个人和企业发展的投资是至关重要的，他们会将这个理念和社交（既有面对面交流，也有在线交流）的能力结合起来，帮助自己去建立战略性伙伴关系。他们的研究能力如同专业侦探，并且会根据研究结果做出明智的选择。最重要的是，他们百分之百地支持自己，相信自己。

不只是一本"最好的建议书"

我的出版商曾建议我，根据我的另外十本涵盖营销、销售、广告宣传和工作—生活平衡的畅销商业书籍，整合出一本综合性的"最好的建议书"。但在开始整理书稿的时候，我意识到，这本书不仅要给出最好的建议，还需要提供对于企业当前状况的总体观察，探索企业家的世界，还有他们如何思考，如何改进，如何取得成功，还必须提供对于"恐龙"灭亡的清晰认识。

一点警告

这本书包含大量的信息。我下了很大功夫，力争包含经营一家公司所涉及的方方面面，对于有些人而言，这可能有些信息过量。请不要匆忙下定论。本书中的相当一部分可能现在就对你适用，而其他部分可能在一年内，就会让你感到贴近了你的工作和生活。我们往往需要在正确的时间里找到正确的信息，我希望这本书能够以这种方式对你有所帮助。

所以，我要努力阐明的观点是，为了取得生意上的成功，我们要做的事情非常纷繁，往往会让我们应接不暇。你们很多人可能听过这个老笑话："你怎么吃掉一头大象？""一口一口地吃。"这也适用于创办一家公司。在你有能力的时候，做你能够做的事情。你在这个过程中投入的时间和精力越多，你就越能较快得到结果。

如何最大化利用这本书

与以往写给企业家的书相同，我的目标是快速切入要点。我们都在与时间作战，所以，如果在搜寻某些信息遇到了困难，我们往往会跳过这件事，做下一件。很多时候，我们即使被淹没在信息的汪洋大海之中，也依旧渴求知识。

在本书中，已经列出了我最经常被问到或者我曾经看到的、让企业主们最为纠结的问题。我已经提供了一些关于挑战和机遇的背景和信息，以及一些你马上就可以应用的实用贴士。这意味着，你可以把这本书从头读到尾，或者翻开你需要的某一页，找到能够立即应用的信息和实用建议。

在本书中，有很多重要的主题和专门策略会反复出现，可能出现在多个章节中。之所以重复这些信息，是因为我认为它们重要。

你将会注意到，有一些章节比其他章节要长。一些建议可能只有一句话，一些则可能占据了一两页的篇幅。这并不是说我分享的信息更重要或者更不重要，只是因为有些要点可以用简短的话语概括，而有些要点则需要做更多的解释。

我建议你，在阅读时记录下与你产生共鸣的那些要点，并写下你想要采取的行动。如果不行动，再好的构想也毫无意义。

从这里开始，如何最大化利用这本书，就交给你了。

创业成败：
关于挑战、机遇和创新
The Big Book of Small Business

第一章

成功与失败的分界线是什么

　　曾经有很多人问过我这个问题，这并不是一个很好回答的问题。当然我们可以看银行存款。但是，如果评价一位企业家的得失成败仅仅只用金钱一个标杆，我们的世界将是一个不折不扣的悲惨世界。

　　就我个人而言，我相信任何有勇气走出自己的舒适环境，走入充满挑战的自食其力的生活境地的人，都可以归入取得显著成功的那批人之列，因为开创自己的事业并非易事，这毫无疑问。然而，我注意到，大多数在经济上取得成功的企业家都具有一些共同的性格特点，其中包括要有成功的强烈意愿。在本书中，我将不断谈及这些性格特征，而你可能会惊奇地发现，你已经具有其中的不少特质。很多时候，人们想成为企业家的第一原因是他们擅长做自己所从事的工作，明白自己的优势，更愿意为自己挣钱而不是给别人打工。

　　如果必须要我用一个词来划清成功与失败的界限，那一定是"激情"。对自己的事业有激情的企业家不会接受 50 分——他们一定会想要成为行业中最优秀的人。他们对自己的产品、服务、客户和员工都充满热情。这种热情令他们可以接受挑战，直面遇到的所有纷繁复杂的挑战。当然，他们也会遭遇挫折，但他们不会沉湎于负面情绪之中，他们总是会选择继续前行，从错误中获得成长，并改善处理事情的方法。他们有足够的热情，可以用智慧的方法来分享喜悦和悲伤，并且在能力所及的范围内，都愿意帮助他人取得成功。

在这个章节中，我想探讨"态度"这个概念，以及态度当之无愧地成为成功的最重要因素的原因。在大多数情况下，成功包含着我们思考问题的方式，向他人学习的态度，还有对我们自身的理解程度。

在本章中，我们将要讨论以下话题，并找出这个问题的答案：为什么正确的态度对于小企业家的成功如此重要？

- 有些事永远无法用钱来衡量
- 你对自己的事业有多自豪
- 规模并不重要
- 你有决心开创成功的事业吗
- 每个小企业主和企业家都需要的东西
- 立志要远大（标准在你心中）
- 道德尺度要严明——不留灰色地带
- 打造公平的声望
- 不仅仅是生意
- 要做决定——拖延是致命的病
- 成功的人不把自己当作受害者
- 全面支持你自己
- 记住要庆祝你的胜利
- 事情并没有那么严肃——找点乐趣

有些事永远无法用钱来衡量

将利润作为衡量生意成功还是失败的单一标准，这种方法实在愚蠢，我们需要改变这种态度。这些年来，在世界各地，通过书和研讨会等渠道，我已经和数千名（毫不夸张）小企业主合作过，我发现他们中的大多数人似乎都将衡量工作的标准建立在开的车的种类和住房的大小上，而轻视其他方面的成功。

　　我热爱小企业所代表的意义。小企业代表着人们愿意用生活来冒险，应对挑战，有足够的勇气去应对风险，并敢于赌上一切。最重要的是，因为投入和风险相关，所以小企业在自己的业务领域内非常擅长。他们知道丢掉一个客户将会立即对个人收入产生什么样的影响。相反，如果为一家大型机构工作，丢掉一个客户可能不会带来任何个人损失（除非是个非常大的客户）。这样的员工虽然业务有损失，个人收入却有很好的保障。

　　所以我认为，小企业真正的成功在于企业主们所建立的业绩和取得的成就。我遇到过一些真正令人赞叹的人，他们所做的事情令人惊叹。做这些事情，他们有时只能取得些许微薄的利润，有时分文不取。但是他们所做的事、提供的服务、所创造的就业机会和营建的声誉都令他们感到自豪。

　　我们很多人都需要暂停一下，对自己多做一些评估。不要只看着一个星期结束后自己银行里有多少钱，我们应该搞一个胜利告示板，把这个星期内取得的成就记录下来，看看我们都做了什么好事。

　　改变对成功的思考方式能够让我们更好地原谅自己、理解自己。起初，我们可以说"我的银行账户并没有很多钱，但是有很多非常开心的客户，钱总会来的"，相信我，不久钱也就真的来了。

你对自己的事业有多自豪

　　连续开了几星期车之后，我想我应该把车洗一下。于是我驾车来到一家自动洗车房，以前我也经常到这家洗车。正在排队等候时，这家店的老板走过来跟我打招呼。他是一个非常积极热情的人，总是那么阳光，我非常喜欢他的性格。

　　这一天，他拿着一个装着清洁液的喷壶走过来，将清洁液喷洒在轮胎上——这令轮胎焕然一新。他绕着车走了一圈，每个轮胎都没有放过，然后给了我一个灿烂的笑容，翘起两个大拇指，才走向后面的那辆车。他并没有向我推销任何东西，他没有这些动机。到了下一辆车前，他拿出一听喷雾剂，开始卖力地擦拭车顶的几处顽固污垢，车里的人正排队等候进洗车房，正好可以看见他在卖力。他做这些事没有别的原因，只是因为他充满动力，作为一个专业的企业所有人，他很为自己的事业骄傲。

这个人本可以简简单单地坐在自己的办公室里读报纸，一天中只要时不时出来清理一下硬币机里的钱就行。但是他却忙里忙外，以确保顾客离开时都快乐而满意。

在我看来，这是一个信号，他不仅聪明，而且为自己的工作深感自豪，这一切都货真价实地体现了出来。我偶然得知，自从他接管后，这家洗车房的营业收入已经增长了 70%。当你在业务中注入激情和能量之后，结果真的充满趣味。

如果你有你自己的生意，请为它自豪。这是你的心血、汗水和泪水的结晶。有太多的时候，我们忘记了走到今天我们所付出的艰辛努力，只是单纯以我们今天所处的位置来评价自己，却不曾考虑我们的起点。所以，在给自己的生意挑错时，你应该好好地拍拍自己的肩膀，嘉奖一下自己已经取得的成就，并重新直起腰来。

当一个企业所有人对自己的业务感到自豪时，就会有所表现，请谨记：激情 + 能量 = 赢利，这个公式永远成立。

规模并不重要

我最为之沮丧的，也是我经常在书里提到的，是我称为"小生意综合征"的现象。你是否对自己的生意留有余地，没有用全部的精力和资源经营它，仅仅因为这"只是一个小生意"？这就是小生意综合征。

从我的经验看来，经营状况最好的企业是小企业，规模不会制约你提供好服务，你可以做出充满智慧的营销举措，创造伟大的产品，表现出创造性和活力。小企业主常常为企业规模小而充满内疚。我却认为现在我们应该从这种思维定式中解放出来，并接受这样的事实：小企业是商业世界的发动机——世界上有数百万计的小企业，整体而言，他们在所有的行业中都引领潮流。

事实上，小是一个非常好的机遇。想象倘若你是一个庞大的跨国企业的首席执行官，你会怎样改变商业运作的方式？经历无尽的会议和讨论，最终可能需要董事会表决。到那时，通过的改变决定再层层部署下去，开始漫长而充满波折的执行之路，不知要到何时改变才能最终真正落实到销售这些产品或服务的一线员工身上。但是在小企业，如果想要改变，就可以立刻去做。这是多大的优势啊！

在这里我要传达的主要信息是，要对你的生意感到自豪，无论规模是大是小。建立一个成功的企业与规模无关——只是态度问题。

你有决心开创成功的事业吗？

作为作者，我见过很多想要写书的人。怀揣这个梦想的人如此之多，让我深感惊奇。但是在这些人中，只有很少的人会真正去写。这里现实的问题是：他们为什么不写？光想想写书可真是太容易了。我们大多数人都可以坐下来，拿上纸笔，在几分钟内写出好几个不错的点子。假如那些好想法也在注视着我们，我们是否会感到汗颜呢？

写一本书需要时间，需要承诺，需要自律——成功地运营一家公司也是如此。我接到出版商的来电，说他们喜欢我的第一本书，可以出版该书的时候，我以为自己可以舒舒服服地坐在椅子里，翘着二郎腿，再点点 ebay（易贝），买下我的第一辆保时捷。事实却有点不同。出版商是喜欢这本书，但是我还必须把整个手稿从头至尾重新改写润色。稿子修订了三次，花了将近 12 个月才能够送到印刷厂。最后到书真的摆上货架，才算是我贩卖自己想法的这个事业真正迈出了一步。

在这里我的建议很简单，如果你并没有百分之百地投入，却想要做成非常成功的企业，那么去找工作吧。享受每周都能拿到的周薪（这并没有什么不好的），忘掉拥有自己的事业这种浪漫的想法。如果你没有完全付出，结果只能是泪水和心痛。

每个小企业主和企业家都需要的东西

在我学会的很好的技能中，有一个技能不仅能够帮助我建立更好的人际关系，也能够帮助我缓解生活中的压力。这就是增强同情心。对于我来说，这可以让我站在对方的立场上思考问题，从他们的视角看待事情。

这样做很有意思，我们都需要更多地在生活中运用同情心处理自己周围纷纷扰扰应接不暇的问题。当你需要慎重思考一个问题时，从另一个人的视角出发能够让你从被压力困扰的思维中跳出来，让你可以用一种前所未有的方式来看待这个情况。

同情往往可以让我们与他人产生共鸣，更理解他人，更具有忍耐力。在这个日益嘈杂的世界里，我们往往缺乏对这些情感的体验。

那么，怎样提高你的同情心？正如生活中很多值得学习的事情一样，这也需要一些时间和经历。如果你遇到了困难，不要简单直接地用愤怒或沮丧来回应，冷静下来，花点时间站在别人的立场上思考问题。要争取把事情想透彻。试着暂时忽略你自己的感受，从他人的角度看事情。如果你处在他的位置，你会有什么感觉？他的问题、抱怨和行为是否情有可原？你会从新的视角去看待问题，而后回到自己最初的立场，这时你已经全面而充分地考虑了整个情况。

伴随着同情而来的是理解。我从一些非常出色的商人身上学到了理解。理解是伟大的销售能力的基本原则，是全世界的人类活动背后的推动力。同情能够帮助我们减轻压力，改善人际关系；理解能够将我们转换至另一个出发点，让我们及时获得对时局全新的认知。

正如当你大笑时很难感受到痛苦一样，如果你能够从同情的角度看待任何事情，你也很少会被压力压垮或者感到愤怒。试试吧，我保证你将为自己的心态变得平和而感到惊奇。

立志要远大（标准在你心中）

一位创办并成功运营一家比萨店的人和一位创立并成功运营一家世界性连锁比萨店的人之间，究竟有什么差距？我认为差距全在思考过程。如果你想得远，你就能走得远。但是我们大多数人都忙着做事，忙得连自己要去哪里的想法都不会露头，不会成形。事业小而成功很正确，但同样，把一项小而成功的事业发展成为更加成功的大事业也很正确。

我知道，读到这一句，一些人可能会有这样一种感觉：世界上有重重阻碍和种种限制，让他们无法主导这个世界（以尽可能轻松柔和的方式）。但是，以我个人的经验和对企业家的观察结果来看，毫无疑问，志向远大的人总能收获更多。

我个人喜欢制订一系列大计划，并把它们细化。比如短期目标，尽快偿还信用卡；再比如长期目标，我想要我的书售出 100 万册。这两个目标对我而言，都非常重要，我确信将会完成，虽然还不确定完成时间。我有一个列表，标出了十个首要目标。当读到长期目标时，我的大脑就要进入高度兴奋状态了——我诚恳地相信我会实现所有的目标。

胸怀远大，并为之奋斗。

道德尺度要严明——不留灰色地带

旧日的社会精英、耀眼明星，有的却沦为企业的败类，这种例子你知道多少？曾经上过数十家大型刊物封面的企业领导人，仅仅几年之后便被诉诸公堂，身陷囹圄。为什么会发生这种事？他们怎么会跌得这么惨？是什么腐蚀了他们？

事实上，这些人原本就容易受到诱惑。实际情况可能是：更早的时候没有人盯紧他们，没能早点抓住他们。

我们都需要按照严明的道德准则生活，能够清楚明白地分辨出对与错，不应该有灰色地带，因为往往这些地带就是你失足的陷阱。

当然，不同的道德、伦理和法律之间会有差异，但是在现实之中，这些准则联系非常密切。一旦你违反了一条准则，继续违反就会更为容易，大部分破坏过规矩的人都会这么做。

我的理念非常简单——我绝不做任何可能会令我后悔的事情。我绝不在离开办公室时往头上裹条毛巾以躲避围观的记者。这不仅会对我的道德准则有致命打击，也会破坏别人的生活，而受害人往往是无辜的群体。

打造公平的声望

老话说，要想谈判有效果，所有谈判方都得赢。赢的层次多种多样，但共赢是最好的结果。有些人只要去谈判，就有一种自我的姿态，要在任何事情上不惜一切代价赢得胜利。我们都认识这样的人。这种人买个公交车票都要讨价还价。他们沉迷于胜利，甚至终其一生都在侵占他人的利益。结果往往是，没有人愿意跟他们交易。

谈判是生活的一部分。做生意时，我们需要充分的谈判技巧，以保证赚到尽可能多的钱。但是谈判的关键词是公平。我不得不和供应商谈判，比如平面设计师、媒体广告商、印刷商和分包商。我想和这些公司维持优质的关系，而且我想要他们为我的客户提供最好的服务和产品。但是，如果我令他们的利润十分微薄，他们就会失去兴趣，只能是提供质量勉强过得去的服务和产品，我的客户就会吃亏。

我需要一开始就和我的客户说明白：我们要以最公平的价格完成最好的工作。这个理念使我能够建立出色的供应商网络，这些供应商也总是能够提供出色的服务和产品。他们在每个项目上都能获得丰厚的回报。我的公司也获利丰厚，客户得到最好的产品和服务。

不仅仅是生意

生意来了又走——你今天做的事情，十年后不一定还在做。一生当中，你是最伟大的资产，认识到这一点非常重要。

我结识过不少人，他们融入自己的生意——生意就是他们的一切：早上清醒那一瞬，想的是生意；临睡前最后一刻，想的也是生意（往往睡梦中也全是生意）。如果失去了这个营生，他们的生活就会土崩瓦解。他们会感到无所适从，生命将变成一片空白。

看看为数甚少的成功企业家的生活，他们很少只拥有一个生意。他们并不迷恋一个生意，可能会把旧的卖掉，和其他人合伙开始新的生意。他们对自己所做的事情富有激情，但是他们懂得自己才是能让生意运转的资源和核心。

不论做什么，你当前的生意都需要生活作为支撑。出于这个原因，你必须要不仅仅拥有你的生意。你还需要更多身份，更多兴趣，更多信念：对于如何适应自己的生意与生活，仅仅有一个长期的眼光是不够的。不要让你的生意吞噬你或控制你——你需要驾驭生意，而不是让生意来驾驭你。

想想这个：如果收到了一封信，命令你必须在 24 小时内关掉公司，你该怎么做？你会如何处理？接下来做什么？这种情况耐人寻味，值得你花几分钟好好想想。

要做决定——拖延是致命的病

就个人而言，我发现，我越忙，就越难做决定。我每天被数百封邮件轰炸，这毫不夸张。传真、电话、电邮、信件以及团队内部的通信……要做的事情如此之多，以至于为任何事找点时间做决定都会非常困难。但是如果不做决定，我的工作量就会增加，客户就会很失望，员工也会很失望。

一个朋友经营着好几家大型企业，她把我单独叫出来，给了我一些非常重要的建议。她说我应该立刻开始学习做决定，不要让和我打交道的人焦急地等待着我再抽出时间去考虑他们。如果不改变，最后只会剩下一张不断扩大的"需要做决定的事情"清单，我永远也做不完上面的事。我听取了她的建议，并发现她说得很对。

我现在尽可能快速做决定。有些事需要稍微多一点时间考虑，但事实上我的大部分决定只是简单的、别人需要执行的"是"或"否"。这在我每天的工作量中占据了令人称奇的分量：看起来我要做的事情少了很多，我不会再带着永远不会完成的事情清单回家，和我打交道的每个人也都更加开心，因为他们能够快速得到我的决定。

当然，有时我也会做出错误的决定，不过以前我也犯过错。人人都会犯错，但我认为我所做的错误决定的数量已经有了显著的下降。

成功的人不把自己当作受害者

我有一个不寻常的童年：我是一个孤儿，整个成长期都是在颠沛流离中度过的，在好几个人家生活过。这些人家，有的很好，有的不那么好。我曾经遭遇过不少暴力，曾经相信过一些本不该相信的人，也有很多和我关系非常深厚的人去世了，但是我从未感到自己像个受害者。

生活时常会给我们每个人带来不同的打击，我们只能选择或者把注意力集中在这些打击上，或者集中在那些好的事情上。我选择关注好的事情。这并不是说我从没有过很糟的情况，但是把注意力集中在好的事情上让我渡过了很多难关。

有些人却陷于受害者的角色中走不出来——一切不好的事情都是别人的错，他们总是给自己戴着"受害者"的帽子。受害者会吸引受害者，这个圈子会不断扩展。具有讽刺意味的是，我发现最有资格带上"受害者"徽章的人很少以受害者自居。他们忙着让生活回归正轨。

对我来说，最简单的事就是把对那些伤害过我、遗弃过我或者利用过我的人的愤怒和憎恶掩藏起来。但是如果没有那些人，我也不会是如今的我——我更加为如今的自己感到高兴。

昨天深夜，我偶然看见一档电视真人秀节目，说的是一个男人在身上文了他儿子的肖像。他的儿子几年前死于一次意外。很明显他仍然非常伤心，但是他说的一些话我觉得有必要在此分享给大家："我们都在生活中遭遇过一些非常艰难的事情，但是我们自己可以决定是愤恨还是奋发向上。"

这话很有力量。我们有多少人能够在遭遇逆境时迎难而上？或者反过来说，我们有多少人从此消沉？其实都是可以选择的。对于每个降临到我们头上的挑战，我们都有选择的机会。谁曾想过，一场关于文身的真人秀会迸发出这样的箴言？启迪无处不在，只要你选择倾听。

我们都会面临需要拼搏的时刻，会遭遇家庭问题、与他人的关系问题、钱的问题和健康问题——这就是生活。只是扮演受害者并不能让这些问题离你而去。我们应当把注意力集中在美好的事情上，从经验中学习，并不断前进。让扮演受害者的人离开你的生活，你将很快发现积极和充满热情的人会取代他们——你的生活也将大为好转。

全面支持你自己

最近我有幸在一次创新颁奖晚会上担任主持人，晚会要介绍社区内的一些本地发明家和创作者，以及他们的一些非常神奇的发明。这些出色的人往往长年累月地辛勤工作，只有很少的钱，甚至没有经济来源，但他们追寻自己的梦想，并最终实现。随着研究的不断深入，我发现他们都有一个共同点：他们全面支持自己和自己的产品。

我见到的每个发明者身上都拥有真正的激情，这表现在他们对自己在漫长的时间内呕心沥血做出的产品或服务感到无比的自豪与荣耀。

那天晚上，我引用了一个完全支持自己、远离失败、走向成功的伟大案例，这就是世界闻名的 Zippo（之宝）打火机。1933 年，第一批 Zippo 打火机来美国销售，单价是 1.95 美元。拥有这家公司的是后来很富有的石油大亨乔治·布雷斯代（George Blaisdell），但当时由于这个革命性的打火机销售惨淡，他遭受到了毁灭性的打击。

为了寻找获得人们注意的方法，也为了展示 Zippo 打火机到底有多好，乔治对每个打火机都做出了终身质量保障，这是前所未有的。销售额很快就冲破了天花板。Zippo 被美国军队成箱买入，并且因 Zippo 打火机因为中校马汀内斯（Martinez）挡了一颗子弹而名噪一时。这些打火机随后以象征性地位出现在《虎胆龙威》（*Die Hard*）和詹姆斯·邦德（James Bond）系列电影中，随后被人们作为藏品大量收集，一个纯金 Zippo 大概要花费 1 万美元。今天，大约 4.5 亿个 Zippo 打火机被销往世界各地，这些都是乔治对这些产品拥有足够信心而提供终身质量保障的结果。

我们必须成为我们生意的头号粉丝和信仰者。如果我们不是自己最大的粉丝，如果你不坚信你自己所做的事情，又怎能期待别人相信？我们需要对自己的生意充满热情，我们需要饱含激情地告诉人们我们是做什么的。最重要的是，我们需要给他们充分的理由，让他们从我们这里买东西。

这道理听起来很简单，但是如果你问大多数人他们做什么营生，他们的回应往往十分平淡，没有任何力量、激情——就好像他们充满歉意一样。

所以，如果你在寻找那个成功和失败之间的特殊"物质"，那可能就是简简单单的"支持你自己"。要做好金钱的准备，随时随地只要可以就使用你自己的产品，并充满激情地告诉别人你在做什么，为什么会做得这么好。如果你因为不相信自己正在做的事而无法支持自己，那你就该对自己的生意做一个认真的检讨了。

记住要庆祝你的胜利

在我所做过的事情中，最好的一件事就是在自己办公室里放一个白板，上面列着一年中我认为对于自己的生意以及自己来说具有里程碑意义的成果。每逢元旦，我会把白板擦干净（但是我会对前一年的成就拍照留念）。之后每当我完成了有意义的事情，就把它写在白板上。

这个里程碑意义成就的列表让我从中获得的感受真是奇妙。数月前的胜利我也许会在日复一日的纷繁生活中渐渐忘记，但白板清楚地记录着呢。在那些艰难的日子里，似乎一切都不顺利，但是只要看看我的胜利白板，就会感觉一切都会好的。

我们需要尽可能多地庆祝自己的胜利，同时也要鼓励我们身边的人庆祝他们的胜利。我们越有能力营造一种庆祝的气氛，就越能找到更多的事情去庆祝，这会对你和你的生意产生持久的效应。

事情并没有那么严肃——找点乐趣

生意可以充满趣味，我是这一理念的忠实信徒。当然很多时候是说着容易做起来难，但是有些生意看上去似乎毫无乐趣。我无法想象在这样的情形中怎样一小时接一小时、一天又一天、一月复一月地工作下去。我认为有些人把专业和严肃混为一谈了。一个充满笑声、人人自得其乐的工作场所并没有任何不专业，因为消费者更愿意走进一个轻松、友好、充满能量的环境，而非严肃、沉闷、令人不适的地方。

乐趣有多种形式，但我相信乐趣在各行各业都会受到欢迎。在我观察到的多家成功赢利的企业中，乐趣是关键性因素。看到企业家积极地把乐趣引入他们的员工和顾客的生活之中，真的令人心情愉悦。

我们都有压力如山的时候，我们都需要收支平衡，应对麻烦的顾客，管理员工，以及做其他日常琐事，但是这并不能影响寻找乐趣。在工作中找寻一些乐趣，鼓励其他人也这么做，你和你的生意将在未来的多年内享受到诸多好处。

第二章

所有出类拔萃企业家的共同特质是什么

识别非常成功的人所共有的特质是我的热情所在。我十分幸运，可以遇见多位我们时代的领军企业家，一些曾与我一起工作，有些我曾与之面谈过，其中有几位培训过我，其余的企业家我读过关于他们的文字。这些人有理查德·布兰森爵士（Sir Richard Branson）、杰克·坎菲尔德（Jack Canfield）、金克拉（Zig Ziglar）、迪克·史密斯（Dick Smith）、安东尼·罗宾（Anthony Robbins）、唐纳德·特朗普（Donald Trump）、哈维·艾克（T. Harv Eker）、布伦丹·伯查德（Brendon Burchard）、露易丝·海（Louise Hay），以及其他很多人。我相信他们有共同的特质。事实上，同样的特质在很多非常小型的企业所有人身上也闪耀着，他们在很多方面和上面那些家喻户晓的名人一样成功。

对于成功而言，没必要重新创造方法。找到你钦慕的人，或者认识他们本人，或者通过他们的书籍、网站以及关于他们的媒体报道、研讨会了解他们，并学习他们。以成功为镜子可以让我们走向成功，我们大多数人只是需要找对镜子。

以下是我在世界上很多的成功企业家身上发现的大多数共同特点：

- 绝对明晰的目标
- 对自己完全信任
- 发现需求和小众市场的才能

- 把注意力第一时间集中在最重要的事情上
- 愿意贡献
- 开放的思想
- 人际交往广阔
- 在各个层面上投资自己
- 不断挑战自己
- 相信科技
- 顺应力
- 百万富翁的思维方式

绝对明晰的目标

毫无例外，伟大的企业家对于他们出现的目的、存在的意义完全心中有数。他们每个人各不相同：有些人的目的是挣钱，挣很多很多钱；其他人致力于用他们的影响力改变世界。这里对他们的目的不做什么评论，但是他们知道自己的目的，这本身确实极为重要。

我认为激情和目标总是形影不离。如果你想搞清楚自己的目标，看看你的激情吧。什么事能引发你的激情？你热爱什么事？什么事能让你早上跳出床榻，而不是被人拖着起床？

你应当努力弄清楚你的目标，应当看看那些已经找到自己目标的人。我们目标的高低全由自己决定。除非你对自己生活的目标很明确，否则你总会与真正的成功擦肩而过。

对自己完全信任

这是一个耐人寻味的性格。所有我曾遇到的世界级企业家都具有无与伦比的自信心。他们完全支持自己，即使再没有另一个人会支持他们。

在我看来，自信是最坚韧的性格。自信意味着在自我价值和自尊上战胜怀疑、恐惧，这就让你卓尔不群了——因为对于大多数人来说，仅仅在生理上做到自信都很难。

支持自己的能力是一种强大的武器。很多书籍中都满载着普通人战胜难以想象的挑战、取得奇妙成果的故事。这些人是怎么做到的？就是因为他们相信自己。我们应当花费更多的时间去培养我们孩子的这种品质，而不要给他们灌输对于这个世界的恐惧。

发现需求和小众市场的才能

我有时觉得成功的企业家都拥有一双"发现机遇的眼睛"。他们总是能找到机遇，而这机遇又刚好是已有生意的小众市场：老话说得好——小众才能出大富。

这个能力正在变得越来越重要，因为世界开始变得越来越纷乱。世界上有如此之多的信息，对于很多人而言，这些信息几乎要淹没他们。聪明的企业家能够找到方法从他们的竞争者中脱颖而出，简化客户的生活，对客户的需求做出回应。

他们的方法可能是以下二者之一：第一种，建立一家公司并做得比其他竞争者都好；第二种，另辟蹊径，吸引其他人去效仿。

把注意力第一时间集中在最重要的事情上

成功的商业作家博恩·崔西（Brian Tracy）在他的名作《聚焦点》（Focal Point）一书中，阐述了他集中注意力并保持专注的方法。我认为成功的企业家都有相似的能力：控制自己的思想和行动，完全专注于当下，并能够在任何时候都把注意力集中在当前的事情上。

很明显这些人非常忙，他们面对着海量的机遇和容易分散注意力的事物，这些都会耗费他们的时间和精力。然而，他们还是可以把所有杂七杂八的东西丢到脑后，把聚光灯打在最重要最需要集中注意力的事情上。

愿意贡献

成功的企业家一般都惊人地慷慨。这就是我所说的贡献。是他们通过馈赠的方式，让不同的人都能分享到他们的成功。他们使用自己的人际圈和影响力去馈赠，常常出手阔绰。对于很多人来说，贡献成了他们存在的意义——我一直认为，贡献本就是人存在的意义，只是他们现在有能力贡献更多。

看看比尔·盖茨（Bill Gates）和沃伦·巴菲特（Warren Buffett），新旧两个时代的企业家。两个人都为世界各地的慈善事业支付了数十亿美元。安东尼·罗宾（Anthony Robbins）建立了一个机构，为有需要的人提供礼品篮，每年都会发放数百万个礼品篮。

贡献也在其他很多方面得以体现。他们对所有的客户和员工都十分尊敬。贡献，或者说服务他人，这本就是我们做事的一个很重要的原因。我的一个心愿就是要在我的一生中赚下很多钱，而后把这些钱都施舍出去。

开放的思想

令我印象最深刻的企业家是位于年龄两端的企业家——老企业家和年轻企业家。最老的企业家所做的事情远远超过大多数人的想象，而他们仍然保持思想开放。他们并不会躺在功劳簿上，相反他们总是在寻找方法学习更多与他们业务相关的知识，更重要的是，学到怎样把事情做得更好。

年轻企业家则不同。他们使用科技和新媒体（尤其是社交媒体），在很多方面，旧时代的做事方法在他们眼里绝对是古董。但是他们尊敬业界前辈，并倾听他们的建议。在任何企业家的军火库中，这个开放思想的做事方法都是一件强大武器。这是因为信息通常是生意的成败所在。

人际交往广阔

很明显，这些企业家都有着令人惊叹的生意人脉网。在和他们交谈时，关注他们对人际网络的态度，是件很有意思的事情。他们用绝对的敬意经营自己的人际网络，对每一个人都不例外。他们用了很多年来建立这些人际关系，和具有很大影响力的人取得联系，并促使各自的业绩飞速发展。他们为自己的人际网络投入时间和精力，总是付出超过所得，但从不计较回报。

正因为这样，在思想相似、有影响力的人组成的充满活力的人际网络中，所有人都具有一样的贡献态度和彼此支持的强烈热情。

在各个层面上投资自己

这一点非常重要，我会在第四章做更详细的论述。精英企业家明白他们需要发展技能，对自己的身体和精神都很重视，经常花时间给自己充电。这并不是选择性的——这是本质属性。

他们意识到，身体和精神是他们最重要的资产，因此需要为这些投入时间、金钱和努力。你总会听见他们说，这是他们最好的投资。

不断挑战自己

伟大的企业家都很擅长挑战自己：他们会经常做一些远远超出自己舒适度的事情，在身体上对自己要求很高，不仅努力工作，还要全面优化自己的生活方式。这一态度让他们变得强壮，能够更好地面对工作和生活带来的各种压力。他们还会挑战同事，这也让他们的思维保持活跃，做到既身体强健又思想积极。我认为所有人都应该向他们学习。

相信科技

有意思的是，很多非凡的企业家都是技术能手。然而，他们不会因此而对技术有丝毫的轻视，也不会吝啬金钱去发展科技。他们会把正在做的事情做得更好，而这一信念比他们个人所具备的技能更为重要。新科技一出现，聪明的企业家就会运用这些科技发展自己的企业，运用这些科技去努力取得他们所向往的成就。

顺应力

在一生中，我们都会经历浮浮沉沉。有些不幸的人看起来似乎总在走没有尽头的下坡路，这种事情会摧毁我们当中的大部分人。所有成功的企业家都曾在一生中遭遇无数的挑战，随便哪一个挑战都可以让他们就此退出江湖，有些人甚至一度退出过。但是最终他们所有人都做了不屈或者奋发"的抉择。他们借助过去的挑战，让自己在将来成为更坚强的人。在应对生活抛给我们的难题时，这是十分正确的处理办法。

我不确定你是否具备顺应力，但我确实认为我们可以学习用更为积极的方式管控挑战。有时候我们不得不面对挫败，且可能大哭一场，但是我们更需要把自己拾掇起来，拍掉身上的尘土，继续追寻这个世界上自己要追寻的东西。

百万富翁的思维方式

唐纳德·特朗普从亿万富翁跌至破产后，又再度成为亿万富翁，整个过程只有短短几年，这怎么看？正如作家哈维·艾克所述，这是因为他有一个亿万富翁的思维方式（可不仅仅是百万富翁的思维方式）。特朗普确信他应该成为亿万富翁，并应该一直是亿万富翁。

为什么有的人在乐透中 5000 万美元，却在几年后破产并负债累累？简单说来，他们的思维方式就是走向破产和负债。除非改变思维方式，否则他们将永远停留在同一位置，无论有多少钱流经他们的世界。

拥有正确的思维方式，能够坐拥富饶和机遇的思维模式，往往就是富裕企业家有别于穷酸企业主之处。我看见很多人在生意上奋力挣扎，他们总在挣扎，并且将来也会挣扎，仅仅因为他们思维方式的最终目标就是破产。这并不是说他们努力的程度不够或者产品并非稀缺，而是他们思考方式的问题。任何困在这个区域里的人都需要重新整理大脑思路，作家哈维·艾克的书就是讲整理大脑思路的。他首先分析你当前的财政思维模式，然后再分析你是如何形成这一模式以及应该如何改变思维模式。任何限制你的信念都可以改变。我们需要足够强大的勇气，强大到愿意去改变。

第三章

老板是生意的晴雨表

企业拥有者、管理者、伙伴、老爸——无论怎样称呼，毋庸置疑的是：在顶端的人奠定了整个机构的基调。我习惯称他们为生意晴雨表。

如果领导者被压力击垮、愤怒、感到筋疲力尽或者无趣，用不了多久，这种态度就会传染整个企业。员工、客户和所有相关的人身上都会显露出迹象。但如果领导者是积极、充满活力、为他人着想并支持他人的，这一精神也会影响整个企业，同样也几乎能在每个与你一起工作的人身上表现出来。

仅因为这个原因，你的企业的健康状态与你的精神状态在本质上是相关联的。我们如何管理自己是非常重要的一件事情，这需要我们每天都有所思考，有所顾忌。

每当有人请我评价一家企业是否要走下坡路，或者怎样才能把它拉回正轨的时候，我都会先从企业主开始。他们的世界正在发生什么？他们的精神状态如何？他们害怕什么？有什么需要改变？通常真相潜伏在表象之下，可能需要挖掘一下，但是当你找到了问题根源并予以解决之后，企业就会发生一次充满活力的转型。

在本章中，我会针对一些常见的令人失望并可能产生不良影响的问题进行分析，并提出有助于克服这些问题的策略。本章涵盖了一些非常适用的思想，可以立刻产生神奇的效果。

■ 重新安排每天的工作日程，找到适合你并且你喜欢的工作

方式

- 安排专门用于思考的时间
- 转包或分派你不喜欢做的任务（这些任务你很可能也做不好）
- 闲言碎语、诉苦和抱怨，今天起打住！
- 找出制造麻烦的人，并进行处理
- 解决未完成的任务
- 做出艰难决定——停止拖延
- 鼓励变革，并奖励大力迎接变革的人
- 学会放手
- 赞美他人，支持他人，积极对待他人
- 那边的草并不更绿一些

重新安排每天的工作日程，找到适合你并且你喜欢的工作方式

我们常常会按照适合其他人，但不适合自己的日程工作。其实不必非要那样，有些人在早上工作状态比下午好，而有些人则刚好相反。有些人喜欢在中午锻炼身体，如果能有几个小时的空闲时间去健身房，效率就会猛增。最好按照适合你的方式工作，而不是按照工作的方式安排生活。记住，要改变一切，只需要改变思想观念。

我的很多客户按照自己的生活方式规划自己的工作时间，这样做很有裨益。对于很多人来说，他们应该对自己的客户保持开放——是的，这对某些工作来说影响很大，但并不是所有的生意。而且，即使你的生意需要在一定的时间内进行，你本人难道都必须要到场吗？

这个技巧的很大一部分是钝化感知。很多企业主生活在恐惧状态中，任何有可能影响客户关系的事情都会刺激他的神经。他们什么也不想改变：公司名不想改变，标识不想改变，品牌、营业时间、提供的产品或服务都不想改变。不过，虽然我支持始终如一，但涉及交付产品或服务时，顾客的开放

程度比大多数企业主想象的要大得多。事实上，顾客喜欢改变——因为这意味着生意越做越好。

花点时间思考这个问题：如果你累得像条狗似的，没了激情，时间过得一点也不快乐，你认为你的顾客会看不到感觉不到吗？如果你改变了工作方式，让它能够更好地配合你的生活风格和需求，你会更有能量并对工作更投入，你的客户也会得到水平大为提高的服务和更为愉悦的体验。你只需要简简单单地鼓足勇气做出变革。

这一过程的第一步是分析你实际上希望的工作方式。如果你不是晨型人①，那么你不用非在早晨上班。如果你发现很难完成工作任务的原因是你不断地因为员工、供应商等人而分心，那么每周在家工作一天，并给他们明确的指示，谁可以联系你，什么事情可以联系你。我发现我在家的时候，一天所完成的工作比一周其他时间完成的都要多——这真神奇。

传统的做生意的方法并不适用于现代世界。按照适合你的方式去做生意。如果你阅读本书是为了建立自己生意的未来版图，在真正开始行动之前要认真地花时间思考，创立适合你的做生意的方式。如果你是个夜猫子，就不要去做送奶站生意。如果正在戒酒，做夜店就可能不是个好主意。害怕鲨鱼，就不要当商业潜水员。明白了吧？所说的都是犯傻的例子。让你的生意为你效劳，而不是你为之奔波。

安排专门用于思考的时间

这一条是一个好朋友向我提议的。几年前，我的工作方式是在每天早晨六点半到达办公室，并在早上制订一天的工作计划，这上面有着数不尽的项目。在一个月内完成清单上的事情都不可能，何况是一天，但我不知道有什

---

① "晨型人"的概念来自日本，发起人为日本"早起心身医学研究所"的所长税所弘，指的是坚持晚上早早睡觉，早晨四五点钟就起床的人，是为了能在忙碌的生活工作中保留快乐，因而早起听音乐、看书、听广播的生活方式。

么更好的办法。

　　一天早晨，我和这位朋友喝咖啡，我凑巧在笔记本上记下几件事情。她看见了我的做事计划很吃惊，问我说："你怎么没有坐着发呆的时间？"这个问题使我震惊，因为我从不给自己留时间发呆。事实上，从我到达工作场所到我离开的每一分一秒，我都像一个狂人一样在疯狂运转，用咖啡和糖给自己补充精力，几乎从不会浪费时间停下来好好吃饭。

　　从那天起，我制订了一个计划，每天留一段时间，什么也不做，只是想事情和反思。有时我可能会腾出三十分钟来；如果我心里有很多事，我可能会花整个早晨思考。我在那段时间频繁坐飞机出差，在飞机上的时间也被我用作"思考时间"。那段时间非常完美，没有电话、电邮或者会议打扰我。我可以彻彻底底地把自己安放在思绪之中。我戴上一副耳机，拿出笔记本，闭上眼睛，让思绪带我去任何想去的地方。如果有某件事情需要我的注意力，我会让这些事情在我的大脑里来回翻转，直到看得清楚明白。

　　我很惊奇，这给我带来了多么巨大的能量，缓解了多少压力，使我消除了以往焦头烂额的感觉。我们的大脑处理事情需要时间，涌入的信息量越大，大脑处理问题需要的时间就越多。如果你不给自己的大脑时间去处理那些让大脑始终处在开机状态的信息，随着每天加入更多事项，最终会带来一种绞尽脑汁和焦头烂额的状况。

　　给自己一些安静的时间，只把一些事情想明白。不要试着去填满每一天的每一分钟。做这件事有很多益处，至少你会有一种控制与平和的感觉，而不是每当走进门的时候，就有一种抓狂的情绪。要保证将"思考时间"列入日程之内，改变工作方式，安排出能够使你静心回想的时间和地方。

转包或分派你不喜欢做的任务（这些任务你很可能也做不好）

　　我见过很多营销专员在营销上技穷智竭。他们知道必须要做营销，但不知道怎么去做，该做什么，结果营销这件事让他们很感挫败，并没有成为他们的机遇。经营公司有很多事情我们都不喜欢——这丝毫不意外，我们通常都有不擅长的事情。

在做生意时，我是一个出主意的人。我喜欢想出做事情的新方法，为我的客户研发出具有创意的理念，喜欢创作、做主题演讲、培训学员。但是如果给我一张资产负债表，我的注意力持续时间就非常短。

几年前，我意识到自己的生意有点失控。我做了一个表，把所有需要做的事情、做事情的人、对这些人管理的程度等按照大类全部列举出来。事实非常明显——如果做不喜欢做的工作，结果全部都很糟糕。所以，第一步就是要弄清楚团队里的人不喜欢哪些任务。从此，我们把任务和人尽可能地匹配起来，没有人喜欢的工作或者不能有效完成的工作则外包出去。

我们外包出去的包括：所有的计算机维护、书籍管理、平面设计、商业计划撰写、办公室鲜花购买——五花八门，无所不包，但是结果对我们非常有利。现在以上所有事情都有服务供应商打点，且十分出色，而不是被我或者团队的某个人因为不擅长或不喜欢而弄得一团糟。如果你问我结果怎样——这些任务大部分的成本都减少了，这既是由于有专门人员管理这些事项，也是因为我把员工的时间和精力解放出来，让他们能够专注于他们所擅长的事——完成高品质的工作，并为公司带来赢利。

摆脱那些让你头疼的工作通常要比你所想象的要简单。如果你还不相信，就先拿一个开刀，从那儿着手吧。

闲言碎语、诉苦和抱怨，今天起打住！

当你感到压力重重、失去控制、沮丧或者消极的时候，你和别人的谈话往往也会变得不那么积极。这种时候，闲言碎语、诉苦和抱怨就会悄悄地混进谈话中。不幸的是，这样持续一段时间之后，就会变成固定模式。

我和一位客户过去曾经一周见一次面。前半小时，他都在抱怨他任职的公司，这种习惯令我很不舒服。我对他的建议一直都没有变——离开现在的这家公司，找一份能够让你快乐的新工作；生命太短暂，不要陷入苦难之中。

从闲言碎语、诉苦和抱怨中当然不会取得任何成就。相反，这会给你身边的人带来长期的负面效果，而且还会产生一种以这种心态为核心的企业文化。请记住，这些闲话只有在传达给当事人并得以改正时才能发挥效果，否则就会产生负面效应，所以不要参与其中。

创建一个积极、有养分的环境非常重要，其回报也是巨大的。但是如果你的企业中已经存在上述情况，那么需要下一番功夫才能打破这种抱怨的循环——而你可能是主因。

每当你发现自己开始抱怨的时候，立刻停下来，并重新思考你要说的话。如果你的员工在说闲话、诉苦或者对你抱怨，你要明确让他们知道你对此不感兴趣。有些人可能不喜欢你的态度，但一定要这样做。

我曾见到一家公司推出"不要在背后抱怨或者谈论他人"的规则，这非常好。如果有人开始抱怨，所有人都会离开他。当有人说闲话时，就会提醒他去跟被他说闲话的人分享一下。这会花费一些时间，但是最终这种消极行为终止了，企业的精神和文化得到了很大的改善。

记住，如果你是老板，你需要带动这一过程。你的员工将会仿效你的行为。每当你发现自己不知不觉地流露出这种坏习惯时，记下来因为这个习惯会对你造成巨大的损失。

找出制造麻烦的人，并进行处理

当我们养成了消极的思维方式，并被负面语言强化后，生活中通常还会有人进一步带出负面情绪，并且毫不客气地通过他们的言行把我们继续向下拖。

我们都有一些朋友，在见面五分钟之内，就能用他们悲惨的故事、悲哀或者无聊的生活让我们完全陷入沮丧之中。并且，因为你有一双富有同情心的耳朵，他们下次还会再找你，给你讲更多同样的事情。

你知道为什么吗？因为这让他们感觉良好！他们让你感觉像是要从最近的窗口跌落到楼下，而他们走的时候却吹着口哨，饶有兴致地嗅闻玫瑰的芳香。

如果你周围全是这样的人，要让你的生活摆脱负面情绪影响很难——几乎不可能。要把他们请出你的生活可能会有些难度，因为他们是你最大的客户、亲戚或者生意伙伴，但是你真的需要跟他们划个界限。如果你与之交往的大部分人都是负面多于正面，负面情绪带给你的烦恼会随着时间愈演愈烈，渐渐地把你困在濒临崩溃的怪圈之中。

许多年前，我做了一个非常慎重的决定，关于我要在生活中留下哪些人的决定。我想要我的身边围绕着充满活力、激情和正能量，正在为他们的生活全力以赴的人。我不在乎他们谋生的方式，他们挣多少钱，或者他们认识的人是谁，我只在乎他们对生活的热情。这些人激发并促使我用全部努力成为最好的自己。他们支持我的任何决定或者转变，愿意帮助我达成我的目标。如果我失败，他们会第一时间拍拍我的背安慰我，并且鼓励说至少我尝试过。

如果我总听那些觉得世界无比苛刻的负能量人的话，我就什么都不愿意做了。这些人并没有什么恶意，他们所说的只是他们在彼时彼刻生活中所处位置的一个反应。那的确很悲伤，但是我们是否也要这么悲伤？对一点，我们都需要做出决定。我决定不要成为那样的人，结果就是这样。

我建议你制定一套处事方法，与这种人保持适当的距离。他们有些人可能不喜欢你这一点，还可能会为此直接对你表示不满。为他们的强烈反应做好准备，但是不能继续迁就他们，因为代价会很大。如果你不知道去哪儿寻找积极、充满活力、充满激情的人，就去那些忙于认真生活和工作的人身边寻找吧。

解决未完成的任务

我的生活压力主要来自永不会终止的未完成任务清单，这包括做到一半的项目、似乎永远没有时间达成的个人目标、比较复杂的问题——无论是个人的还是专业的——这些下功夫去做也并不难解决。它们也许是接二连三地坏掉的东西（比如说，我公寓里里外外的门锁），也许是努力与太久没有联系的人保持联系等。那时我习惯在书桌上摞上厚厚的未能完成的任务清单，仅此而已，每隔一段时间我就会埋头进去，但是实际上并未取得什么成效。

大约两年前，我觉得自己受够了这堆任务，因为每当我看到这堆未完成任务时，就有一种被愚弄的感觉。我意识到，要一劳永逸地把这堆问题结束，我就该拿出点精力对付它。

首先，我取出一个便签本，开始整理那一堆任务。我整理出一份复杂详尽的未完成项目清单，以及要完成清单上每项任务的努力清单。

看起来任务非常骇人，我制定了一个四周时间表，并对我自己做出承诺，要清理干净我的未完成业务清单——我做到了，感觉十分神奇——这让我获得了极大的放松。当我被成功的幸福感满满地包围时，我对生活中其他的堆积的问题也用了同样的方法。我强烈建议你也这样做。

今天，我的桌面上仍然堆积着未完成的任务，但是这个量已经小了很多，并且我设定了一个限度，保持对其数量的控制。我每周都为未完成的业务分配时间。其中大部分项目实际上只需要坐下来专心思考几分钟，就可以找到最好的方式加以解决，或请最可能解决的人帮忙解决。

回顾你未完成的任务，也做一个清单，考虑好把其中每一项从桌面上清除都需要做哪些努力。给你自己设定一个时间表，并着手完成清单吧。

做出艰难决定——停止拖延

拖延症是另一个让你错失机遇或者让你的生意把你压垮的常见原因。有些决定其实并不难——尤其是大的决定，比如裁掉员工，试着安抚一位不高兴的客户，或者完成一项重要器材的购买。我们常常需要把自己调整到合适的精神状态才去做大决定，因为大家都知道，不假思索很难做出好的决定。

典型的循环规律是，我们一旦延迟做决定，就会出现新的需要做的决定，然后我们开始感觉有点压力过大，并且努力去寻找时间和经验来以正确的方式做正确的决定时，我们就会进一步拖延，接着就会有更多的决定等着我们去做。

我一直按照我做决定的过程安排时间。这样说好了，如果我准备要开展一个特殊的项目或者其他人让我去做的新工作，我必须做决定。我会设定好时间，当场告诉委托人我需要多久做决定，并同时设定好思考时间表，写在日记中："必须在周四上午十点前答复比尔·史密斯（Bill Smith）。"那么，这件事就放在我心中，写在我的日记上了，我必须按时做出决定。如果最后期限到了，而我仍然不确定，我一般会拒绝——如果有那么难以决定，我可能就不应该去做。

当你要做是否裁掉一名业绩表现不佳的团队成员这种艰难决定时，其实过程是相同的：设定好时间规划，在截止时间以前花时间想清楚自己是否能够处理这一情况，然后坚持你的决定。

一旦这种思维过程能够继续进行，你就会习惯于做决定，这真是神奇。最坏的境地莫过于当问题出现时，你处在不能下决定的状态，随着时间的流逝，你会感到压力越来越大，并难以承受。

开始为你的做决定过程设置时间规划吧。无论这让你感到多么困难，你一定要让决定顺利做出。你做的决定越少，你的思维拥堵就越多，你也就会感到压力更大，更难以承受。

鼓励变革，并奖励大力迎接变革的人

现代商业世界自身具有恒久变革性，所有事物都无时无刻不在发生变革，并且以疯狂的速度在变革。今天我们管理、营销和运营自己公司的方式以及沟通、交通的方式都可能与五年前截然不同，而且对再过五年会是什么样子我们只能猜想！

出现变革时，一般会有两种人。第一种人热爱变革，并真正满怀热情地拥抱变革。他们为变革而欣喜，赶得上技术革新的脚步，至少愿意尝试新科技。他们能够开放思想，灵活采纳新的观念和新的经营方法。而另一种人则不能忍受变革。就算提一下变革这个词，也会让他们冒出一身冷汗，要让他们接受新想法就犹如虎口拔牙一般困难。

那么变革会怎么改变你，改变你的工作，平衡你的生活呢？这个问题最好用我自己的经历来解释。我的生意，如今无论是看上去还是感觉上都与五年前大不相同。现在它充满活力，不断进化，并且十分依赖新科技。我们在全澳大利亚都有客户，所以我经常出差，去见很多人，并有数不清的机会和项目源源不断地来找我。如果我的团队对不断改变的市场、新的机遇和新的工作方法不具有适应能力，那么我现在就不能做成这样。有时候我会有意识地改变方向和要求，总是不断追寻比所有同行做得更好一点的办法，鼓励应用新科技，并提供新的产品和服务，这把我的团队快给逼疯了。

幸运的是，他们中大多数人都愿意配合，虽然有时当我在会议桌上环顾四周，似乎能够听见他们在想"不要再改了"，但是他们仍然会尽最大努力全面支持我，并帮助我达成目的。最令人欣慰的是，他们有一种"我能"的精神。

作为回报，我意识到我有时必须控制自己一点，不要太频繁地给予他们太多难以承担的压力。并不是所有的人都能适应这样的变革速度，而且已经有一些员工向我提出辞职，原因就是企业变革的速度太快了，有太多变革，他们不适应。我欣赏他们能够承认这一点。

有些人只是表面上看上去不能够"适应"变革。我能给予的最好建议，就是和你的员工展开一场有关变革以及变革的意义的开放而真诚的对话。试着去培养员工对变革的适应力，至少给他们提供一个可以讨论变革的环境。如果有必要的话，请变革管理专家帮助，特别在处理各层次的机构变化时，这是非常有用的。

我要说的是，变革会长期存在。现在你就应决定自己的变革理念，并把这一理念写下来，放在枕头下。如果你喜欢，可以把写下的理念放在你自己可以经常看到、你的员工也可以看到的地方。一旦你引入了变革的理念，你便可以渐渐控制人们对变革的感触了。

学会放手

我有一位朋友曾经一直在生意上非常成功，也非常富裕。可是，后来连遭横祸，他破产了。他从此一蹶不振，虽然他生意失败时非常年轻，也很有能力和谋略去东山再起，但他却成了一个苦涩而愤怒的人，总在责怪世界让他失去一切。

对过往的失败和错漏念念不忘会耗费很多精力。这是我学到的最好的一课。不仅在生意上如此，在生活上也是如此，最好能够学会放手。

如果你对让你伤心的前妻充满愤怒和憎恶，你就可能很难找到新的爱人。你甚至没能意识到，自己一直在举着火炬不放。同理，如果你始终因一次生意失败而变得苦涩和扭曲，你怎么能够创建一份新的成功生意呢？你日复一日地在痛苦中挣扎，想让自己的挣扎发挥作用，却不理解为什么始终不起作用。实际上，正是这种挣扎加深和延长了你的痛苦。

很久以前，有个生意伙伴差不多拿走了我的一切，却留下一大堆债务，这严重地伤害了我的自尊。我那时非常生气，总想着去报复。直到一天早晨醒来时，我突然意识到，这样紧抓着愤怒不放，让我消耗了多少能量。愤怒让我的健康受到损害——我身上到处都长疖子，夜不安寝，暴躁易怒，郁郁寡欢。那天早上，我决定了，就让这一切都过去吧，从这件事中吸取教训，再对这个宇宙重拾信心，并且相信善恶到头终有报。这个决定做出后，十分神奇——我的疖子在几天之内全部消失了，我像婴儿一样安睡，整个性情都变得明朗了，我能够重新享受生活了。

要想找寻愤恨和扭曲的借口，是很容易的，我知道自己就有很多。我的父母在我和妹妹还是婴儿的时候就遗弃了我们。要对他们心怀愤怒真是太容易了，但是我学会了理解他们，同情当年那对年轻的夫妇——他们那时也不过是孩子——他们发现彼此的关系已经很糟，他们所做的是他们那时所认为的最好的做法——他们把我们留给更能够照顾我们的人。如果他们没有那么做，我怎么能够一路发展成为畅销书作家、成功的企业家乃至业界领袖呢？所以，我确实非常感激离开我们的父母。

对于父母的举动促成了我的成功的认识改变了我的人生。我没有再继续与愤怒以及遗弃的感觉做斗争，而是单纯地感恩。不过这要求我对这件事必须看得长远，并付出很大努力，能够从不同的视角去解释，然后才得以摆脱此事的阴影。

识别出你抓住不放的问题和那些正在消耗你能量的问题是放开这些的第一步。然后，扪心自问，紧抓着这件事不放都得到了些什么？比如说，如果你在上一段感情中受到了伤害，你可以选择从此保守，并永远不再靠近任何人。好的一面是你将不再受伤，但不幸的是，你将真的变得很孤独，生活在充满阴影缺少乐趣的生活中，再没有亲密关系所带来的波澜起伏。

或者，在做生意时，如果有员工偷了你的东西，你决定永远不再相信员工是件很容易的事。糟糕的是，你可能会开始猜想，所有人都想要偷你的东西，你可能会患上妄想症，并耗费你所有的精力去担心这件事。但是如果你不能信任他人，不能授权他们去做正确的事情，你的事业怎能发展？

学会如何放手是生活中非常有价值的一堂课。因为抓住负面问题不放，耗费的能量实在太多。

赞美他人，支持他人，积极对待他人

在我所读过的书中最为伟大的一本是人际交往大师戴尔·卡耐基（Dale Carnegie）所著的《人性的弱点》（*How to Win Friends and Influence People*）。这本书成为我的圣经差不多已有 20 年时间了，我每年至少会重读这本书一次。

这本书的写作时间距今已经超过 70 年，这本 1936 年问世的书用非常简明地讲述了如何让人为你竭尽所能。卡耐基认为这是很重要的理念，如今同样重要。他的主题集中在真诚、阳光并热情鼓励每天接触的人所能带来的强大力量上。

支持他人，倾听他人，并对他人感兴趣，这样做的重要性不容小觑。最为神奇和奇妙的是，你越支持、鼓励、倾听他人，对他人越感兴趣，他们在日常生活中也会越来越多地对你表现出同样的特点。虽然这可能从来不是你提供支持和鼓励的原因，但这确实是一个美丽的回报。

比如向你上班经过的杂货店里为你服务的人表达感谢这种简单小事，也会改变他们一整天的心情和你的心情。做这种事情最好的时机便是当你感觉到失去控制或失去平衡、濒临崩溃的时候，把注意力从你身上移开，关注其他人。

你是否曾注意到，当你沉浸在自己的世界中时，忽然有人夸奖你（比如说你的 T 恤有多合身），于是，你被迫从小世界中抽身，停下来接纳赞赏？这一定会让你心里都感到温暖，是不是？

我试着对每一个见到的人都保持热情和赞赏，有时这非常难。事实上，这有时几乎完全不可能，因为有些人总是处在愤怒的状况，无法接纳一个简单赞赏。但是反过来，生活中也充满了无比支持、爱护我的人，尤其是在我最需要支持和爱护的时候。

那边的草并不更绿一些

我认识过不少看上去对自己的生意丧失激情的企业所有人。他们有一种感觉，好像其他人的生意都比他们的要好——也就是说好像其他人的生意都更容易运营，更能赚钱，赢利速度更快，承受的压力更小，比他们一直在拥有和经营的生意更具吸引力。

这种"那边的草更绿"的观念可以让他们自己的生意从内部崩溃，因为企业所有人一直在浪费时间对自己的生意找茬，而非修补。

在我看来，没有容易经营的生意。我曾经见过很多人购买一家餐馆或者一家咖啡店，因为他们认为这种事情没有难度。事实上，食品行业真的非常不容易。如果你不这样认为，请看一集戈登·拉姆齐（Gordon Ramsay）的《地狱厨房》（*Hell's Kitchen*），那足以吓退那些想开饭店的人！

我们有时候会忘记生意带来的那些让我们热爱的东西：生意给予我们的自由，与客户的关系，以及我们为了做自己真正为之自豪的事情所投入的热血、汗水和眼泪。能够经常回想我们热爱的东西，而不是去想那些让我们烦恼的东西，是件美好的事情。

要经常回想我们热爱的东西。我们需要抽一些时间出来，想想我们的生意，想想它对于我们真正意味着什么。同时，想想你的"梦想"也是非常好的。回想时要诚恳，要现实。你可能会得出这样的结论：当前你真正想要的，就是你已经拥有的。

我热爱主题演讲，并且非常活跃地为这种活动创造价值。但是如果要让我一周完成五次主题演讲，会怎么样？当然，收入不错，但是我的生活会怎样？我可以告诉你，会是飞机场、计程车、酒店、充斥着拥挤的人的大厅、糟糕的咖啡和没有太多时间留给家人和朋友的匆忙时光。出于这个原因，我限制了我做主题演讲的时间量。

也许你的生意仅需稍作平衡，对你而言，更近于完美。如果在采取过以上所有措施后，你仍然觉得你需要的是其他生意，那么，去做吧。但是要为你所憧憬的东西仔细谋划。专注于生意会对你有益，这并非你所认为的那样一无是处。

[创业成败:
关于挑战、机遇和创新
The Big Book of Small Business]

第四章

投资你的最大资产

在最初几章内，我写了很多关于态度的价值和这些价值融入大部分企业家成功模式的内容。正确态度的一个重要部分是认识到投资你自己的重要性。大多时候，企业家们过于关注自己的生意，把所有的精力都放在业务增长或者在各种情况下的企业生存上，以至于他们忽视了对自己的投资。他们第一个来到办公室，又最后一个离开。永远没有合适的时间用来休假，所以干脆放弃了休假。他们总是太忙，忙得吃不好饭，也没时间锻炼身体。生意渐渐吞噬了一切，他们不得不与朋友和家人渐行渐远。

我将在第 17 章中分析工作与生活的平衡，现在我则要审视打理你最大的资产——你自己的概念，就是投资你自己。在接下来的文字中，我的建议将有助于确保你在将来一段不短的时间内坐稳成功企业主的宝座。

- 接受并相信你是生意的头号资产
- 设置你的投资金额
- 投资自己，有所为，有所不为，一样重要
- 扩充自己的见识
- 你是否忽视了自己的健康和幸福
- 休假吧——你会想出最好的想法
- 每天投资自己

接受并相信你是生意的头号资产

这是立足之本，但很多企业主把他们自己放在最后，滥用他们的头号资产，直到他们精疲力竭，对自己所做的事情完全失去热情。要从这个境地再抽身而退是非常困难的，因为我自己就曾经处于这种境地。而且令人感叹的是，我现在每天还能遇到很多这样境地的人。

如果我们懂得我们自己过得越好（无论是精神上还是身体上），生意就会越好这个真理，一切都会改变。当然，这意味着更多收入，更为成功，得到更多你所期待和需要的回报。

当我终于把自己作为头号资产对待时，我的生活发生了戏剧性的转变。我掉了不少赘肉，更健康了（甚至可以爬一两座山），并且工作时间缩减了一半。结果呢？我的收入反而增加了一倍。

我经常积极热情地鼓励人们满怀尊敬地善待他们的头号资产。这会以难以想象的多种方式给我们带来回报。

设置你的投资金额

我最近去美国参加了一场由《成功杂志》（*Success*）的出版商达伦·哈迪（Darren Hardy）先生召开的研讨会。他是该杂志所提倡理念的现实版代言人。他最有趣的一个言论就是，把自己收入的 10% 投在自己身上。这些投资包括培训项目、书籍、CD、DVD、个人训练、健康养护，以及任何他认为是对自己的幸福、个人成长和发展有益的投资。

达伦十分确信自己的成功来源于这些投资。今天，他身家大约在两亿美元左右，所以很明显，他的投资回报利润丰厚。

投资自己，有所为，有所不为，一样重要

说起达伦·哈迪，他在大约 15 年前停止做一件事——阅读时事新闻。他更喜欢专注于用更为积极的方式过日子或调动自己的大脑。正如上一条所说，很明显他创造财富的能力并没有因为缺少时事新闻而受到影响。

这里阐释的是，当我们投资自己时，了解应该避免的事情，同等重要。对于我来说，要避免的可以浓缩成一个词：负面。我将在本书中不断探讨这个问题。

扩充自己的见识

简单来说，我相信我们如果不成长，就是在走向毁灭，事情就是这样。我遇到的真正成功的企业主对知识有着永无止境的渴求。他们寻觅知识，如饥似渴地汲取知识，最重要的是，他们借鉴知识。不过，他们对知识的来源是有所选择的。

学习有多种方式，可以是一堂课，可以是某种类型的研讨会，可以从书中学习，也可以从 DVD 碟片中学习。杂志中有知识，访问网站或者参加行业特定的研讨会都可以获得知识。只要有一个开放的思想并能够观察我们周围的世界，处处都有知识。

对我而言，学习通常是在我那装满书籍、CD 和 DVD 的房子里。我会尽我所能订阅最好的业务和个人发展杂志。我把我的车当作教室，任何时候，CD 播放器都有六本有声书。我每年至少参加两个研讨会。我关注全球的生意——从中寻找创意和改良业务的方法，以及用于评价业绩的基准信息。我只订阅能够给我短小精悍建议的电子简报。我有好多个笔记本，里面满满地写着我自己的深思熟虑和摘取自以上来源的笔记，我经常翻阅这些笔记。更重要的是，我每天都花时间学习和扩充我的知识。

你是否忽视了自己的健康和幸福

多年以来，对这个问题我都会回答"是的"。我并不特别考虑我的身体健康和生活幸福。我主要关注的一直是生意——怎样做到更为努力，怎样取得更多成就，完成更多业绩，赚取更多的钱来保持收支平衡。我将所有的精力和注意力都放在生意上了，却很少用在自己的健康和幸福上。

虽然今天更年轻的企业家通常具有更多的了解和保持健康的意识，我仍然认为小型企业界有相当比例的企业家并没有很好地照顾自己。我们需要自己的身体强壮健康，能够帮助我们达成自己的目标。那么为什么有如此之多的企业家会如此虐待自己的身体呢？

当你的生意还处在求生存状态时，你会尽可能屏蔽杂事，只留下收支平衡的需求，并尽最大能力完成尽可能多的工作。这种情况通常会持续很多年。这会形成一种习惯，而习惯难以打破。生活会变得充实忙碌，在这么多的领域中存在着如此之多的需求，以至于难以安排出留给自己的时间，即使有时间你也可能会顾及不到其他的需求。

但是你忽视健康的时日也只能到此为止了。虐待身体终将付出代价。你越健康（无论是思想、身体还是精神），你生活的各个方面也就越好。

根据我个人的经验，关注健康并不难，只要调整你的优先级就可以了。也就是你的健康和幸福是不是优先事项？为了防止我忘记或者遗漏重要事项，我有一个列举着五个在生活中最为重要的事情的列表，我把它放在我的日记中，钱包中也放了一份。重视身体是列表的第一项。

这就意味着吃好、锻炼、放松、休整和乐在其中。现在，我并不是时刻处在最好状态，但是我能够更多地在出现问题后调整过来。我感到每年我都有希望稍微提高一下健康指数，而非下降。

休假吧——你会想出最好的想法

在会议尤其是研讨会上，经常有人问我，要发展自己的生意并让生意更为成功，企业主能够做的最好的事情是什么？我的建议非常简单——休假。事实上，我经常提出这条建议以至于我想开一家旅行社！从我的经验看来，要想拥有一份真正成功的生意，你需要适当减少在工作上付出的努力，并对自己下更多本钱。享受常规的假期无疑是这一理念的关键。

什么时候适合休假？永远没有合适的时机，或者缺少足够的钱财，或者没有能帮你顶班的员工……我的观点是，你为不能休假找的理由越多，度假对你的意义就越重大。

年华似水，从一年没有假期，变成两年没有休假，然后变成三年，最后变成永不休假。但是舍得给予自己常规的休假是性命攸关的。当你把自己从每天工作的环境中抽离开来，你的大脑运转方式就会改变，你不再处于战或逃（fight—or—flight）的状态。对于我们这些战斗在挑战性极强的工作环境中的人而言，放松真的很必要。度假能够让我们的大脑模式改变，对生活的愿景改变，重新对焦我们的首要任务，并且帮助我们做出更好的决定，从而带来更多的长期效应。

如果你实在不能放长假，那么就好好度过一个周末。我曾经要求一对夫妇，先从一起喝咖啡开始，每周在工作之外喝两次咖啡。这逐渐演变成放一天假，后来变成长周末，最后演变成他们已经第七次去某个国外景点享受假期。他们的生意怎么样呢？突飞猛进。然而过去又是什么状况呢？痛苦挣扎。

要使自己处于最佳状态，你需要在身体上、精神上和情感上都处在良好的状态。企业所有人的高压生活并不能直接产生这样的状态，所以你需要经常调整。

每天投资自己

　　这个对自己投资的态度需要每天兑现。其间一定会不断出现障碍，让你渐渐难以兑现，但是如果你真的相信你是自己最大的资产，那么你就要把自己当作最大的资产来对待，那么要避开这些障碍就会容易一些。

　　每天早晨，我会用大约三十分钟来规划我的一天。我已经建立起了自己的活动安排表，上面清晰地列出我要完成的事情。但是在这一页的最上面，我会有五个"待做事项"专门留给自己。这些就是我今天对自己的投资。这些通常都在纸页的最上面，因为这些是我今天要做的事情中最重要的。也许我需要读某本书的一部分，去健身房，买些新鲜水果，安排下个周末的活动，去约见医生或者理疗师，会见一位密友，等等。这些任务让我心情愉悦，让我丰富了知识，身体更加健康，精神得到激励和放松。把这些放在我的列表上方真是太棒了，这能够让迎面而来的这一天不那么令人恐惧，让我能够抓住主要任务。

第五章

和狗躺在一起，就该预料到起来时会有跳蚤

做任何事，最能够确保成功的方法就是让你身边围绕的都是积极、主动的同道中人。这并非偶然，你需要清晰明确的愿望以达成你的目标，而且还需要远离任何试图粉碎你梦想的人。

我到过很多地方旅行，并且认识来自各行各业的很多人。有些人正在建立庞大的商业帝国，其他人则在自己家里建立小生意。而常见的讨论话题总是：如何拥有能够帮助你达成目标的好人？

那么我所指的好人是什么人呢？简单点说，这些人能够支持你、鼓励你去实现你的梦想，不论你的梦想是什么。他们不会劝你放弃梦想，也不会显露出他们自己的恐惧和不安。这些人能给你的生活带来巨大的能量，而且我相信，他们能够帮助你做任何你想做的事情。

当我写第一本书《101 种营销方法》时，时，并没有很认真地考虑要把这本书出版。那时在我的生活中有两种人。第一种人说："去做吧。"——他们相信我，相信我的激情。第二种人说："不要浪费你的时间，已经有这么多的营销书了，你这本书永远也不了，这只会让你失望。"

这些破坏梦想的人对我一度有一定影响，但是很幸运的是，最后我没有听他们的。这个世界上令人悲哀的是，并不是所有人都想看见你取得成就，获得个人成长。对于一些离你最近的人来说，这可能让他们有点害怕。他们可能怕会失去你，或者害怕你实现自己的目标，而他们却没有。

根据我的经验，以及观察我经常遇见的人，我渐渐相信以下这一条胜于一切：当你身边都是充满力量和活力，关爱和支持你以及你的梦想的人时，你实现梦想的概率就会大幅提升。否则，就给自己带上消灭跳蚤的颈圈吧！

本章包含以下概念：

■ 热狗摊的故事

■ 获得关系指导

■ 有些顾客身上有跳蚤

■ 倾听你的直觉——一切皆如此

■ 永远检查备选供应商的档案

热狗摊的故事

最近我听说了一个很有启迪性的故事，故事发生在一家热狗摊。许多年前，一位老人开了一家热狗摊，并一直经营了下来。他热爱他的生意和他的顾客。他使用市面上能够买到的最好的圆面包，而他的热狗肠是由他的朋友——一位专业屠夫按照他的配方为他专门制作的。他对自己做的每一个热狗都非常自豪，热狗摊的口碑传得极远极广。所以在 30 多年的时间里，他的热狗摊一直有很多回头客。

一天，这位老人的儿子来看望父亲。儿子问父亲的第一个问题是，您采取什么方法应对国际金融危机呢？老人说他不知道危机是什么，很明显现在生意还没有下滑迹象。但是儿子进一步说，老人需要改变经营方式，要降低成本，要变聪明点，用一切手段保护这个热狗摊。

老人非常尊重他的儿子，他的儿子靠自己的努力受到了很好的教育，也非常聪明。于是老人开始找方法降低成本。他开始购买前一天生产的圆面包，且面包也小了一圈。这让他省了不少钱。然后，他不再用本地屠夫为他专门制作的热狗肠，转而使用超市货架上的热狗肠。他还开始收取调味品的额外费用，番茄酱和芥末都要收费。最后一点但也很重要的是，他缩减了营业时间，以节约电费。

在接下来的几个星期里，老人注意到他的很多常客开始抱怨他的热狗——以前他们从没抱怨过。生意越来越不景气，直到最后，老人不得不关掉了热狗摊。他非常伤心，这么多年了，但他的生意还是完结了。当他最后摘掉招牌时，一个老顾客来到他面前，问他为什么要关掉摊位，老人愣了一会儿，回答："国际金融危机害得我破产了。"

呃……有点发人深省，是不是？我想有很多热狗摊主会相信别人说的话，即使这些话与他们看到的现实完全相反。我的建议很简单：每当有人开始告诉你必须做什么时，想想这个热狗摊的故事。

获得关系指导

我们往往不会花时间认真思考我们与家人、朋友之外的人的关系，我指的是与员工、顾客、供货商、专业咨询师等人的关系。我们与这些人在一起的时间常常比和家人在一起的时间更多，但是我们却并没有认真考虑过这些关系。

前不久我对我职业和私人生活中的重要人物做了个列表。这个列表并不长，我把它缩短为二十位最重要的人。这个清单包括了家庭成员、工作伙伴、朋友、供货商，等等。在每个名字旁我加了三点：第一点是这些关系中我喜爱的部分，第二点是这些关系中发现的问题，第三点是我希望这些关系发生怎样的改变。

我对这次尝试的结果十分满意。首先，这能让我认真思考和他们每个人的关系。其次，这让我能够欣赏这些关系中我喜欢的部分，也能让我认清这些关系中存在的问题。最后，通过这个方法，我可以明确自己希望这些关系进化成什么样。

结果，我和生活中差不多每个人都有了更为开放和坦诚的关系。当你可以充分表达自己的时候，生活中的压力就会一扫而空，这真是件神奇的事情。沮丧、冲突和"黏滞时刻"都会大大减少。

一个简单的分析举动常常就会解决你可能在生活中经历的许多挫折。这能够起作用是因为你的大脑正在按照一种理解并且认真解决难题的方式运作。

有了一定的经验后，你可能会发现在头脑中便可审核人际关系，而无须再写在纸上。这个方法快捷而有效，能够帮你找出为什么有些关系没有发挥作用，你应该对其做些什么，然后你就可以致力于实践。

有些顾客身上有跳蚤

我曾偶然听说过一个故事：一位心理咨询师，日程表上所有的时间都约满了，但是她的收入却达不到应有的程度。另外，她的客户有一半很好，另一半简直就是噩梦。

好的客户总是来得很早，他们尊重她的时间，总是愉快地当场付账，并且对她的建议真诚地表示感谢。噩梦型就诊者总会迟到，几乎永远不会按时付账，逼着她找他们追账。他们抱怨说成本高，还不满意她的建议。于是有一天，她决定做点事改变现状。

咨询师的这个行动计划相当大胆，她在一夜之间决定把收费提高一倍。这一举措立竿见影。信发出去一天不到，她就损失了一半的客户。但是好处却很多。首先，她现在只工作一半时间就可以挣到和原来一样多的钱。其次，她失去的客户都是噩梦型的。第三，由于她现在有空余的预约时间，她的"好"客户推荐他们的朋友来她这里。当然这些人也具有与作为推荐者的"好"客户一样的品行，所以她赢了。

这个故事传达的价值观是，有时我们的客户身上是有跳蚤的，他们往往就是制约我们生意的人。他们不欣赏我们做的事、要求苛刻、不付账或者一直想跟你讲价钱，而且最糟糕的是，他们推荐给你的人品也如同他们一般。

我建议你找出那些身上有跳蚤的客户，然后想办法把他们和和气气地送走。加价当然能有效地分开好客户和坏客户。

倾听你的直觉——一切皆如此

最近我读到一篇有趣的新闻报道，说科学家现在证明了第六感觉的存在。这篇文章详细描述了一位完全失明的人仅仅通过感觉挡路的家具，而顺利穿过一个房间。他们还在那个人面前放了一个人的一系列照片，这些照片上有着不同的表情，从愤怒到快乐，这个人可以感觉到每张照片的表情。这真令人惊奇。

我坚信我们每个人都有第六感，只是我们现在倾向于更少使用这一感官，而更喜欢只依靠我们能够真正看见的东西。换句话说，如果我们看不到，我们往往就不相信。

经历过的奇怪的遭遇，让我们十分惊讶。比如说，当我们想着某个人的时候，电话忽然响起，就是他（真是惊喜）。或者，当你一直在想念某个有段时间没见的人的时候，你可能会在街上忽然撞见他。

我曾经经历过太多这样的情况，以至于我都不知道举哪个例子好。第六感，或者如果你更喜欢的话，也可以将其称为直觉。它既无比复杂，又极其简单，是在第一次遇到某个人时得到的一种感觉。我们通常会在几分钟内对他们产生非常明确的看法。当然这种看法的很多信息可能来自他们的身体语言，他们所说的话，以及他们对你说的话的反应。但是有一些感觉实在不是几句话能够解释清楚的。

我的第六感拯救过我好几次，尤其是当我在商业上冒险时。特别是几年前的一次经历，至今想起来都令我心有余悸。

那时我刚刚出版了第三本书，正沉浸在写作事业取得新的成功的喜悦之中。刚开始我就得到了来自世界各地的演讲、媒体采访等邀请，一切都非常让我脸上有光，我那时有些沉醉（不光是自豪）。

正在那时，我突然接到一个在非洲的人打来的电话。他开了一家探险旅游公司，正要运营热气球旅行、漂流和登山探险项目。这些听起来都非常令人兴奋，而他的话语中也是充满激情，不容否定。他告诉我，他已经阅读了我的书并且被深深打动了，他希望我能来非洲，为他的新公司做营销工作。

我们谈了大概一个小时，我感到这是一个非常好的机遇，但是我当年剩下的日程全部排满了，虽然我乐意做这份工作，但如果接受这份工作，我将不得不回绝很多其他的人，于是我说谢谢您，但还是不能接受邀请，再次感谢您。

然后他说出了一句神奇的话："钱不是问题。"他告诉我，他的家庭靠挖掘钻石挣了非常多的钱，而且他这项生意的启动预算也很大。我告诉他我会认真考虑这件事，并且会给他一个报价。

启动这个项目需要我去非洲待三个月。我真的不能去，但我还是做了一些背景调查。我检查了他的网站，网站做得挺好，我还给他的办公室打了几次电话询问了更多信息。大概一星期过后，我给他发了份报价——三个月二十五万美元，支出由他报销。我觉得这个太过分了，他一定会拒绝的。

我给他发出这封邮件后不到五分钟，他就回应了，并且同意了薪酬。这令我目瞪口呆，我以为他至少会还一下价的。然后，他问我的地址，要给我寄来五万美元的银行支票，还有飞机票。

我那时总是鼓励自己说，我非常重要而且非常成功（再没有什么比膨胀得如同哥斯拉那么大的自尊心更能蒙蔽第六感了），而且我告诉自己，他是一个知道自己想要什么的人，而且他知道他需要我。但是正当我要把自己的邮政地址发给他时，我的脊背忽然打了一个冷战：有什么事不大对路。我的头脑和自尊心正在告诉我拿这笔钱没什么不妥，但是我的第六感用铁锹拍了我脑袋一下。

我开始把整件事情再想得深入一点。一个完全陌生的人邀请我去非洲待三个月，他要给我寄五万美元，他甚至还没有见过我。我喜欢那些认为我的书写得好的人，但是，真的会有人在还没有见到我的情况下，就付出这么多钱吗？至少应该从我的其他客户那里要一些反馈信息吧。

于是，我决定多做点准备。我给位于约翰内斯堡的澳大利亚贸易局打电话，一位女士接了电话。她对我很有帮助。我说明情况后，她立刻警惕起来，建议我要心怀警戒，保持谨慎。一小时之内，我电话联系到了南非联邦警察局，他们警告我，我遇到了大麻烦。

大致上，这件事展开来说是这样的：一些犯罪分子潜伏在网上寻找某个领域的专家，而且是看起来赚到了不少钱的专家。然后他们会编织一幅生意图景，用来吸引受害人。他们在混乱的地区建立一间办公室，要查电话号码非常困难，但是如果派人过去查验他们的地址，他们会找到一个看起来非常正规的办公室，所有该有的签名甚至办公车辆一应俱全。他们甚至会建立一个网站、印刷宣传手册和名片，还会制作企业 DVD 光碟。

一旦布置好陷阱，他们会联系这个人，提供好得难以拒绝的签约条件。他们甚会寄来钱和机票，即使是疑心最重的人也会被这个打动，觉得一切都很合理。

一旦受害人到了南非，他们会在机场接人，然后绑架他。如果受害人家属没有支付数百万的赎金，这个人永远都不会再出现了。就是这样。

那一刻，我在一场国际骗局中如梦初醒。警察要求我再联系他一次，等到支票和机票寄来时就算犯罪成立，警方会想办法打击他们，可能是让我在机场见他们，为警察安排一场伏击（我并不是完全赞成这件事）。

于是在和多个政府部门大量沟通后，我给我的联系人打去电话，但是电话没人接听，网站消失了，整个公司都不见了。警察告诉我，办案过程有很多疏漏，犯罪分子很可能有内线通风报信。

我差一点就拿上那张机票，差一点就登上飞机，踏上前往非洲一个偏远地区的夺命之旅。我的第六感在我最需要它的时候打断了我的步伐，我是多么幸运啊！而且，更为可贵的是，我的第六感如此有力地提醒我，没有让我忽视它的声音。

现在，我非常信任我的直觉——我在做生意，在个人生活以及事关健康和幸福的事项上都使用第六感：所有场合我都依靠它。我发现，倾听自己直觉的程度越大，人就越成熟。

每当我考虑是否要与别人合伙创业或者评估某种类型的交易时，我总会慢下来搞清我对这件事的"看法"。也许书面材料显示一切都很不错，但是我的直觉在说什么？我不是总能弄对，但是对总比错多。

我认为很多企业主都具有较高水平的第六感，因为他们经常使用第六感。我建议当涉及潜在伙伴、交易、机遇和与人打交道时都要使用第六感。

永远检查备选供应商的档案

对于成功生意的整体运营来讲，好的供应商是非常重要的一个组成部分。和供应商之间保持良好的关系非常重要，而一个好的开始则有助于彼此的关系以好的方式成长。

当与供应商建立关系时，他们很可能会检查你的生意状况，以确定你支付他们账单的能力。你可能必须要提供你个人的很多信息，比如交易记录等，以证明你的公司在支付账单上做得很好，而且还要有企业主或者总监的个人担保，这样万一公司破产，他们个人将承担所有欠下的大额债务。

我认为，了解你的供应商也同样重要，而且他们必须提交他们说过的要提交的东西。很明显在你的生意上，你承担的风险和你的供应商并不对等，但是你还是有必要去查验，这对你的生意乃至于你的客户来说都是有益的。

根据这一原则，我建议，建立业务关系时，要求供应商提供一些他们客户的姓名，这些客户能够证明他们在做出承诺时，最终交付了与承诺一致的产品和服务。很多供应商不愿意这样做，这让我很奇怪，为什么不呢？他们在隐瞒什么？他们要求得到你所有的细节信息，但却不愿意给你他们的任何信息，这样的交易公平吗？

如果供应商没能完成你的托付，你也很有可能无法完成你的客户的托付。你的客户不会去怪罪你的供应商，他们只会怪罪你，这会危害到你的生意。

记住，世界上存在着很多各种各样、大大小小的带跳蚤的脏狗。

创业成败：
关于挑战、机遇和创新
The Big Book of Small Business

第六章

从世界上的反面生意吸取教训

　　我花了很多时间观察生意，尤其是寻找生意中好的和坏的特点。我认为我能从这些观察中有所收获，更重要的是，能够在我的书中或者在参加会议、给客户提供咨询时分享我的收获。

　　经过充分的调查之后，我发现世界上有十种糟糕的生意，按我的说法来说，是反面生意。这些反面生意似乎已经掌握了随便怎么做都能吓走顾客的技艺，他们以混杂着漠然、恶习和恶劣态度，并大部分随着时间流逝愈演愈烈的组合招数让客户反感。而我们如果能更好地识别出自身存在的反面生意，我们就更可能确保自己不犯错误。对于经营真正成功的生意而言，有所为和有所不为一样重要。

　　每当我就此话题展开演讲时，我会环顾大厅，在笑声中，往往可以看见一些闪避的目光，那是人们意识到自己实际上已踏入反面生意行列，过去却全然不知。

　　那么，这十种典型的反面生意是什么，我们又怎样识别它们，从中吸取教训呢？

- "我太忙，没空接待你"型生意
- "不，不，不"型生意
- "这是我们的制度"型生意
- "我们讨厌公司，所以我们讨厌你"型生意
- "学校教师"型生意

- "我们以后再联系您" 型生意
- "我们就是不在乎"型生意
- "聪明鬼"型生意
- "我们怎么就能把一切都弄得这么复杂" 型生意
- "我们不知道自己在做什么" 型生意

"我太忙，没空接待你" 型生意

有些生意已经掌握了让顾客彻底感到自己无足轻重的艺术。当你走进他们店面时，你会感到自己完全被忽视了，员工（有时是老板）会为别的"真的很重要"的事情（比如和朋友煲电话粥）忙得焦头烂额。他们一般不怎么招呼你，顶多点点头，或者淡淡地给个微笑。而你不得不站在那儿，等待他们赏脸理你。

"不，不，不" 型生意

这些生意能够给人非常大的挫败感。可怜的顾客无可奈何，他们提出的每个问题得到的回答都高度一致："不。"您有这个吗？没有。您知道我在哪里可以找到这个吗？不知道。诸如此类，诸如此类。

"这是我们的制度" 型生意

我真是喜欢这种生意。某天某人颁布了个聪明的制度，让公司照章办事（对公司有好处）。现在，他们的员工便完全死搬教条，完全麻木不仁地执行起这些制度。换句话说，公司有套制度，公司的员工便毫不犹豫地使用它。很多大型公司也落入了这一类别。结果往往是在冗长迂回的生意构架中，某套制度的忠实信徒制定的政策彻底取代了所有逻辑。

"我们讨厌公司，所以我们讨厌你" 型生意

有些人就是待在工作岗位上太久了——这会表现出来。感到郁闷时，他们会将沮丧发泄到任何被他们认为与问题有关的人身上——包括他们的顾客。有句中国话说得好"人无笑脸莫开店"，那么为什么还有那么多愁眉苦脸摆给顾客看呢？

这种公司能够立刻消耗掉能量——你走进店面就感到沮丧。整个氛围看上去就带有倦意，弥漫着精疲力竭的感觉，柜台后的人看起来好像在犹豫要不要给你服务。连你的头发都在告诉你，在这里你得不到任何乐趣。

"学校教师"型生意

和有些公司打交道时，你会被当作惹麻烦的顾客而受到惩戒。曾经有些人告诉我（是的，告诉我，而不是问我）：别说了，安静点，读这个，慢慢去看公司的规则。这种事情很典型，总是由端坐在收银台或者电话台后面的某个高高在上的声音命令着。这种无视顾客的说话方式和说话高度是他们的标准，即便错的是他们，也依旧如此。

"我们以后再联系您" 型生意

很典型的是，这种"我们以后再联系您"型生意可以翻译为"我们再也不会给您任何答复了"。要得到想要的答复，就不得不跟进他们的生意，你经历过多少次这样的事情？这是令顾客感到极为不满的雷区之一，而且不幸的是，要跨越这一雷区并不容易。如果某公司并没有在他们规定的时间内完成进度向你反馈，那么这就是一个信号，或者他们完全没有条理，或者他们完全缺乏对顾客的尊重。

"我们就是不在乎"型生意

有些生意几乎完全不在乎客户，而且他们也以最大尺度表现出这一态度。与这个生意相关的所有事情都体现出他们的任务宣言：骄傲地说，毫不在乎。完全不在乎细节，完全没有服务意识，产品和服务粗陋不堪。这种生意看上去就像要在一夜之间销声匿迹一般。

"聪明鬼"型生意

这真让我感到困扰。你走进店面，问了一个非常常规的问题，得到了一个高明的却让你不知其所云的答复。有时候我们作为顾客是会提出问题的，但不是故意的——我们这样问是因为我们有了解更多信息的正当需求。通常这家公司会有某个自以为是的人，从鼻孔里挤出一个答复，然后和正在附近的其他员工一起议论讽刺你。这种聪明鬼让你感到自己的笨拙和窘迫。

"我们怎么就能把一切都弄得这么复杂"型生意

我想运营这种生意的人会定期召开特别会议，商讨怎样把每次与顾客的会面都弄得非常艰难吧——从一开始就很难找到他们，付款和等他们送货都很困难，等等。

"我们不知道自己在做什么"型生意

往往在顾客进门的那一分钟，这种生意就会炸开锅。他们什么也找不到，没有一件事情在正轨上，甚至连支钢笔也找不到。你走的时候非常确信，这些人完全不懂怎样经营生意，更不用说让顾客满意了。久而久之，走进他们店铺门的顾客能超过一个人的话，你就只能惊奇了。

这些情形说明，世界上有非常多的反面生意。你每遇到这样一个反面生意，都要在心里对它们进行归类，并且快速对自己的生意做个检讨，以防重蹈覆辙。

创业成败：
关于挑战、机遇和创新
The Big Book of Small Business

第七章

经常问询每件事

　　开放和问询的精神可能是任何新兴企业家都能够具有的最为强大的资产。现在的生意并非静止不动，而是令人兴奋、充满挑战并永远变化着的，我们需要在这种环境中奋力向前，最好能引领潮流。

　　要在通向成功的机遇面前真正站住脚，你需要诚恳地评价自己每天所做的事，并寻找能够把事情做得更好的方法。如果你没有对自己所做的事情检讨并调整，那么你就不能安坐在老板椅上，不能相信你的生意在未来的几年内能够像过去几年一样成功。

　　要定期地对你所做的每件事情进行检讨。我推崇经验丰富的企业家身上的一种特质：他们对于自己所做的事情从不惧怕向任何人请教意见，或者征求改善自己生意的方法建议。在本章中我将分享一些能够帮助你在自己的生意中进行问询的正确做法。

- 开放地接纳反馈
- 询问你的生意伙伴——要求他们诚实
- 巡视你的公司，真正做到查看每件事
- 拜访成功的公司，并找出他们成功的原因
- 神秘顾客——走向成功的法宝
- 你的收费够高吗
- 感觉不对，可能就真的不对——企业所有人的第六感
- 与员工谈话

- 不要害怕做管理者
- 以撰写自己的操作手册作为问询自己事业的途径

开放地接纳反馈

我们都必须具有对我们自己在公司中做的所有事的问询和检查能力。很多企业主按照自己的方式行事，死板且固执。他们以为自己愿意听取顾客对公司的意见，但是他们真正想要听的只有好的方面——负面反馈通常会遭到他们非常恶劣的回应。

生意成熟的一个真正标志就是能够接受面对面的建设性批评，并能够妥善采纳它们，好让你的生意锦上添花。想想吧：如果有人诚挚地为你提供让你的生意更上一层楼的机会，你应该多么感激呢？

按照一成不变的方式运营的公司就如同恐龙一样，在当今这个我们所有人都需要改变和进化的现代商业环境中，很多恐龙都无法生存下来。经常问问与你打交道的人，问问他们在你这里的感觉如何。但是如果你提出了问题，要确保你能够对答案保持开明态度，你也必须对是否采纳这些意见做出决定。

如果你没有开放的思想，那么是时候努力开放，让自己变得更为灵活了。把关于你生意的建设性批评或者反馈视为无与伦比的机遇，并且对向你提供这一机遇的人真诚致谢。

询问你的生意伙伴——要求他们诚实

在这个例子中，我把生意伙伴定位为任何与你有职业关系的人——你的专业咨询人员（律师、会计）、供应商、生意上的伙伴、生意上的导师以及任何有责任了解你的生意的人。

正如我们讨论过的，向顾客询问并征求他们对改进你生意的建议十分重要，你的生意伙伴则能够从与你不同的角度提供出色的意见。一位思想开放的企业所有人能够从他的生意伙伴人际网络获得丰富的好信息和建议——要取得这些，你只需要开口一问。

要经常向你的人际网络询问更好经营生意的方法、营销思想、新的产品和服务以及能够吸引更多顾客的方法。仅仅一条来自生意伙伴的好建议便会成为你生意的一个显著转折点。当然你的心胸一定要够大，才能征得这些建议。

有时候观察生意伙伴带给你公司的不同益处，会是一件非常有趣的事情。他们的观点和想法因为与他们自己的行业和生意相关，各有长处，而他们的建议真的很有可能是你从来没有想到的。

和一个生意伙伴坐下来，向他询问你应该怎样改善你的生意，这种事会有点难，而且让他也有点难办。我建议写下一个讨论话题列表——这可能包括客户服务、产品线、销售、广告、服务等，用这个列表来引导谈话。这也能让你有机会记录下他们回答的内容。如果你与十位生意伙伴有过这种谈话，你可以看看有没有什么共同点。很多人会畅快给出他们的想法，但是请记住：如果你寻求建议，一定要做好倾听的准备。

从制定你想要讨论的有关你的生意的话题清单起，在下一周每天选出一位生意伙伴，认真倾听他关于改进生意的意见和建议。

巡视你的公司，真正做到查看每件事

当你日复一日、年复一年地到访同一个地点时，在进进出出当中，你很容易便忽视了周围的环境。在这本书中，我自始至终都推荐你将现在正在做的事情停下来。你要密切观察你生意的一些特定方面——无论是正门入口、签名、员工、顾客还是别的什么。嗯，本条贴士的目标就是强调这一概念。

你需要提高对你生意的观察力。你不仅需要对生意的每一方面密切观察，而且还需要做出能够改进你生意的变革。

随着公司的成长，企业主很容易失去与很多日常事务的联系。对于企业主来说，懂得所有的细节越来越不现实，而且在一定程度上也是没有效率的，但是对于他们来说，对事情的运作方式有着明晰的理解却是非常重要的。他们懂的越多，就越能够寻找更多的方法改进工作的流程。

从你的工作空间中脱身出来，到处走一走。清爽头脑、睁开双眼，试试从另外一个角度看生意。你进进出出时所带的视角可能已经多年一成不变了。

和你的员工谈话，和一些顾客谈话。走到马路对面，从那里看你的公司。还要好好看看你的网站，通篇阅读你发出的手册和被你放在展示位的产品。

生意中有如此之多的方面需要经常检查，以至于这个工作量可能令人震惊。第一步就是从其中走出来，并开放思想，成为观察者。连续这样做一个星期之后，就能够进入第二种状态。

当你成为一个敏锐的观察者后，你可以着手为生意锦上添花了——这是从平淡无奇到卓然出众的转变。

拜访成功的公司，并找出他们成功的原因

要努力成为出色的生意观察者。当你发现了真的很成功的公司时——他们可能赢得了某个奖项，或者你的家人和朋友都在谈论的这家企业，或者可能报纸上有一篇文章介绍了这家公司——我建议你去拜访这家公司。他们销售什么并不重要，重要的是他们的运营方式。弄清是什么让这家企业取得了成功。为什么顾客总是回头光顾？为什么他们能够赢得多个奖项？

这次探访应当作好功课，目的是寻找他们成功的秘诀，并看看你是否能够应用其中某些秘诀以使自己取得成功。通常而言，发现生意成功的原因并非易事。从我个人的经验来看，这往往是因为他们做生意都是从整体出发的，而并非只抓某个片面——员工的态度、关注细节、顾客的满意度等。成功很少是由于定价，这是很多企业主常常过度关注的一个误区。

对任何事情而言，要成为一个优秀的观察者都需要时间和训练。对成功

的企业做一个快速的整体考察可能会给你提供一些线索，但是你真的有必要再深入一点：给他们打电话，咨询他们的产品，听听他们怎样处理你的问询。最为重要的是，在这通电话后，体会一下你是否愿意与他们合作。要多花点时间了解这家公司，听听他们的销售员工是怎么说的，购买点产品，然后看看整个交易是怎么处理的，甚至还可以故意问一些刁钻的问题。

当你对整体有了较好的了解后，把你认为的这家公司成功的原因列下来，并在每一条旁边写上是否也适用于你的公司，然后就着手实施吧。

神秘顾客——走向成功的法宝

现在，越来越多的企业每天都雇用神秘顾客，请他们提供关于企业是否运行良好和如何改进工作的独立评估。这些神秘顾客并不是那种要找有糟糕表现的员工喂狼的迫害狂。这是一种对生意提供诚恳评价的机制。

大多数城市中都存在这种提供神秘顾客评估服务的公司，一般通过营销公司和培训机构就可以找到。最近几年，已经有专门提供评估服务的公司涌现出来，他们的核心资源之一就是神秘顾客。

在理想状态下，没有人（包括企业主）知道神秘顾客什么时候会前来光顾。这些神秘顾客出现时和其他顾客一样，实际上这也是他们的追求。不久之后，他们会发布一份简短的报告，对生意进行整体的表现评估。神秘顾客评估可以周期性重复，以确定公司是在改进还是在恶化。

通常神秘顾客的第一次光顾是最苛刻的。他们会指出最为明显的错误，并且可能会与企业主或员工直接发生冲突。而得到评估后，某些企业主的第一反应是指责某个人，这并不是最好的行动方式。在第一份报告之后需要做的事情，是做出层次分明的解决问题的计划，并致力于在任何需要改善的领域进行改善。

神秘顾客可以用来评估以下方面：

■ 电话服务和销售技巧

- 寻找公司的难易程度

- 入口处吸引力如何

- 生意总体产出

- 第一印象

- 公司整体清洁程度

- 公司整体氛围（气味、生意等）

- 员工外貌

- 员工销售技巧

- 能够感到的对金钱的价值观

- 客户服务整体水平

- 网络问询的反应时间

- 销售的产品或服务品质

对于任何公司，很多相关的和特殊的领域都可以得到评估。虽然反馈可能会有一些刺耳，但最终的结果是你的公司将有机会修正那些让你损失顾客的问题。另一个好处是，如果你的员工知道你有长期的神秘顾客，他们往往会更为努力一些，因为他们永远不会知道站在他们面前的这位顾客是否就是神秘顾客。由于这个原因，把神秘顾客的任何发现（无论好还是坏）分享给员工是非常重要的一件事。给他们展示收集到的信息，并且让他们知道你在处理这些信息。

只有强大的企业才会使用神秘顾客。然而神秘顾客的确是消除平庸与优秀差距的上佳途径。

你的收费够高吗

定价并非易事——你收得不能太高也不能太少。有很多公司就是没有收取足够费用，这也使他们的成功之路异常艰辛。

在我刚开始经商时，我收到了一些非常英明的建议：一位非常成功的企业家朋友带我坐下来并跟我说："有些人一定会成为最昂贵的那一档，可能你就是这样的人。但是如果你要成为最昂贵的那一批人，就一定要成为你这一行中最好的。你的生意每天都必须闪耀夺目。"这个理念很有趣，我在我所经营过的任何生意中都遵守这一理念。

我相信，顾客更为关心服务和金钱所换来的价值，而非定价。当然，有很多公司开在注重定价的市场中。但是即使在这些市场中，我相信这一原则仍在起作用——人们会为品质付出更多。

在利润微薄的情况下很难将公司做大，因为你要把如此之多的精力花在平衡收支上。如果你能够以为顾客提供更好的服务和体验来逐步提高价格，总体而言这些努力会产生回报。

改变你的价格对于很多人来说是一个难以接受的概念。这些人通常会按照认为他们客户能够接受的价格来收费，通常这种价格与能够进一步提高品质的价格之间的存在不小的差距。如果你的生意没能挣到足够的钱，你就很难成功，就是这么简单。如果你只是勉强维持生计，并没有真正地在你的生意上取得进展，可能是你并没有收取足够的钱。正在走向成功的企业并不害怕收取他们值得的价格，因为他们有行业一流的地位为之支撑。

今天就很适合检查你的收费单，看看你所有的定价，并且确定是否能够收取更多的费用，提供更好的产品和更高水平的服务。

感觉不对，可能就真的不对——企业所有人的第六感

我与很多企业家探讨过企业所有人的第六感，也有多次亲身经历。这是一种用直觉判断的能力，可以看出生意中是否有些不对路的方法。也许是判断一场交易可能会遭遇的问题，也许对坐在你办公桌前的那个人所说的一些事情，你并不完全相信。这种感觉非常有可能是确定无疑的，能够觉察到这一感觉的人就能借此得到好处。他们鼓励第六感，让第六感更为强大，当需要聆听这种感觉时，他们就聆听。

这个感觉会随着时间推移不断演变，而且在生活中和在做生意时一样有用。我们需要学习倾听这种在我们思维里出现的微弱声音。每当我忽视它，最终结果不是伤财就是伤心。

虽然我知道一些读者可能会觉得这种想法难以置信，但我却相信其他人会明白我说的到底是什么。在运营生意时，有很多非物质因素会对你的成功产生影响，这毫不逊色于明显更可物化的那些因素。

你是否曾经遇到过这种情况，你的生意中，有些事情感觉就是不对路，但是你忽视了这种感觉而且硬着头皮向前冲，最后发现自己的决定错了？那种犹豫的感觉并非多余，这是你作为企业所有人的第六感试图要发声，想让你听见。第六感是无价之宝，能够帮助你成为更为成功的企业家，并能让你从你的生意中找到乐趣。

从今天起，试着去聆听你作为企业所有人的第六感。当你有着挥之不去的疑惑时，试着去辨别这仅仅是恐惧还是天生的谨慎，抑或是直觉。你倾听自己的第六感越多，它告诉你的就会越多。

与员工谈话

很多企业主谈到员工时总讲"我们与他们"，但是对于企业所有人而言，没有员工的参与工作将非常困难。我们的企业将永远没办法成长，我们的工作负担将非常艰巨，而在面对每天商务生活中的细枝末节和艰巨考验时，我们则会有一种恐惧的感觉。

让员工参与你的生意，征求他们的意见和想法——毕竟，通常他们对公司的了解即使不比你更熟，起码也和你一样熟。更为肯定的是，他们懂得那些他们会做得比你好的工作。你越让员工在公司里扮演积极的角色，他们越会成长起来，也会提出更多合理化建议，最终，公司会运行得更好、更为成功。

让员工参与进来，这并不仅仅意味着问询他们的意见和想法，更重要的是要认真地对待他们的意见和想法，并且想法促使员工乐于参与公司事务。你每周给他们周薪的支票并不意味着他们就一定要敞开心胸。要建立一种真正的信任关系，精心维系这种关系。

像尊重顾客一样尊重你的员工。当然，虽然有些时候你会逼疯你的员工，但是永远不要忘记，你们是一个团队。

让员工参与你的生意，征求他们的想法和意见，并在相互尊重的基础上建立良好的关系。

不要害怕做管理者

管理是一个不小的任务。这其中涵盖着非常多的领域，而且一直在不断变化。成为管理者意味着要担任领导者和决策者，并且意味着要对生意的全心投入。

企业主通常先天具有经理的岗位职责，有时这可能会是运营公司最难的环节。你明白怎样做生意，但是你过去可能从来不必管理人，担任经理就要负起全新的职责。

担任管理者可能意味着要做艰难的决定。有些决定会影响其他人的生活，比如说，有些人因为没有业绩，而不得不裁掉他。在个人的最大利益和公司的最大利益之间必须要有一个平衡。

要成为更好的管理者，第一步始于你的头脑之中。一方面你应当理解和接受作为管理者的复杂性；另一方面，你应当意识到你并不用在一夜之间懂得所有事情，这是成为好的管理者的关键所在。当然，你会犯错，但是只要你从中学习，你的技能将会得到提升。

阅读关于管理风格和管理理念的书籍——这种书很多。参加管理课程并向你的导师认真求教。这样你将会成为更好的管理者，这对你个人来说大有裨益，你的公司也将因为你管理能力的提高而获益匪浅。

以撰写自己的操作手册作为问询自己事业的途径

操作手册就是公司日常运营的书面说明。每家公司都应该有本操作手册，无论公司规模有多大。操作手册会将细节白纸黑字地记录下来，编写这样一本手册就是以某种特殊方式检验你所做事情的好方法。

操作手册可以简单也可以复杂，一切由你决定。这将由你所在团队的其他成员在公司内部使用，不会展示给公众。手册应该记录任何在你业务范围内的情况处理办法，例如：

■ 业务流程

■ 员工风貌与举止相关期待标准

■ 客户服务规程（包括投诉解决流程）

■ 销售执行

■ 支付账户

■ 公司员工职责政策

■ 公司车辆使用规则

■ 清洁

撰写一本这样的手册可以让你以非常细致的方式调查清楚你生意的每一部分。我自己撰写过一些这样的手册，并建议我的客户撰写手册，每次写作都得到了同样的结果——撰写操作手册能够改善工作。当你开始写每一个章节后，你会开始思考整个流程如何运转，并且能够很快得出更好的想法。所以，不仅最终产品有助于确保让所有人知道怎样在你的公司工作，撰写过程自身对于问询你所做的事和想出更好的做事办法，也有非常好的作用。

如果你还没有操作手册，今天就是开始的好日子。首先做出一个有关你生意的所有执行情况的清单，然后填补细节。能够接受手册就是一个进步。如果你已经拥有了一份操作手册，那么要确认是否现在这一手册仍然准确无误。把手册拿出来，从头读到尾，我确定你的主意一定会有好的转变。

创业成败：
关于挑战、机遇和创新
The Big Book of Small Business

第八章

准备好，坏事也会发生在好企业头上

我可能是世界上最乐观的人了，而且我为此非常自豪。对我来说，没有比身边围绕着消磨我精神的人更为烦恼的了，这种人的生活已经不能用半杯水形容了——是像干骨头一样干涸得无以复加，他们在最好的情况下似乎仍然可以找出负面的东西。不过，偶尔有时候，我也会扮演恶魔的代言人。

坏事真的会降临在好的生意头上，而且不幸的是，我时常见证这种事情的发生。很多事情是在公司所有者控制能力之外的，大部分都会给公司造成经济上的重创。但是好消息是，你可以采取分步行动来降低你的风险并且尽可能为你的生意穿上防弹衣。

我认为，把生意经营得刀枪不入，要比从破产边缘挽回生意容易很多，请相信我。问题是，大多数的公司所有人一直等到他们站到危机边缘，才开始采取行动。在你的生意处于高峰时就注意整理生意，这能够显著提高困难时期你的生存概率。世界上最为聪明的那些经济头脑不会告诉我们经济形势转变的准确时间，但是他们都同意经济将会转变，因为这种事总是会发生。一段好时间后面总是跟着一段坏时间，反过来也一样。

我在接下来几页中提出的建议将一定可以强化你的生意，并且大大提升其应对挑战的能力，无论这些挑战来自何方。而且，有些建议是如此重要，以至于值得在本书单独设立一章进行论述，因为它们属于我的"非常重要的主题"类别。

为最坏的事情做准备，并期待最好的结果，这可能听起来有点消极，但是我认为这里充分准备的意味更多一些。那些曾在毫无准备下遭遇困难而得以幸存的企业通常会倾向于避免再犯同样的错误。

我保证，如果你专注于你生意中的十个方面，你一定会在业界长青，还可以看着那些准备不足的竞争者来来往往。

- 为你的生意负责
- 随时随地充分掌握所有信息
- 懂得你的生意
- 尽可能聘请最好的咨询师
- 没有顾客就没有生意
- 构建庞大的人际网
- 为永不终止的改进而全心全力投入
- 把营销放在首要位置
- 任何生意都是成也现金，败也现金
- 要拥有生活

为你的生意负责

以前有时我会遭遇一些税务机关的麻烦。公司交税晚了，而且我还在竭尽全力找钱来支付不断增长的账单。事情到了一个节点，而我必须要去参加一次说明会——解释为什么我还没交上税，以及，最重要的是，我要怎样解决这个问题。

我没交上税的原因很多，但这些原因大都是常见的生意烦恼：包括客户晚付账、项目管理失误以及我本应该做却没能做到的严格汇集现金。然而，我为这次说明会准备的主题是：小生意运营是多么困难，有多少种纷杂的麻烦会影响我的生意。

我参加了这次会议，并且得以讲完我的悲剧故事。我大概讲了 20 分钟，有不少人都在点头。不过，可惜的是，没有一滴眼泪。然后，税务官缓缓地说："这个故事真的非常悲伤，格里菲斯先生，但是我们真的不管这些。您是企业总管，您对您的生意负全责。我们想知道您什么时候会支付欠澳大利亚政府的钱。如果我们现在不能立即从您这里得到确定的答复，我们将会进一步采取法律措施，这可能意味着您将破产。"

直到那一时刻之前，我还对法律法规有着非常不在乎的态度，尤其是相关的税法。但就在那时，我意识到，我的名字就在那一页的底端，我对我的生意所欠的每一分钱都负有百分之百的责任。从那天起，我知道我要对生意的每个方面负百分之百的责任，而且当我意识到这点后，我的态度也发生了巨大的改变。

在那位税务官掷出严厉词句之前，我对员工的管理很松，并不特别在意截止日期或者业绩。如果有些人正在艰难时期，我会在长达几个月的时间里不去逼他们，哪怕他们对公司完全没有贡献。现在我意识到，他们的表现不佳，也在花费我的钱，而且，虽然我对此从来没有什么不友善的反应，但从那时起，我明白自己一定要对这种行为做出快速反应，必须使之改变。

我给员工制定了额定预算和目标，最重要的是，如果他们达不到目标，我需要立即了解原因。我对自己在什么时候和为什么 花钱变得更为在意。那件事简直让我如梦初醒——这可能听起来有点奇怪，但我确实花费了大部分的时间和精力在自己的工作上，而不是在公司本身。这导致了各种各样的问题，而解决这些问题的唯一途径就是花费时间与精力逐一加以解决。

所以，毫无疑问，让任何生意刀枪不入的第一步就是：对生意的一切建立起责任意识，并承担责任。而我所指的一切无所不包：账单、产品、员工、法律义务和责任、税费、道德、服务以及任何在你的生意范围之内的事情。这并不是可以轻松对待的责任。如果遇到打击，你可以责备其他人或者超出你的控制范围的大环境，但是这都毫无意义。如果你的签名就在页面底端，那么一切问题都要终止在你这里。

随时随地充分掌握所有信息

在财务数字上，我从来不是"关注细节"型的人。在我做企业主的早期，我管理财务的方法就是每隔一段时间把一个装满收据和支票存根的鞋盒递给我那可怜的会计。（不难想象为什么会出现我和税务局那一档子事，是吧？）

我完全不懂现金流、账目、赢利和亏损以及资产负债表。我在这些事情上跟跟跄跄了差不多 20 年，从未有过准确的数字，我的账目本只是把银行账户内进来的钱和出去的钱做个加减法，或者看看一天结束时，还剩多少钱。当然我不会做预算，我完全不懂理财，我也从不知道每件东西值多少钱。

我那时并没有意识到这一切真的有多么重要，因为我的注意力总在生意的前线：专心挣钱，只要挣得足够多，什么问题也不会有。这个想法导致了很多错误，以至于我很难判断从哪儿开始改！

要在生意上取得成功，并且要让你的生意获得尽可能高的防护，你必须要能够获得尽可能及时的准确财务数字。理想状态下，你需要在每天结束时明确地知道你公司的金融状态。你需要能够有完全的信心接受任何递交给你的数字，无论是会计师还是你的出纳。

你必须要了解你的债务情况，并且清楚你都负担着哪些债务。没有比债务将临而毫不知情更糟糕的了。

有精确的财务报告是很好的事情，但是如果你完全不阅读也不了解这些报告，它们就毫无价值。我会定期让我的会计师向我解读所有的财务报表。我阅读很多相关书籍，并会问他非常多的问题。我会打印一些上市公司的年度报表，阅读报表上每一页每一行数字，以形成对该公司财务状况的个人见解。我会耐心学习如何根据我顾客的支付历史来做出现金流预期。等等。

我在此得到的首要认识是，这些不是那么复杂，只是需要一些时间和经历来学习这些数字的意义。花不了多少时间，你就能够看出这些报表中的错误，或者找出将会影响你生意的问题。

知识的确是财富，尤其是与数字相关的知识。数字能够告诉你非常多的生意状态信息：你是否在赢利（有时要判断这个非常难），你的现金储备能撑多久，你的业务是否在增长，你收集金钱的速度有多快，以及更多此类信息。

有良好记录的企业通常要比记录糟糕的企业价值更高，其中的原因显而易见。要为你的生意做好防护，我的第一建议是负起责任。所以在这里我建议你对你生意的财务数字负起全面责任，不论你有多厌恶这种事情。

任何没有准确记账或者所有者不懂财务数字的公司最终都会面临毁灭。我保证即使是最为显赫的企业家也会很在意财务数字，比如理查德·布兰森，他虽然表面上看起来丝毫不在乎那些枯燥的电子表格，但实际上却有着精确得难以置信的会计系统，并且每天都会知道他准确的财务状态。我相信，如果你没有按时交付给你的财务信息，或者那些信息不准确，或者你无法了解这些数字的意思，那么你的生意就不是安全的。

懂得你的生意

很多年前，我的一位朋友成为商业上的导师，他提的一个问题难倒了我：他问我每天开业的成本是多少，我完全不知道答案。我现在随时都会向我面对的企业主问这个问题，而且我总会不断为人们居然如此不了解自己的生意而感到震惊。如果我在一个有一百人的房间内提出这个问题，要是能有五个人举起手来说他们有答案，那就是非常好的结果了。

我们需要了解我们生意的每一个方面。这并不是说我们应该事无巨细一律监管，而是我们需要懂得一些基本的东西。生意的赢利和损失并不是几个月后才能知道的那种信息。到那时，万一没有足够的钱弥补损失怎么办？

无论我们是在创收还是在运营，我们都需要立即知道赢利状况。用一个非常简单的公式，将产品和服务的净成本、房租和工资等固定成本以及所有其他支出相加起来，与能够承担这些成本并创造利润的每天的销售目标进行对比。比如说，如果每天需要花费一千五百美元才能运营一个生意，而我们销售的产品利润为百分之五十，我们每天需要销售价值三千美元的产品才能收支平衡。但是谁愿意接受仅仅收支平衡？当然赢利才是目标。理想的情况是，我们至少每天应该创造两倍于成本的收入，所以我们需要销售价值六千美元的产品或服务。

如果我们没有销售任何东西，请想想这个公式：每天开业的成本仍然是一千五百美元，如果一星期内什么也没有卖出，我们将会损失七千五百美元。我认为每个公司，无论是大是小，都需要知道一天之内自己是在赢利还是在亏损。我知道非常庞大的公司（比如在三十个国家有业务的公司）每天的数字只是比我这个简单的公式更为复杂一点，毫无疑问他们知道那天他们是在赢利还是在亏损。

我们还必须知道对于我们的公司来说什么是处于常态中：比如说，哪些产品卖得好，哪些卖得不好，哪些顾客类型、趋势和成本是我们所期待的。如果发生了未曾预料的变革或者成本上涨，我们就需要找出原因。在业务缝隙中流走了如此多的金钱，是绝不能容忍的。

我曾经营过一家可以算作大型的营销公司，前台负责订购所有的打印机和办公用品。当我们搬办公室时，我偶尔看到了一大堆的打印机墨芯，上面的标价差不多有一万美元。真让我难以置信。当时的前台随后辞职了，我只能硬着头皮接受这一事实，接着我从供应商那里查出，原来她通过下这种大订单获得了大宗采购附赠的礼品。妈呀，这让我浪费了多少钱？我从这次经历中学到了一些非常有价值的东西。

我现在对于账单上任何的异常都会关注。比如超出预料的电话账单，办公用品支出增长，甚至即使是零用钱的一点增长也会触动我的夏洛克·福尔摩斯（Sherlock Holmes）式的神经。但是你如果不懂得什么是正常，怎能意识到异常？

对于生意上的发票我都会确定签署时间。我要确切地知道我们在购买什么，以及是怎么使用这些物资的。我并不像有人拿了一根铅笔都会紧张的葛朗台一样，我实际上并不那么在意，但是如果他们拿了，我还是想知道的。虽然我实际上是一个非常随和的老板，但多年以来我已经懂得留心与不留心之间的区别可能是每年数万美元的差异。而且，坦诚地说，钱在自己口袋里要比困在一次订购十年的打印机墨芯的订购款上要好得多。

任何透彻全面地了解自己公司的企业所有人——而且我指的是了解他们生意的所有方面，并不只是他们投资的那些方面——都会在竞争中占据遥遥领先的位置。不幸的事实是，企业所有人除了对他们销售的产品和服务外，对其他方面哪怕只有些许了解的都属凤毛麟角。

要做到严密安全，需要有警觉、有信息并且有纪律。

尽可能聘请最好的咨询师

雇廉价的咨询师就好比买廉价的摩托车头盔一样。你为什么要买？我并不是建议你卖房子卖产业去请最伟大的律师帮你写店铺的新租约，但我相信，通常而言，在聘请专业咨询人员，如会计师、财政策划师、律师、营销咨询师时，价钱与收益是同等的。

这个法则也许并不适用于所有情况，但是经验告诉我，适用的概率比不适用的概率大。如果我们生病了，我们会希望尽可能请到最好的医生，然后再去想怎么支付他们的费用。而在生意上，对于成本的顾虑太多时，只会将就聘请次等的专业人士，那就只能得到次等的服务。

在我的领域，我遇到过数不胜数的想自己完成营销的企业。我理解他们，并祝愿他们幸运，但是往往他们真的不知道自己在做什么。他们将大把的钱用在不能发挥作用的事情上，而当他们没能取得预期的结果时，他们便指责营销只是个概念。如果他们聘请了一位专业人士，哪怕只是制订一套能够据此工作的计划，也会大幅度提高经济收入，因为至少他们走上了能出成果的正轨。

对费用的担心常常是毫无根据的。当要选择专业的业务咨询师时，应当花一些时间做招募工作，而不是仅仅聘请你遇到的第一个人。和朋友、熟人谈论这件事，然后对较合适的咨询师进行面试，以确定他们是否能够给你想要的东西。咨询费事先谈好，告诉他们你担心会遭遇大额账单的事，并且制订出与他们合作、共同解决问题的方案。一切尽在沟通。如果你不能与新找到的咨询师在一开始就进行有效的沟通，那么他们可能并不适合你。如果你喜欢明晰的建议，就应当去找一位可以这样提供服务的咨询师。

有时候你可能需要找好几位咨询师才能找到合适的那位。这就是为什么你要在为你的生意提供保险时首先要做好招募工作，而不是在经历危机时才去找人。事实上，聘请出色咨询师，就是因为他们能使你在避免陷入悲伤境地的方面扮演重要的角色。

我曾向一位杰出得难以言表的咨询师支付了 13 万美元，他帮助我重组我的公司。此前由于错乱的合伙关系，我已经陷入麻烦之中。如果没有聘请他的话，我一定会破产的，或者至少要凑出 25 万美元才能从麻烦中全身而退。所以，他值 13 万美元，绝对值——每一分都值得。即使我手头上没有咨询费，我也会想办法凑出来，因为我知道如果没有他的工作，我的损失会更大。

很多年以来，在处理过很多复杂的经济难题、法务难题以及其他可以想象的难题后，我发现每当我选择一条省钱的路，就只能得到麻烦。所以我学会的就是聘请更好的咨询师，并在与他们打交道时要更多地按照商业规范行事。那就是，我总会直截了当地询问他们如何收费，我给他们一个预算数，或者我会和他们讨价还价。我希望我们的关系是双赢的，不过在协作时，我不希望这种做法会影响具体操作。

和付钱请咨询师一样，我也强烈建议在你身边聘请好的商业导师。纳维尔·伯曼（Neville Burman）是我非常好的朋友，他总是会给我惊喜，即使是在我生意最为黯淡的时期，他也能用他充满智慧的言语给我启迪。每当我遇到挑战的时候，纳维尔就会和我坐下来花几个小时讨论每种选择，其中有些选择我原来并没有发现，他和我一直探讨，直至最终制订出解决方案。

这种富有成效的会谈对每个企业所有者来说都是无价之宝。世界上总有一些人，他们在这一行中已经待了很长时间，并且愿意照顾新生的企业所有人。从他们的错误中可以学到教训，如果你征求他们的建议，采纳建议的效果可能会很不错。我曾经在业内打拼多年，并且在超过 25 年的时间内，有非常多的导师经常来与我探讨。现在，我的导师比以往都多，这全是因为我比他们之前所有的听众都更尊重他们的意见。

无论你的咨询师是免费的还是收费的，都要尽可能聘请最好的人。如果你花费时间用于找寻他们，并建立双方都能受益的关系，这些人将在未来的许多年里协助你让你的生意日益兴隆。

没有顾客就没有生意

没有完全把心放在顾客身上的生意将来总要遇到麻烦。一旦遇到艰难时期，顾客与某家公司的关系就值得考验了。

当我们开始做生意时，会做些退让，以各种可能的办法超出顾客的期待，而非仅仅满足他们：对于顾客提出的任何要求都不会嫌烦；如果一位顾客不高兴，仅仅一点暗示就能够让我们去乞求原谅（这不是夸张，你懂我的意思）。但是随着业务的发展，当年创立公司并对顾客饱含热情的创始人现在与顾客面对面的时间减少了，他们如今在员工和公司运营的其他方面上花的时间更多一些。随着时间流逝，他们甚至可能不会走出店面后的办公室。他们唯一能够听到顾客说话的时间就是出现问题的时候，所以他们开始讨厌顾客，似乎看起来顾客只会用抱怨打扰他们。

任何发现自己处在这种境地的人都需要大幅度改变自己的态度。我们的员工就是我们行为和态度的镜子，所以如果我们对顾客的态度不好，很快他们就会沿袭这种做法。我经常会站在店铺内，等待他们的服务，同时观察这些员工。我能够在一秒钟内判断出企业主是否已经丧失了对生意和顾客的热情，这些都能从员工的脸色和语调中判断出来。每个人都会调整他们的心情和态度以和企业主一致。很明显，如果你不积极、专注地为顾客服务，就会出问题。

顾客是生意的一切。我们应该去寻找更好的服务于他们的方法，聆听他们的需求，与他们建立良好的关系，并且竭尽所能去让他们的生活变得更轻松。然而，有些公司似乎是在不惜一切代价让客户每次与他们的接触变得都变得很困难：很难找到公司，很难停车，店里又脏又乱，什么都没有价签，一位爱搭不理的员工坐在柜台后面，前面有五个顾客在等。等顾客到了柜台前，又告诉他们信用卡不能用，等等。让买东西变得困难的公司数量众多，远比我们以为的要多。

有很多伟大的书籍、网站和培训服务都在向你建议，如何改进公司整体的顾客服务水平。然而，如果拥有公司的人没有把为顾客服务放在首位，并且每日每时都在执行的话，这些建议都不会有效果。

构建庞大的人际网

在当今这个世界，要离开群体做生意越来越难，将来更是难上加难。越来越多的媒体在涌现，顾客的习惯也会变得越来越难以琢磨，竞争也在加剧，这些都佐证了人际关系是无价之宝的看法。

作为消费者的我们，越来越受口碑推荐的影响，因为相比广告，我们更信任朋友的话语。由于这个原因，任何企业所有人都应该拥有由朋友、联系人、粉丝、追随者和狂热信徒组成的尽可能大的人际网。

我住在凯恩斯，这是一座比较小的城市。如果我的生意运作得有些缓慢，我只需要走到邮局，在路上就会遇到一些需要做营销的人。这种事随时随地会发生，并且多年以来，我已经在我的家乡和全澳大利亚建立了非常大的人际网。这个人际网提供参考、服务，给我机遇，这也算某种应对艰难时期的保险。

我常听别人说，他们讨厌交际，这种感觉很虚假、笨拙并让人感到困窘。是的，社交有可能是这样。我并不喜欢参加鸡尾酒会，站在那里左顾右盼，无论别人看着还是自己觉着，都非常尴尬。但是与人打交道和建立顾客群有很多种方法。请让我们分享一个例子。

有几年，一位邮差每天都会给我的办公室送几次东西。他名叫约翰，我和他的关系就是可以亲切地问声好，之后就没有下文了。约翰到过我公司好几千次，有一天我忽然意识到，我还对他一无所知，这让我很尴尬。他是我生意中已经非常熟悉的一部分，但是我却丝毫不了解他。所以他下次来的时候，我问他是否有时间，我想请他喝杯咖啡。他说可以，于是我们散步到当地的咖啡厅，并且有了一次短暂但非常愉悦的谈话。他是从悉尼搬到凯恩斯的，他在悉尼曾经做过大型企业的管理工作，那份工作慢慢地蚕食了他的生活。现在他每天很早开始工作，早早结束，这样能够有很多时间陪伴他的孩子。我们真的产生了联系，我很庆幸是我提议"我们聊聊"。

在接下来的几个星期里，我非常忙碌，所以我没有很多时间去想约翰的事。工作不断堆积，忽然我意识到，一定是发生了什么奇怪的事情。我问我的员工，这些新来的营销的活都是从哪里找过来的，他告诉我，这都是约翰推荐的。

他的工作意味着他整天从这家公司走到那家公司，和人们交谈。这些人可能会说他们需要一些营销工作，所以约翰就说到了我们公司。对于那些看起来有点低迷的新公司，或者营销方面做得不够老练的公司，约翰会推荐我这种专业公司的服务。约翰成了我们专属的个人销售代表，而且他十分出色。我没办法告诉你他到底为我们推荐了多少生意，但是这个数目很大——这全是因为我跟他喝了一杯咖啡。

今天，我大部分的工作都来自口碑推荐。我对这一事实感到非常骄傲，因为如果有人向别人推荐我，一定意味着我的工作做得很好。

同样，把客户推荐给我的那些人也是我的非常好的智囊团。如果我需要建议，他们就给我建议，而且他们会在我太投入时帮我看清复杂的情况。

要让你的生意安全可靠，你必须要建立一个由保护你、支持你、给你提供信息的人组成的人际网。要建立这样的人际网，你需要不断见人，通过在交易中诚实遵守道德而为你们的关系增光添彩，并让你们的支持成为双向的。如果人们支持你，你一定要尽自己所能支持他们。

建立关系网需要时间，但是并不能因为需要时间而不去做。很多社交活动我都不参加，但是我会定期把自己介绍给别人，让我已有的人际网把我介绍给他们认识的人，等等。换句话说，你可以按照自己的性格建造人际网。如果你喜欢一对一的约见，那么就要定期出门去约见人。如果你喜欢社交，就要参加社交活动并去见很多人，但是请注意，你不能只站在角落里，每次活动都只和某个人聊天。

根据我的观察和个人经历，有一个良好的人际关系网络对生意的安全保障来说十分有益。

为永不终止的改进而全心全力投入

所有一直致力于在自己业务上改进的公司一定走在成功的路上。这种态度是任何顾客在走进公司的瞬间都能感觉到的，正如他们能够注意到对顾客不在乎的公司一样。

那么公司怎么能够不断改进？有很多方法：改进与客户沟通的方式方法；让人们到我们这里购买商品更加便利；不断改善公司的环境氛围；更好地培训员工；让产品的知识跟上时代。最重要的是，我们需要有一个开放的思想，并且寻找新的更好的方法来运营公司。

当你用心地、不懈地改进时，这种态度就会显现出来。这一态度会激励员工，他们也会开始寻找更好的方法。顾客也有可能带着能改进你生意的想法来找你，因为很明显你在乎这些。供应商如觉察到这一态度，会更有可能想要帮助你扩充业务。你的竞争对手也会尊重你。

但是最重要的、需要不断改进的，是你自己。作为企业所有人，我们需要学习新的技能，需要寻找做业务的更好的方法，需要研究我们的行业，并成为行业中的引领者，需要在很多方面阅读并扩充知识，需要参加能够帮助我们成为更好的领导者的培训，这些都会有助于我们的业绩增长，其中最重要的是永远开放心胸，找到新的做事方法。

在学习和提高的同时，也要具有一定的灵活性，这是整体安全防护策略的核心组件。任何公司如果不能不断提高业务水平，最后终会消亡。任何过于死板、过于懒惰或者过于忽视变革的公司都难以长期生存。用心去创新，去不断提高业绩，能够带来激情，带来令人兴奋的氛围，这是所有公司走向成功的助推剂。

把营销放在首要位置

营销是我们想让钱进账就得做的事情。我们为公司做营销，以让我们现有的客户成为回头客，同时吸引新的顾客。

营销并不是一门精确的科学。营销也没有那么复杂，虽然很多营销人士告诉我们它很复杂。在运营我自己的营销公司多年后，我非常确定地感到，你把营销做得越简单，就越有效。

这一条的目的并不是告诉你如何做营销，你在很多地方可以得到这些信息（而且我将会在本书中为你提供很多营销贴士）。这一条的主旨是，要让自己把营销做成全年不间断的工作，每周要花费时间和资源用于营销和业务发展。那些真正成功的公司最常见的共性之一就是，他们把营销作为业务的核心部分，而不是偶尔才做一次的工作。

营销需要时间才能发挥效果。我认为我们今天做的营销实际上对明天的生意也有益处。我遇到过很多企业所有者，他们并不在情况好的时候做营销，因为好的时候，他们并没有看到这方面的需求。然而到了处境尴尬、想做营销的时候，其他所有人也都在疯狂营销，这种营销会花很多钱，而且要等更长的时间之后才能脱颖而出。

通常企业所有人并不知道怎样对自己的公司做营销。我对此完全理解。但是市面上有很多非常好的书、网站和专业公司能够帮你做好营销（事实上，请访问我的博客，你将会发现数百个任何企业都通用的营销办法——www.andrewgriffithsblog.com ）。

另外，一个总能听见的说法是"做营销的钱，我一分都没有"。实际上，你应该尽可能把钱投在营销上。如果你没有那么多金钱，好吧，你就使用其他苦干的方法，或者上街推销。等待客户上门的时代已经结束了。我们现在都需要走出门去争取客户，记住，任何时候，都有非常多的同类公司也在追逐同一批顾客。

旱涝保收的公司都在随时随地做营销。他们总在尝试新的想法，做大事，但同时总是会积极地寻找新顾客。

任何生意都是成也现金，败也现金

我们都听说过现金流对于任何生意都很重要。在这里，我要再重复一遍：必须要管理好你的现金流。如果你一听到这种话就两眼发呆、不知所措的话，那么你就在走向麻烦。

毫无疑问，现金是任何生意的生命血液。如果不能在生意好的时候管理现金流，那么你怎么可能在生意不好的时候生存下来？如果你有着出色的收集现金和管理现金的体系，你的顾客将习惯于按照这些流程和步骤做事，而且在困难的时候更有可能继续这样做。

现金流不只是向电话那边的人要钱那么简单。当然，这是工作的一部分。现金流还包括与客户公司的财会部门建立关系，以便在对方支付时你会第一时间知道；在为之前与你的公司没有贸易往来的顾客工作时，你需要认真考虑；确保在所有账单到期日之前，能够把它们还清；要制定相关规则，并坚决执行。

每当我得到一位新客户时，我总会向他们先收取 50％ 的预付款。如果他们不愿意配合，那么我会礼貌地告诉对方，我们没办法合作。当他们证明了自己的支付能力之后，他们可以按月跟我们结账。

那么，你应该怎样更好地管理你的现金流呢？如果你还没做好准备，我建议你首先要把做足准备列入头条。然后找一位好的会计，甚至是在此领域有着丰富经验的商业教练，让他们教你如何成为现金流管理的明星。

要拥有生活

几年前我写过一本叫《101 种营销的方法》的书。我常开玩笑说，这是我的第一本小说，同时拥有工作与生活是绝大多数企业所有人的终极梦想。

我写那本书，实际上是因为我非常需要读那样的一本书。我一直是个工作狂，在我的职业生涯中大部分时间都是连锁企业老板。不管从哪个角度来说，我都把百分之百的热情投入了我的多家公司，把它们做强做大。这意味着每天工作十八个小时，一周工作七天。即使现在回想起来，我也知道那有些疯狂。说实话，按照这样的日程表，不管是什么人，在精力透支的状况下都不会有多大的效率。我总是精疲力竭，我超重了五十公斤，我的婚姻状态也不好。

于是我开始全面改变我的生活。我减掉很多体重，把锻炼当作生活的一部分，我开始吃更好的食物，拒绝在周末上班，并且花更多时间做我热爱的事情。

结果，我的头脑清晰多了，我的身体更健壮，而且，我的生意赢利能力也变强了。工作时间只是以往的一半，而我的收入却翻番了。我承认实际上并非像说话这么简单，而且其间我常常有所偏离，但我知道，我具有回归正轨的能力，而且我总是能回来。我相信生意中需要呵护的、最重要的部分就是我们自己。尽最大努力让自己达到最开心、最健康的状态，一切都会变简单许多。你越是放松、健壮、充满活力、充满激情，越是活在当下，你的生意就会越成功。

我看见过很多企业所有人，他们完全精疲力竭，每天都不知道是怎么把自己拖入一个新的日程的。如果企业所有人按照疯狂的日程工作，并且生活在过大的压力下，当挑战来临时，他们必然处在劣势。当你连起床的力气都快没有时，真的很难完成要在挑战中生存下来所必须完成的全部任务。

平衡的生活对我们每个人的意义都有所不同。我并不想要一整天都躺在山上晒太阳发呆。我喜欢压力，而且当我面临最后期限时，会做得更好。但是真正让我感到疲惫的是过多的工作，凌晨两点突然醒来，脑子里已装满第二天要做的事情，并在飞速运转，这才让我疲惫不堪。

你一定要判断出怎样的工作和生活平衡对你是最好的。然后，你需要有勇气和能力实现这样的平衡。任何人都能做到这一点。你只要丢掉多年来养成的坏习惯，把生活的平衡作为首要任务。和任何事一样，如果你的愿望足够强烈，你一定能够得到它。

第九章

你的生意看起来够好吗

　　我不知道那句老话"外貌就是一切"是否真的百分之百正确，但是我确信：外貌是取得那些重要东西必不可少的因素。在我和成功企业家打交道的过程中，他们通常看起来都非常得体。他们周身散发着自信的气息，闪耀着成功的荣光。他们的公司也是如此。

　　我很年轻时就获得了这点启发。如果你想要在你做的事情上取得成功，你就需要看起来得体：穿着要与场合适宜，要梳妆整齐，开与身份匹配的车，等等。如果你正在努力把自己描绘为成功的企业所有人，就要让自己的外表也彰显出成功。

　　回顾上一次你走进一家看起来正在走下坡路的公司时的情景。那并不令人振奋，不是吗？那样的生意肯定没办法给人信心。公司如此，个人也是一样。如果希望顾客对你有信心，那么就要得体。这不仅适用于你本人，也适用于任何代表你公司的人。

　　工作着装应该保持整洁，熨烫齐整，没有污渍。公司车辆应该保养妥当，并清洁干净。制服上缠着线头、有破损的地方，公司用车破旧不堪，这会传达出一个信息：这家公司在垂死挣扎，或者老板漫不经心——这两者往往同时共存。

　　最近有一次在等绿灯时，旁边有一辆车，我很久都没有看见过脏成那样、破成那样的车了，排气管冒出一股股黑烟，司机还坐在驾驶室里抽烟，一边抽烟一边咳嗽。整个车身上上下下都贴着一个公司的广告（纯净水广告），并宣传一种健康的生活方式。我永远不会从这家公司买纯净水。如果连他们的车都是这个样子，那他们生产出来的产品会是什么样子？

人们大多会根据外貌做些判断。要想做事成功，就一定要得体，你的顾客也会知道你在认真对待工作。在这一章中，我会综述在小生意中表现得体的基本方法：

- 你的公司名字寓意得当吗
- 你有标识吗，标识合适吗
- 你的品牌口号是什么
- 品牌的一致性及其力量
- 谁维护你公司的形象
- 总有一些时候，你需要审视公司的形象
- 在视觉效果上，永远要投资最好的

你的公司名字寓意得当吗

为公司选择恰当的名字不是件容易的事。对于许多新生公司，这通常是一个大问题。在选择正确的名字前，我想花一点功夫讲述为何变更公司名称。

所有的公司都会随着时间而成长。起初的名字将来可能并不适合你的业务，但是很多企业所有人不愿意更换公司名称，特别是已经使用了一段时间的，因为他们认为这样可能会失去已有的顾客。我曾经做过很多企业形象包装，并且也建议公司要做出大的改变，这些改变常常包括公司名称。这些改变没有一次曾产生负面效果，事实上，往往相反：顾客喜欢看见公司在改变和进化，这表示公司在进步，充满活力。大型公司会经常重新设计自己，他们的顾客对此近乎期待。

不要低估你的顾客适应改变的能力。根据我的经验，他们比大部分企业所有人更能适应改变。而你只需要决定，你的公司名称是否真的代表了你在做的事情。如果代表了，很好；如果不能，那也许该改变了。

那么你应该怎样改名？有很多选择。你可以选择一个讨巧的名字，或一个简洁的名字，或者二者兼具的名字，这些都是很好的选择。但是请记住，如果你选择了一个讨巧的名字，或是一个简洁的名字，则需要在宣传和品牌塑造上花费更多，以便让潜在的顾客知道你在销售什么产品或服务。

我最近合作过一家花店。这家店知名度不低，而且已经建立了一段时间，但是名字却和同一地区的其他花店相似，这些名字中都提到了花匠、鲜花或者新娘。要从黄页中选出任何一个名字都很困难，因为这些名字基本上是一样的 。在创意过程后，我们想出了"蕾"（Buds），简明时尚的名称完美地反映了店主的风格和信念。这个容易让人记住的名字，既独特又新鲜。这让他们的生意十分兴隆。

在选择名称时，你需要做这样的决定：你想要更有趣还是更实用？我并不是在宣传二者，只是在解释选择。理想状态下，在这个过程中可能会生发出其他灵感，找到一个有创意而且很容易抓住的要点，这是建立品牌的最简单方法，也是让顾客知道你做什么业务的最好的名字。

无论你的公司名是什么，或者不论公司名将变成什么，都要让顾客快速知道。

你有标识吗，标识合适吗

标识（logo）就是一个用来宣传公司的图形。对于一些公司而言，这是某种形式的象征；对于另一些公司，这只是用特殊字体书写的公司名；而对于其他公司而言，这是二者的结合。标识是你做生意时传达独一无二的主题非常合适的工具，这是好企业形象的核心与精华。

标识必须有特色，并且对于你的生意而言，是独一无二的。我在自己的一家公司使用了柠檬绿色的"墨滴"（splat）。具有讽刺意味的是，要得到一个好的油墨滴图形，是可遇不可求的。不过，最终传达出来的信息是令人难忘的：如果你雇用我们，我们一定会对你的公司产生影响。我们所有的宣传材料、文具、签名和网站都使用了这个标识，以此宣传我们的企业形象。

我对很多现代小型企业的主要抱怨之一，就是他们没有正常水准的标识，或者更糟的是，他们使用的是由一个对公司业务完全不理解的人所做的标识。在开始一个新的生意之前，你应当分配一些预算用来研发好的标识。如果你正在做生意，但没有标识，或者没有正常水准的标识，就应该请一位图形设计师帮你设计一个容易记住而且与众不同的标识。

聪明的公司都有好的标识和强大的公司形象，因为他们知道这有多重要。想想你曾与之打交道的公司的标识。翻阅报纸和杂志，并找出更大型企业的标识。无论企业的规模有多大，没有什么会阻止他们拥有强大的企业形象。拥有好标识的企业一定会获得回报。

在选择图形设计师时，要多联系几家。大多数图形设计公司都拥有可查看标识设计成果的网站。试着找到拥有你喜欢的风格的那家，并且最好能够告诉他们你喜欢什么样的风格。提前谈好价格，这样你能够知道这会花你多少钱。同时记住，在你的办公用具和宣传材料上面使用新的标识。

如果你正在改变现有的标识，请重视这件事。要告知你的顾客和供应商，让他们也参与使用并为你的新企业形象做宣传。

你的品牌口号是什么

品牌口号就是用几个词为你的公司做出声明。任何公司都可以选用一条口号，而我对于选择口号能够给予的最好的建议，就是应该能够回答顾客的这个问题："我为什么要选择你们公司？"口号要短而响亮。

潮流来了又去，同样口号也会成为时尚或淡出时代。口号可以随着你的业务变迁而更改，或者随着你所在的市场的变化而改变。正如为你的公司选择名字一样，要决定使用一条简明的口号并非易事，但是名字和口号应该一起抓。

花一些时间在网上研究企业等营利性机构，看看他们的口号是什么，找到对于口号这个概念的感觉。有些口号能够煽动情感，如耐克的"just do it"（想做就做）和澳洲航空的"Spirit of Australia"（澳洲精神）。其他则更具功能性，往往使用"最大的""最久远的"等字眼。

无论你选择哪种方向，一个好的口号都真的很有好处，选一个能够给予潜在顾客选择你们公司的理由的明晰而特别的口号吧！

品牌的一致性及其力量

品牌化是一个我们耳熟能详的概念："发展品牌""建立品牌""品牌价值"，等等。大多数人认为做品牌只适用于大公司，但事实并非如此。对于小企业，品牌也同样重要。任何公司都能建立一个品牌。简单来说，当一个顾客看见你公司的名称（和标识），他们已经对你的公司有了正面印象。这是购买特许经营权最具吸引力的地方——购买一个已经得到公众认可的品牌名称，很有可能很多顾客已经知晓该品牌，并且对其有了正面印象。当然，要建立一个品牌需要时间，要提高品牌知名度也需要时间，但是我们都需要做这些工作。

做品牌的真正关键所在就是一致性：通过你的广告、企业形象、公司外观传达长期一致的信息——无论顾客在哪儿接触你们公司，始终保持一致。

一致性由制度来控制，所以要使用合适的机制来保证公司的方方面面都与一开始时完全统一。在下一条我将论述如何控制品牌，这需要指派合适的人来完成这一任务，但是在公司的所有方面保持一致性需要自上而下的贯彻实施。

我们已经分析了为何公司形象的改变是个好事情，但是我想再强调一下这个观点。有一个与时俱进、与公司业务相关、令人印象深刻的企业形象对于企业来说至关重要，所以如果你并没有达到目标，那么就需要改变，而且顾客也会适应你的改变。但是完成改变后，你需要以一致性来塑造企业形象。

谁维护你公司的形象

现在已经有不少专门从事维护企业形象业务的公司。一般这种公司的客户是连锁酒店等大型企业，而且这种公司在其中扮演的角色是为公司统一形象，为每个分支机构审核宣传材料和广告，保证所有的材料与设定的企业形象一致。这样就能创造非常专业且品质恒定的公众形象，并能够保证消费者得到正确的信息。

对于规模小一些的公司而言，维护企业形象也同样重要。随着时间的变迁，企业形象很可能遭到蚕食，每次宣传材料的设计都不同，字体不一致，图标颜色杂乱，这些都让公司的形象十分混乱。理想状态下，应该雇一位专员负责维护企业形象。这份工作的内容是：

- 确保每次标识出现时格式正确
- 确保颜色正确、统一
- 确保在宣传材料中使用同样的字体
- 检查语言文字，保证风格统一
- 为所有广告和宣传材料版本签字授权
- 对所有宣传材料和广告版本存档，以形成历史档案
- 控制图片使用，例如，每次都要把拷贝件送往印刷厂备份，以防止丢失原件。

总有一些时候，你需要审视公司的形象

企业因为形象一致性而长青，但是有时候形象必须要改变。随着时代变迁，这些形象变得落后，失去效应，甚至显得不够专业。并没有规定多少时间就要更换企业形象——这是每当意识到现有的形象已经完成使命并不再真正代表公司时要做的事情。

很多公司会在改变企业形象时挣扎犹豫——我每天都会见到这种事。他

们有一种潜在顾虑，就是如果更换了企业形象，他们可能会丢失顾客。我并不确定是由于对变革普遍的抵触，还是仅仅因为公司更换了新的标识甚至是新的名字，顾客就会另投别处。关键在于，一定要告诉你的顾客你的新名称或标识，以及为什么要改变。

事实是，顾客喜欢看见公司改变形象——这表明这家公司具有创意，而且能够跟上时代潮流。这也表明，企业所有人为他们的生意感到骄傲，他们愿意为之再投资。我所建立的企业新形象，一直都非常成功，每一个都是这些企业发展历程中十分积极的一步，没有例外。新的企业形象能够让每个人都重新充满活力——企业所有人、员工乃至顾客。这件事本身就是生意成功的象征。

但另一个常见的错误是，公司的标识和公司形象是企业所有人过去在自己家里的电脑上设计出来的，他们认为这与个人情感相关。当然，有时候人们可以自创伟大的标识，但是更多的时候与专业水准存在不小的差距，结果使公司看起来像是二流企业。

应当投入一些钱来研发专业标识，并且在颜色使用和宣传材料设计上得到正确的建议。在设计强大的企业形象方面省钱并不是聪明的做法，而且在大多数案例中，最终并没有省到钱，因为这往往使企业在一开始就很难吸引到顾客。

在视觉效果上，永远要投资最好的

常常有些企业虽然设计出了出色的企业形象，但紧接着又因为使用品质拙劣的图形（或者更糟，如同剪贴画）而前功尽弃。

翻开任何一本高档杂志，你都能看见有些公司使用高品质次的图片。为什么？因为这种图片的视觉效果非常好。今天，任何企业所有人都可以得到高品质图片。有非常多的"免版税"图片网站，从上面可以下载到高品质的专业图片，而且收费合理。

不要因为在图片上过度节俭而有损企业形象。毕竟，一张图片胜过千言万语，所以希望你的图片能够讲好公司的故事。

第十章

抓住一切机会，建立稳如磐石的关系

要在商场上取得成功，你将需要与各种类型的人士和机构建立稳固的关系。这些关系将帮助你的企业成长，他们可能会指引你渡过艰难时刻，也一定会给你的职业生涯带来许多欢乐。正如其他一般，这些关系需要时间和互相信任才能建立。

本章节讲述的是能帮助你在经营中成功的关系。我们要讲的课题有：

- 你希望和什么人建立稳固的关系
- 建立关系需要时间和精力
- 大嘴说漏船——有时也说坏事
- 永远不要让良好关系被一件小事摧毁
- 在推荐方面，要给予，不要只是接受
- 如何规避伙伴关系漏洞
- 与你的供应商建立关系
- 与你的房东搞好关系
- 与你的专业咨询师建立关系
- 与你的同行建立关系

你希望和什么人建立稳固的关系

我观察到成功的企业有一种独特的现象，企业所有人通常都非常擅长与人建立关系。这些人包括了他们的员工、顾客、供应商、房东、银行以及律师和会计师等专业咨询师。这些人很明确地懂得，要经营一桩成功的生意不能只靠一个人——这需要一个团队，并与很多方面进行合作，各方都同样重要。

通常，一些企业家会轻视一些关系，或者并未给予足够的重视。在这方面，我注意到的一个例子是储蓄。和大多数人一样，我以为现在已经不是那种要和银行经理建立关系的时代了，甚至认为储蓄是一种烦恼，而未曾将其看成建立关系的机会。我曾经与很多银行合作过很多年，但却从未想过要改变，因为我以为所有银行都是一样的。这给我带来了很多问题：我在争取透支时很困难，也缺少能够在纷繁复杂的金融事项上给我提供建议的联系人。

这些在一家位于凯恩斯的小型银行找到我时发生了改变。这家银行已经营业了一个多世纪，但是我并不是很了解它。我的公司那时受到这家银行的委托，为他们研发战略营销计划、新的标识和企业形象，并完成了这个项目。在这个过程中，我学习了很多有关这一令人难忘的行业的知识。不久之后，我就把公司账户转到了这家银行。突然，这家银行的经理找到我，他不仅知道我的名字，而且后来还在我的生意中扮演起活跃的角色，这种关系一直保持了下来。他是我的非正式导师——一个诚恳而开放的人，他帮助我的企业成长——我永远感激他。

在这里我要阐述的是，我们不必相信听到的每件事情，比如每件关于银行的事情。当然这些银行并不完全一样，而且如果你能找到正确的那个人，就出现了构筑关系的机会。这种规律同样也适用于你所遇到的几乎每一个人，关键是你一定要保持开放的心态，让关系慢慢形成，这需要信任和努力。每当顾客走进你的店门时，他们就在对你投入信任，并抱有你能够满足他们期望的信念。如果你能够做到，他们将不断回顾。如果你和你的供应商发展出互惠互利的关系，他们将回报你。

和努力建立关系同样重要的是，世界上总有一些人是你无法打交道的，或者有一些人的期望你就是满足不了。在这种情况下，就不会建立起关系。

那就顺其自然，然后继续前进，希望这种事情只是个例。

要做出努力，要花力气，并且要抓住能够让你的生意运转的关键点，你将很快看见成效，这不仅体现在你身上，也体现在你与他人更加坚固的关系上。

建立关系需要时间和精力

大多数人都知道，建立起良好的关系，需要付出时间和精力。但是当你工作时间过长，受到的压力过大，你又要在各方面都维持完美时，要抽出时间促进关系发展只会排在你的任务清单的最下方。

在这种情况下，有一种办法是委派他人。很明显，如果你能够把你的一些职责分派给他人，你的生活会变得轻松一些，但是要教会他人做特定项目也需要时间。在教人效果不理想时，你可能会想"还是自己做简单些"。结果那些就都成了的事，每天背负着越来越多的责任，你就会把自己逼到崩溃的边缘。

我亲身体验过，把任务按优先顺序分配给他人有多么方便。我习惯比公司的所有人早一些开始工作。这能够给我一点安静的时间，在电话开始作响、当天的订单涌入之前能够静下心做事。从早上八点左右开始，我的团队成员陆续到达公司。他们喜欢走进我的办公室打个招呼，然后和我聊聊开始的这一天。这在过去往往把我逼得发疯——我已经工作了至少一小时，而且正在努力加快速度完成工作。渐渐地，每当听到办公室大门打开时我就感到抓狂，因为这意味着我下一个小时要在被打扰中度过了。

起初，我把这一个小时的时间视为被我浪费的时间。但是我同样知道，和我一起工作的人需要这种接触，需要一些社交性的闲聊，需要问问题和规划一天的工作。尽管如此，我还是一天天地感到很沮丧，直到有一天沮丧超出了我的承受力。在那一刻，我明白，我必须改变我的态度，而且我决定把那一小时看作机遇，而不是烦恼。于是从那时起，每天上午八点到九点之间，我的计划里只安排和团队成员见面并打招呼这一件事，我会提前计划这一天的任务，渐渐地我感觉对每个人的了解都深了一点。我决定享受这一时间，而非厌恶它，这是怎样的一个改变！由于我在迎接每一个人的到来，我和他们的沟通更进一步，项目进行得更为顺利，问题处理得更快，我们都感到彼此更为亲近。

在此重申，需要的转变是精神上的转变。把用于建立关系的时间视为投资，而不是一件琐事。你与顾客的关系越稳固，他们就会越支持你。你与你的员工关系越紧密，他们就越有可能完成让你的生活更为轻松的额外工作。

任何类型的关系都像一朵鲜花：它需要花时间，需要在合适的环境中才能生长。把用于构建关系的时间和精力视为对自己的投资吧。

大嘴说漏船——有时也说坏事

建立关系很重要，但是同时我们还需要非常明晰地划清界限。在大多数商业关系中，需要限制人们传递或者讨论一些信息——你谈话的对象往往有可能在走出你的公司后走进你的竞争对手的办公室，然后把一切都透露给他们。我不想草木皆兵，但是我曾亲身经历过这种事情。

有一次，我在竞标的工程会议上与供应商商讨了定价和竞标详情。之后，我发现我的一个竞争对手在最后一刻更改了竞标内容，并赢得了这一项目，因为他们比我出价低。我做了一些调查，发现我的供应商的一名亲戚在那个公司工作。从这件事中，我学到了宝贵的一课。从此以后，我对告知他人机密或分享涉密信息的活动更为谨慎。

另一方面，很多人信任我，把他们的生意托付给我。如果我不尊重他们的信任，泄漏他们的交易秘密，那会对我的名声造成什么影响呢？这种事情会直接给你带来不守道德的名声。

所以，长话短说，既要建立关系，但是也要把你的底牌靠近胸口一些。不论关系看起来有多么紧密，总有一些事情是不能分享的。

永远不要让良好关系被一件小事摧毁

良好的关系往往会毁在一件非常小的事情上。做生意时事情可能会变坏，我们都知道这一点，但是不要让非常好的关系因为无足轻重的一些琐事受损或者终止。

如果你有一个非常棒的供应商，但他搞糟了一次送货，应该给他们一次机会。毕竟，人人都会犯错，而且一时的困窘并不是他们的世界末日。

我和很多印刷商做过生意，在事情出错时，良好的关系更为重要。我曾经和一家公司合作超过十年，十件事情有九件他们都做得很完美。每当出现问题时，我便请他们坐下，给他们以警告。他们对任何问题都能够快速而有效地加以解决。如果错在他们，他们总是会承担所有的开支或者增印出额外数量，以表歉意。于是我们又能够重新做生意了。

相似的是，我们经常需要购买很多办公用品，为此我曾经和同一家小型文具公司合作过多年。我也许能够在别的供应商那里得到更便宜的价格，但是他们能提供更卓越的服务。每隔一天，他们的竞争对手就会给我的办公室打电话，想以低价和我做生意，要我离开现在的供应商。但我没有那么做，因为与供应商的关系并不单纯是价格那么简单。

我相信，这一点非常重要，应该将之传达给你的员工。人们往往在受到刺激后会有一点发狂，这可能会导致多年建立起的良好关系在企业所有人甚至毫不知情的情况下受到损毁。所以，一定要确保员工非常明确地知道这些关系的价值。

人不可能不犯错，也不可能每次犯错时都不会紧张失态。与和你有良好关系的人一起工作，你会得到理解和包容，这会使你的企业受益匪浅。

在推荐方面，要给予，不要只是接受

大多数成功的企业都得益于口碑推荐。我认为，如果人们愿意不辞辛苦地推荐我们，我们也应该投桃报李。这特别适用于企业与企业间的关系。

我知道，当我推荐多人给一家公司时，如果他们也会给我一些生意，我会由衷地感谢他们。而且这一定会强化我们的关系，激励我给他们推荐更多顾客。

相反，如果我推荐了很多顾客给一家公司，而且我知道他们可以给我介绍一些生意，但是他们却没有回应，那么我给他们推荐的热情和愿望也会渐渐消失。

所以说，要成为积极的互相推荐者，不要只获取。长期来看，将会有不同结果。

如何规避伙伴关系漏洞

在生意上有伙伴既是幸福也可以是灾难。悲哀的现实是，由于伙伴内部关系导致的失败要比生意本身所导致的失败比例更高一些。我拥有过一些伙伴关系，但是只有一个真正发挥了作用。在成功的伙伴关系中，一方非常安静而且支持对方。

伙伴关系最大的问题是人们会花很多时间计划蜜月，却没有时间为离婚做准备。我的意思是，在生意的早期和激动人心的阶段，一切都是蜜里调油、锦上添花。然后忽然有一天，你发现你的生意伙伴让你抓狂，而且你再也不想和他们合作了。蜜月就真的彻底结束了。

关于这种情况，如果你有一个书面计划和协议，你只需要把它抽出来然后照章办事；这就像商务版的婚前协议一样。但是如果没有协议，那么事情可能会一下子变得很恶心。

如果你有一个伙伴，那么关系破裂也不是不可能的——无论你们现在是多么亲近的朋友或亲戚。如果到了需要分割公司的阶段（到时候，你自然会知道的），你需要通常称为退出策略的一种东西。这就是一种计划，明确你或你的伙伴可以通过什么样的方式退出公司，同时把伤害和损失降低到最小。

　　我强烈建议你在建立公司时拿出一笔预算，用来聘请一位律师起草伙伴关系解散协议，这是退出策略的法律形式。签署这种协议对你和你的伙伴都有好处，而且所有签约方都必须充分理解这份协议的内容和作用，然后签字。退出协议文件通常会授予留下来的一方第一购买权，可以按照之前确定的价格购买离开方的所有股份。

　　我勾勒了一幅非常冷酷的伙伴关系图，当你看着如今坐在办公桌对面的伙伴时可能会心生恐惧。然而，正如任何关系一样，成功的商业伙伴关系可以在情感上和经济上都带来回报。一切都在于沟通和共同工作。如果你足够幸运，可以拥有一个良好的伙伴关系，恭喜你；如果你卷入了一场尴尬的关系中，努力把事情解决。

　　我的咨询师在此方面的建议是一致的：伙伴往往会有"恶"的一面。你可能需要他们的钱，他们的经验，或者钱和经验都需要。但是要确保一切都写在纸上，并为你希望永远都不会降临的那一天做好准备。

与你的供应商建立关系

　　对任何公司而言，供应商都是非常重要的一部分。与供应商保持良好的关系会帮助你渡过艰难时刻。这些关系大多数开始时都非常精细，双方都在以某种方式查探对方。你对待供应商的方式将会在很大程度上影响到他们对待你的方式。

　　人们常常抱怨他们的供应商多么懒惰或不可靠，总是让他们失望。有时我认为这很有趣，因为我看见这样抱怨的公司也以同样的方式对待他们的顾客。正如任何关系一样，我们与供应商的关系需要建立在坚实的基础上。如果你总是打电话抱怨这个、抱怨那个，你的供应商很快就会对你的来电感到厌恶、厌倦。要专业且有礼貌，努力和每个供应商建立起和谐关系。

　　如果你能够给销售经理史蒂夫一通电话，以私人名义请求他配送一个急需的配件，这要比在一片叫不上名字的陌生面孔中寻找答复容易很多，陌生面孔的条件反射往往是"不"。

同样，如果你这个月拮据而且现金短缺，就需要你的供应商支持一下。如果你的支付一向不好，他们可能不想再和你做生意了。但是如果这只是暂时的情况，而你和你的供应商关系很好，生意很可能可以像以往一样顺利进行。你需要你的供应商，他们也需要你。为什么不一起努力，让每个人的生活都轻松一点呢？

我有一个顾客总是要求在非常紧急的时间内完成他们的印刷任务，我需要把他的信息传递给印刷商。然而，当每一个订单似乎都显得紧急时，印刷商就不再把它们当作紧急订单了。结果，当我真的需要紧急完成另一项工作，要让印刷商认真对待时，我就要下一大番功夫了。我不得不坐下来给客户解释，他们或者需要检查订单的时间安排，或者需要增加印量，以帮助解决引出的麻烦。

现在我要求我的客户对于他们的印刷要求提供现实的截止日期。我根据截止日期标记工作任务，再根据截止日期联系能在期限内完成工作的合作过的印刷商。我会给予印刷商尽可能多的时间，而真正紧急的工作就可以非常快地完成。于是，每个人都赢了。

很多人经常把"紧急"用在订单和电子邮件上。记住，只有在真正紧急的时候才能用这个词，否则别人将不再认真对待你。而这些人中，你最不希望的应该就是供应商了。

与你的房东搞好关系

无论对他们是爱还是恨，房东对于任何公司都是大人物。所以如果你正在计划买一家公司或者租一个房间，首先要对房东做点研究。

我曾经有一个和六家公司共用卫生间的办公室。公共卫生间由房东负责清洁和维护。一天，我收到一封信，说我们这边用的厕纸太多了，从现在起要我们要自己准备厕纸。这当然是个非常荒谬的提议，所以我问房东，如果我们的客户要去厕所，是不是我们还得给他们每人一卷手纸。不久，我们就搬家了。

与房东维护好关系，你的职业生涯就会容易很多。我的公司位于一家杰出的日本公司旗下的高层建筑中。我听说过各种流言，说这家公司会有多么苛刻的要求，所以在开始租房谈判前我的态度就比较谨慎。第一天，这家公司和他们的代表简直太完美了——百分之百地支持、友好，共事态度友善并且善解人意。在谈判后，他们甚至我住院时给我送了鲜花。当时我们公司正在给他们做着非常多的房地产营销项目。这是一条双行道。我们按时缴纳房租（大部分时间可以做到），还花了很多钱装修办公室。我们把顾客吸引到这栋楼里，为这栋起初显得空荡而破落的大楼增添了一些职业色彩。

但后来，我却在很短的限期内就被赶出了这栋楼，因为我没有法律上的租约，我只有一份意向书，而房东自己需要那块地方。这是一段打击很大、代价也很大的经历，这段经历凸显了任何租约文档都需要律师通读的重要性。

你应该了解作为租户的权利，这非常重要。我的上一份租约长达一百五十页，条款很多，通篇都是法律语言，大多数人根本没有可能读懂它。虽然并没有要在租约中误导的动机，我的律师还是标出了为数不少的条款，这些可能在日后构成问题。花五百美元请人审读租约可以帮我安心，我的房东做了一些更改，这让我们都很开心。

有很多公司都可以为租客的法律权利提供出色的咨询服务，而且如果你需要帮助，在网上快速搜索就能找到很多这方面的详细信息。预防总是好过治疗，所以一定要先确定你所有的查询准备和法律咨询已经完成，才可以动签租约这个念头。

你的房东享受你生意成功的收益——也就是说他们每个月都得到房租支票。如果你破产了，没有人能赢，所以你们尽最大努力像团队一样合作是有好处的。同样，如果要签署物业租约，货比三家也是有好处的。任何事情都有一定的商量的余地，而且如果你的房东不改变租价，也许其他方面他们可以通融一些。

与你的专业咨询师建立关系

我鼓励这本书的所有读者雇用专业的咨询师，包括会计师、金融咨询师和律师。事实上，我坚信每当你遇到超出你经验领域的问题时，就应该寻求专业咨询。最重要的是，寻求咨询要尽快，不要等到问题变得越来越困难才请英勇的骑士来救援。

与你的专业咨询师建立关系是非常重要的。不要只把他们当作按小时收费的人。我们可以从亚洲文化中学到很多东西，在亚洲文化中，有很多时间被用来认识他人。我的一个朋友现在韩国工作，开了一家旅行社。他去过很多地方，并且也曾多次前往韩国销售产品，但收效甚少。在韩国待了一段时间之后，他意识到一切问题都出在建立关系上——韩国人喜欢在和你做生意前先认识你。过去，我的朋友会尽量一次多拜访几家公司。现在他意识到，如果每次旅行只是专门拜访一家公司，收效会更好，尽可能投入最多的时间来认识关键人物，并且让这些关键人物能够认识他。

作为一个按小时收费并进入专业咨询师范围的人，我不得不说我对合作的人吹毛求疵。如果我对某个人或者某家公司不感兴趣，我会尽可能避免为他们效劳。我所有的客户都是朋友，虽然我和他们联系并不多，但我会不怕麻烦地以任何可能的方式帮助他们，而且我知道他们也会为我做同样的事。

要把你的专业咨询师作为重要关系看待，不要仅将他们视为帮手，这样你的公司将会得到丰厚的回报。我打赌他们不会真的按照他们实际做的全额对你收费。与你的咨询师建立长期关系，并确保他们知道你要去哪里，以及你希望他们能够做什么来帮助你到达目的地。

与你的同行建立关系

在大多数行业都有两种独特的群体：有一些人乐意分享信息，还有一些人把所有事情、所有信息都作为一级机密严防死守。根据我的经验，乐意分享信息的人通常远比第二种人成功，因为他们能够得到和他们分享的信息一样多的反馈。

我是交换信息的忠实信徒。和一个思想开放的行业伙伴谈话非常有好处，他们可以告诉你当前业内的潮流、新的工艺、新的产品，等等。这是让任何行业成长和扩张的要素。

我工作非常努力，以便和业内同行建立良好的关系。这在小城市里反而更加容易，因为我往往在日常生意中就能认识其他同行。在更大的城市，这样做会困难一些，但是通常那里的产业集群会更有组织性，也有更广大的会员基础，能够实现更多功能，召开更多研讨会等。

能够和你的同行一起坐下来也是一种很好的感觉，无论你是花匠还是画师，都可以开放地探讨你或许会遭遇的问题。发现自己并不是唯一有这种问题的人是一件令人颇感安慰的事情。

成功的事业助推手并不害怕与同行开诚布公地交流。他们可能会把某些细节暗藏在靠近胸口的地方（这完全说得通），但是他们还是愿意参与公平的信息交换活动。

创业成败：
关于挑战、机遇和创新
The Big Book of Small Business

第十一章

巧妙营销就是简单营销

近年来，营销成了一个复杂的话题。涌现出了很多人，排着队要让这件事更为复杂。我倾向于用简单的词语看待营销：营销于我，就是向银行账户中注钱的事。

营销包含很多课题：客户服务、广告、销售、互联网、社交、做伟大的企业公民，以及其他很多话题。我在随后的章节中对以上每个话题提供了我最好的建议，现在我想就营销背后的理念多讲述一些。如果你能够有正确的理解，其他一切都会走上正轨。

世界上有着浩如烟海的书籍、网络、杂志、研讨会，还有电视节目，都能够提供各种各样的营销建议，我很确定，任何人都可以在非常短的时间内想出一百个适合他们特定业务的点子。但是如果这背后的理念不正确，这些点子都不会起作用。让我们谈谈关于你的公司的简单营销点子吧。

- 营销就是对明天的投资
- 脱颖而出
- 预算少，就多下苦功
- 花有品质的时间做营销
- 请别人给你生意，他们就会给
- 永远为机遇做好准备
- 试用将促进你的生意
- 推荐的力量

■ 让别人帮你出谋划策

■ 从大企业身上找大想法

■ 视互联网为营销首要工具

■ 在生意中，你停止做什么事了，有何影响

■ 你能够仅靠一点额外努力就创造出更多收入吗

营销就是对明天的投资

很多企业所有人在生意忙碌时就停止了营销，这仅仅是因为他们没有足够的时间可以用于营销。然后，当他们的工作量减轻时，他们又重新开始营销。另外一个常见的错误是，当生意几乎停滞时公司停止营销，这主要是因为现金流的问题。但是停止一段时间再开始的营销很少能够产生效果，从我的经验看就是这样。

营销的最佳办法是始终一致，并且永远有目标要去达成，即使是在你已经非常忙的时候。对于一些人而言，这是一个非常难以付诸实践的概念。我则在营销上使用这样一个定理：让生意运转起来需要花费很多功夫，且需要一定时间才会出现效果，但是要让已经在运转的生意保持运行状态则不需要那么多能量。停止一段时间再开始的营销最终会让你花费更多的时间、精力和金钱来取得你所需要的结果。

当你在计划营销时，你并不是在为今天做打算，而是为了明天。就我个人而言，我喜欢每一次总是能有十个顾客的业务，这意味着接下来一个月的日程安排就可以预先排好了。如果我有更多要去做的业务，我知道自己将要迎来非常忙碌的一个月，并且可以分包给一些外援以解决这些问题。如果这一周的客户不到十个，我知道自己必须要出去寻找更多的项目。

当然，如果时间非常紧，钱也不够，你可能需要减少一些营销活动。但一定要利用你手头上的富余时间，卷起袖管去做更多需要时间和精力而不是金钱的营销。

用更长的时间和更为一致的举措营销你的生意，就会消除很多导致现金流断裂和人员波动的问题。你的工作量将会更易于控制，而且你将会感到更加得心应手。

你习惯于中断后再开始的营销吗？如果是这样，那就以更长期的视角来思考你的营销吧，因为你今天做的事情将为你带来明天的顾客。改变你的营销理念，是终止这个营销怪圈的第一步。持续的营销能够带来持续的结果。

脱颖而出

在做营销之前，你需要努力让你的公司超越同行。这意味着什么呢？

这意味着，你生意的每一部分都要比竞争者的好。公司的外观、提供的服务、销售的产品、你的员工和你的企业形象——全部。

有增无减的竞争带来威胁，对全世界的公司都有影响。竞争将继续下去，而且将愈演愈烈。一家公司如果要取得真正的成功，就需要在各个方面都超越它的竞争者，而这就要求必须付出，要求每个人都要投身其中。这本书中的每一个贴士都有助于让你的企业在多个领域中脱颖而出，然而，只有做了必须要做的事情方可，否则什么也不会真正起飞。

很多公司一开始就制定目标，要达到中等水平，而他们也确实做到了。但是真正的赢家，知道他们应当比其他任何人都要好。通过把目标定在超越同行上，他们成了优胜者，并最终享受到成果。

预算少，就多下苦功

很多企业所有人都有一种先入为主的概念，认为建立成功的公司需要很多钱。以我个人的经验来看，在我曾帮助成长的几千家企业中，很少是由他们的投资决定的，更多的在于他们花费了多少精力。

启动时投入了大量资金的公司最终却悲惨收场，这种例子数不胜数。同样也有无数公司启动时仅勉强站住脚，最终却成长为巨型公司。钱有用，但是在建立成功企业的问题上，钱不应该也绝不会成为唯一的要素。说到营销，这一规则仍然适用。

现实情况并不复杂，如果你没有用于营销的大笔预算，就准备好挽起袖管苦干实干。高调广告——报纸上一整页的广告、主流电视台和广播电台的广告——肯定能让你的电话响起来，或者让顾客来到你的门口，但是需要砸钱。如果你计划把你的一分一厘都用在"生存或是死亡"活动上，我强烈建议你重新考虑策略。

那么你需要做哪些刻苦努力呢？首先你需要接受一个事实，没有什么可以一劳永逸地满足你所有的营销需要，或者为你提供一劳永逸的解决方案。不如准备好，采取众多的小策略。

花有品质的时间做营销

如果一家公司没能成功营销自己，其中一个最大的问题就是他们没有分配有品质的时间用于营销环节。

成功的公司通常都擅长营销。他们知道营销很重要，他们也保证会花费必要的时间做营销。他们成功的关键在于投入的时间，而不是花费的金钱。

营销应该成为和早上给公司开门一样重要的事情，对它应该给予从顾客那里收钱一样多的关注，因为营销决定了你生意的长久成功。但是因为营销并不那么脆弱，而且通常硬性要求不高（如果你不做营销，并没有人给你打电话或者追着你），人们更容易把这件事拖延到下一天。

另外一个因素是，一般的企业所有人并不知道怎样做营销。他们做自己的业务没问题，却不会做营销，这合情合理，但是营销是可以学的。首先要借助你的业务联系人和人际关系网——如果你虚心求教，人们通常都会乐于分享他们取得成功的经验。同时，还有很多好课程，能够对各个级别的企业提供简单易学的营销技巧培训，或者你可以聘请一位营销咨询师教导你。无论你采取何种途径改进你的营销技能，关键都在于你需要在营销上投入时间。

我们需要每周都分配一定量的时间去做营销，而且这些时间一定要是好的时间，有品质的时间，不能只是零碎时间。当你精疲力竭、头脑一片干涸时，你是无法有创意地做营销的，就是做了也不会有成效。

以前有一位客户，开了一家非常大的按摩理疗公司。他很忙，也很成功，同时也非常沮丧，因为他的公司发展到一定规模后，已有三年时间停滞不前了。问题出在他白天太忙了，以至于只能在深夜才能试着做业务拓展的工作。这可是在运营一个大公司，用忙碌了一整天后的夜晚来做营销，自然没有成效。

我建议他做一个改变，这个改变非常简单却很彻底，就是每天在上午十点前不要安排其他工作，专门做业务拓展。结果立竿见影，收效明显。他充分地思考并且实施营销，结果找到了重要的业务发展项目，大幅度推进了业务。在按照这个修订过的日程工作了几个星期后，这个客户下定决心用他最有创造力和最有活力的时间来发展业务，因为这是时间和精力最好的投资方式，他将会在以后的财富生涯中一直如此工作。

请别人给你生意，他们就会给

通常新业务的几大来源之一是推荐。成功的公司往往能够从快乐的顾客那里获得远远超出常规的推荐，这反过来也证明，他们正在很好地完成自己的工作。

然而令人吃惊的是，我们很多人经常会忘记请我们的顾客为自己推荐。有时候的确需要提醒顾客，如果你有快乐的顾客（而且我真的希望你有），花几分钟时间，请他们告诉他们的家人、朋友和同事你的存在。通常人们会忽视推荐业务，因为他们从没想过这种事。但是如果你请他们去做，他们将会改变以往的习惯，为你推荐。

最终结果可能是，你有了一个非常好的人际关系网络，这些人都在为你宣传推荐，说你的公司有多么出色。想想如果你今天拥有的每一个顾客都给你推荐，你的生意能增长多少？你的生意会在一夜之间翻番，这非常有可能。

该怎样请你的顾客推荐你的公司呢？方式有很多种，这实际上也取决于你经营的企业的类型。咨询公司可以在项目结束时作为结束语提出："谢谢您给予的这个项目，请向您周围的人介绍我们。"方式也可以更正式一些，发个邮件，或者在墙上放上标语："如果您为我们的工作感到快乐，请告诉您的朋友。"不幸的是，有很多人有点不好意思去招揽生意，那你真的要克服这一点。

我最近建议一家服装裁剪公司去向它现有的顾客争取推荐，方式是向顾客解释他们正在发展业务，想吸引更多顾客，那样价格可能会下降，顾客花同样的钱，将来能得到更多的回报。这一策略收效不错，因为不仅现有的顾客承担了义务，这家公司还有了要改进业务的动力——所有人都赢了。成功的企业建立在不花分文的口碑之上。但是，只有当你利用口碑时，才能得到收益。

永远为机遇做好准备

新顾客可能就在下一个拐角的地方，勤奋的企业家熟知这一点，他们总是做好了行动准备。要真正抓住每个机遇，你必须做好准备：时刻把充足的名片和宣传材料放在身边，准备好向所有人介绍你的业务。

很多企业所有人在讨论他们的业务时会感到羞涩，甚至近于尴尬。虽然谦虚点也不错，但是在开创业务时谦虚真的不是好方法。

寻找任何能够宣传你业务的机会——你将找到很多。所有机会都是机遇。我有非常多的出色合作商和顾客来自飞机上的邻座，或者是不得已排队时的队友，或者只是由于某个原因撞上的人。如果你真诚地对其他人感兴趣，你将发现他们会投桃报李也对你感兴趣。

我并不是在鼓吹跟踪，我只是说你应该做好准备向别人介绍你的公司，并能够给他们讲述详情。而且永远不要只看封面，就判断一本书：我遇到的很多人一开始看起来只像是要找工作，而不是要给我工作，但是我一直保持着开放的心态，可能现在面前站着的就是一个潜在新客户。

这里的开始步骤就是要解释你的饭碗是什么，很多人真的对此不甚了了。不要总是垂下眼皮，我建议如果别人问你是做什么的，你应当看着他的眼睛，大声而自豪地告诉他。

试用将促进你的生意

如果你卖的东西真的和你说的一样好，准备好请潜在顾客免费使用或者体验一下。

我最近致力于一个营销活动，为一家想要推行个人训练的健康中心做营销。对于这家公司而言，这个业务是不错的财源。我们本可以打一些特殊的优惠广告来赢得顾客，但是那天最终我们一致同意，销售这一服务的最好办法就是给予潜在顾客免费的个人训练课程。对这家公司来说，这样做开销不少，但是他们认为他们的服务和提供的整体个人训练是这一带最好的，所以他们为自己的话埋了单。

收效出奇地好。通过向他们现有的顾客以及大众宣传个人训练课程，他们真的在非常短的时间内取得了个人训练项目客户数量的翻番。

这个"无风险、无投入"的试用对于顾客来说是很好的选择，他们可以毫无责任地试用一个产品或一种业务，结果则要由卖家负责。如果卖家言不符实，顾客就可以告辞。

我常常建议客户在寻找方法建立自己的业务时试试这种方法，而且这种方法在不同的行业中都曾取得过成功：酒店、舞蹈学校、培训机构、面包店、纯净水供应商、清洁产品制造商，以及提供专业服务的公司，等等。

至于我自己的公司，采取的是提供一小时免费咨询，为潜在客户提供机会了解我公司提供的建议。如果他们喜欢所听到的建议，他们会回来；如果不喜欢，我们就再也见不到他们。十个人中有九个会回来，而我把这一奇高的成功率归功于这一事实：顾客有机会在毫无压力的情况下做出自己的判断，他们能够明确地了解我的公司能够提供给他们什么。

如果你认为你的生意已经好得不能再好了，试着去采纳免费试用这一招吧。分析一下提供试用会有哪些成本，并监测结果。你可能会得到惊喜。

推荐的力量

推荐实际上是满意的顾客对你生意的证明与支持。大型公司无时无刻不在使用推荐，往往可以在为他们的产品和服务所做的高端庆典上轻易找到这些例子。推荐可以用来建立信誉，也可以放在你出品的任何营销材料上。小企业没有道理不使用它们，结果也没有道理不是同样出色。

推荐能够帮助潜在顾客对是否选用新的公司下定决心，因为顾客会把推荐当作第三个人的话。所有公司都会告诉你他们有多伟大，但是如果有一个独立的顾客来分享他的经历，会更具有说服力。

收集推荐很容易（假设你有很多快乐的顾客）。每家公司都有不少忠实顾客，他们通常很乐于为你的公司提供评论。能寻求到纸质推荐自然不错，如果他们没有时间写东西，就只要一个口头推荐，然后转录成文字。但是最好能够确认顾客很乐意你在营销材料中使用他们的话。我一般会认真地请他们签署一纸协议，上面只写允许使用的词句。

你要寻找的推荐是顾客声明对你的公司、产品或服务有多么满意。如果顾客在推荐里能够提到他们使用了多长时间，为什么要使用它，以及他们要一直使用它，就更具有说服力。这些都有助于强化一个信息：你的公司、产品或服务是很好的。

收集推荐可能需要花费不少时间，而且不幸的是，我们大多数人会等到需要推荐的时候才去收集，这让整个过程有一点赶。而在平时，这件事往往会被遗忘掉，或者被当作一个难办的事情被放入垃圾桶中。我建议你经常收集推荐，并且把它们整理到一个文件夹中。这样，一旦你需要它们，它们就在触手可及的位置，随时可以用上。

推荐可以打印在宣传册上，展示在你的网站上，挂在你公司墙上，或者用在你的广告中。这些推荐是多用途的，而且非常有效。

让别人帮你出谋划策

很多人在思考营销创意时非常艰难，我很理解他们。但是别担心：他人提供的营销主意可能比你能想到的要多，你只需要准备好放开手，寻求帮助。

如果你想要收集如何增进业务量的点子，就召开头脑风暴会议吧。我的一个朋友最近打电话请我去吃午饭。她提到有一些人也要过来，而且她希望得到一些关于她正在筹划的生活方式博览会（Lifestyle Expo）的点子。那是一顿免费的午餐——我能说不吗？

当我到达那家安静而美味的餐厅时，已经有十个人了：销售员、经理、咨询师等。我的朋友开始时先解释她遇到的问题，并征求能够帮助她成功举办博览会的点子。

午餐吃了两个小时，结束时我的朋友获得了四十四个好点子。用几百美元和两个小时的时间，她得到了新的商业计划，其中满是由富有知识和智慧的人提供的新鲜点子。

稍微离题一点，每个月聚齐大约十个人，每个人轮流主持，定一个商业主题，展开头脑风暴。即使没有轮到你主持，每次的头脑风暴都会产生一些能适用于任何业务的不错的想法，你也能从中得到一些对自己有用的点子。

从大企业身上找大想法

大型企业会花很多钱做营销。他们深知营销在以下事务中的重要性：为他们的品牌增添价值，把他们放在顾客"首先考虑"的列表上，展示他们是好的企业公民以及实际的销售产品或服务。出于这个原因，他们会花很多钱来研究和获得高水平的富有技术性、创意的营销建议。

我知道大多数小企业没有把大部分的预算放在研究营销上，但好消息是，你也可以不必那么做。通过花时间仔细观察大企业所做的事，你就能从中获得很多出色的营销创意，这些创意不仅非常杰出，而且经历过那么多付费的研发，很可能也适用于你的业务。这些营销创意经历过小企业无法承担的检验和研究，我并不是说大企业每次都能做对，但在营销上，他们对的时候比较多。

举个例子，让我们看看那些大型企业，他们总在所从事的行业中扮演着活跃的角色，并且致力于在服务社会或改善环境上有所作为。大型企业会为此花很多钱，而且非常积极地宣传他们所做的好事。为什么？因为研究表明，他们的顾客（以及股东）想知道他们购买其产品的公司是好的企业公民。所以，每个小企业也需要沿用同样的理念。首先，你真的需要做一个好的企业公民，然后一定要告诉你的顾客你是好公民（在第十八章对此会有更多介绍）。

那么广告呢？看看快餐企业，如麦当劳和肯德基，现在他们都在积极宣传健康食品，比如沙拉、去皮鸡肉、低脂甜点和其他健康食品。为什么？因为数量可观的研究表明，顾客想要选择更健康的食品。在我看来，这意味着每家食品企业都需要走上同一条道路：购买和出售品质更好的食品和有机食品，并一定要向顾客宣传这一事实。

要花时间来研究更大的企业：看他们的电视广告，读他们的宣传册，访问他们的网站，并看他们出版的广告品。请注意他们广告的一致性。看看他们是怎么使用高品质图片的，而且通常每个广告中不止一张。注意他们怎样把广告中的文本精简到最少，怎样抓住人们的情感。

大企业的营销是灵感和信息的奇妙源头，这些都是现成的，任何企业都可以借鉴。

视互联网为营销首要工具

将互联网作为营销工具，好处多多。互联网很省钱，顾客使用便利，能提供充足的选择，并且每天都有更多的潜在用户在使用互联网。互联网在我们的日常生活中扮演的角色只会越来越重要。十年前，光是想想用电脑支付所有账单都是个梦；现在这就像看电视一样自然。没有什么是不能在网上购买的，而公司也在使用互联网促进业务发展上越来越有创意。

尽管如此，我仍然会遇到一些认为互联网浪费时间的人。不论我多么努力地去说服他们，他们都固执己见。通常，这些人自己也不经常使用互联网，或者他们的网站不好，一点也不能发挥作用，由于网站没有访问量所以形成了自己的看法。建立网站只是开始；引导网站访问量提升是第二步，很明显这也是你的网络战略最重要的一步。网络研发公司能够建议你怎样增加访问量，虽然光这件事就可以写一本书，我会在第十五章对这个话题探索得更深入一些。事实是，增加访问量是可以完成的任务，而且并不一定很复杂或者昂贵。

从营销的观点来看，互联网提供了非常便于顾客访问的途径，顾客可以找到你公司的详细信息。在适合他们并且不用面对销售人员的情况下，他们能够在自己的家中了解你的公司。顾客在最终决定前还可以使用互联网搜索商品，所以如果你的公司还未上线而你的竞争对手上线了，他们就会有明显的优势。

任何企业都应有一个好网站。网站应该经过专业设计，视觉效果令人印象深刻而且便于使用。要从顾客的角度设计你的网站：他们喜欢看见什么信息，他们需要怎样的网站导航？如果你需要放入非常多的信息，将它们合理布置，不要让网站过于复杂、烦琐。

要放上便于下载的 pdf 形式的信息，以便下载后页面内容不会受损。放上你的照片和你公司的照片，但是要精挑细选——记住，我们的时间并不多，没有比等待一个似乎永远在缓冲的网站更令人沮丧的了。

成功的企业都会接受互联网，并把互联网放入他们的整体营销策略。

在生意中，你停止做什么事了，有何影响

我最近遇上一位新客户，她的生意正在衰退。她的收入在过去两年已经下降了差不多百分之五十。这一衰减是慢性的，但是最终导致她陷入巨大的烦恼之中。

我们坐在一起聊她在过去这些年中做过的事情，努力找出哪里出了问题。当然，有些事情确实要怪经济形势，但是也不会下降百分之五十那么多。

这位老板大概用了五年时间把公司经营到非常成功的水平，然后在两年前开始扩张，建立了一些卫星办公室，甚至有一两家特许经营店。正如你可能猜到的一样，扩张与她的主业在同一时间开始走下坡路。相应地，很容易看到，她的关注点集中于新的、令她兴奋的商业机遇，而不是核心业务，因此导致了问题的出现。

我们找出问题的具体情况之后，结论很明显，她需要在主要业务上认真下一番苦功，而且必须尽快行动。所以我便脱口而出说了一大串事情，如：与现有的客户增加联络、散发有针对性和感染力的宣传材料、虔诚地跟进销售服务、发起推荐朋友运动、前往行业协会讲述公司遭遇到的事情、进行媒体发布等。

当我开出清单的时候，我的顾客忽然悲伤地摇了摇头，我便问她出了什么问题。她说以前创业的时候我推荐的这些她都做过，而且经常做，但是已经停下来一段时间了——事实上，大概有两年时间——因为她此后一门心思搞扩张。

遗憾的是，这种情况随处可见。往往公司在财政上挣扎时，并不是因为他们在做的事情，而是因为他们不再做的事情。

当我们停止做某些事的时候，效果并不会立即清晰地显现出来。通常停止的影响如同抽丝剥茧，是慢性的蚕食，正如我的客户所遭遇到的一样。要

日复一日对自己的生意注入能量也许不易，但是每一天都注入一点，要比当生意陷入困境后再投入大量精力容易得多。

所以要经常想想这个问题：你在生意中停止做什么事了，这会有什么影响？

你能够仅靠一点额外努力就创造出更多收入吗

会计师最近给我出了一个主意，我相信这个主意对很多其他类型的公司也很有好处。他解释说，由于税务部门的一般性检查，他的一部分客户每年都需要审计。这并没有什么不正常的，是事情运作的规律。如果你在营业，将来有一天你就会被审计，这是非常合理的。

当一位客户接受审计时，会产生很多费用，主要是支付给会计师让他花费大量的时间整理出记录并回答税务部门提出的问题。所以除了可能收到税务部门的罚单，客户还会收到数千美元的会计账单。这实在不是一件令人愉快的事情。

我的会计师提到的概念是"审计险"，顾客每年支付几百美元的保险费，这样如果他们要接受审计，所有审计费用都由保险报销。由于现在接受审计的概率已经增大，对我来说这个保险非常有价值。

我的会计师自己建立了这个保险，并把所有客户的保险费汇总到一起使用。如果他有很多客户接受审计，他可能会亏损，但是如果只有几个客户接受审计，他就能赚一些钱。实际上，每个人都赢了。作为客户，我得到了心安，因为我知道如果要审计我，我不用担心会在过程结束后收到昂贵的审计账单。这个服务非常好，而且我的会计师也能从中获取一些利润。

也许你的公司也能够像我的会计师那样实行类似的想法，这不仅仅可以为你的公司创造额外收入，而且还能为你的顾客提供一定的心灵平静。在租车行业的朋友经常说他们在保险上挣的钱比租车的钱还要多，其关键在于承担客户的一些风险并且把责任担到自己肩上。

几年前，我参加了一次前往美国波士顿外海的观鲸之旅。那家公司提出了一个大胆的承诺：如果你一条鲸鱼都没有看见，你的费用将退回一半。这笔账看起来很公平，而且既然他们的竞争对手没有一家提出同样的承诺，我就和他们一起去了。我们看见了大概三十条鲸鱼，而且我随后被告知他们每次旅行都能看见鲸鱼，没有失败的。所以对他们来说这是不会有损失的承诺。

在婆罗洲，我也听说过一种类似的保险，在一百美元的捕鱼旅行中，你可以支付额外的十美元，用来保证如果你一条鱼都捕不到，你的钱将全部退回。我在那一天得以认识这家公司的所有人，我问他有多少人申请退过款。他说，十年内只有五个人申请过退款，（就算拿着火箭弹对着一水桶的鱼，这些人也不会捕到鱼），然而他的旅客中大概有百分之九十都支付了额外的十美元。这位聪明的企业家靠着些许额外服务就使得收入增长了十个百分点，而这还没有包括那些仅仅因为他这一聪明的附加保险而加入他的旅行的人。

仍是航海话题，我曾经去瓦努阿图潜水，并且参加了一份清水保险：如果水的能见度下降至二十米以内，你这次潜水就免费。保险价格是每天另付二十美元，像我这种狂热的潜水爱好者怎能拒绝这个保险呢？后来，老板告诉我说偶尔的坏天气会让他们免费赠送潜水，但是整体而言他们是赢家，因为能见度通常都能超出五十米。仅仅通过引进这个保险，他们就把收入增加了将近百分之二十五。

这种业务唯一的风险在于，你必须非常清楚保险都覆盖哪些情况，以及你将对此做出怎样的裁断。记住，如果你从他人手中拿钱，他们就在期待能够获得回报。一定要确保你能够给予他们回报。

创业成败：
关于挑战、机遇和创新
The Big Book of Small Business

第十二章

客户服务戒律

　　我过去常常提倡"放低承诺、提高交付"来与顾客建立稳如磐石的关系。今天我则要定得再高一点。要让企业真的脱颖而出，我坚定地相信，我们需要"抬高承诺、提高交付"。而且，这可不是笔误。我们或者需要语气强硬，或者需要承诺强硬，并且永远做到交付更强。

　　任何公司都可以用超出顾客期望来谋求巨大成功，这是最为伟大的策略之一，因为只有极少数的公司能够始终做到这一点。顾客和公司的关系在现代社会变得复杂了很多，这是因为选择太多了。顾客占据了上风，而且他们知道如何利用优势。口碑宣传（最好是狂热的口碑推荐）是能够更长久地保有顾客，让他们增加在你公司的花费，并让他们推荐给他们的家人、朋友和同事的最佳方法，没有"之一"。糟糕的服务则是敌人，所以我们需要在与顾客有关的问题上聪明些。

　　根据我的经验，能够意识到这一点的人非常少。和所有工作技能一样，这些客户服务也需要教学（而且我们很多人都需要充电）。

　　你可能有一点不好意思教导你的员工如何接电话或者接待顾客，但是这种课程值得从头开始培训。如果这是你的生意，你的主要关注点应该是如何让你的顾客满意，确保他们每次都能够有愉悦的感觉。

　　本章中，有很多客户服务意见都应算作"基础"。我建议你鼓励你的员工读这些内容，或者更好的办法是一组人坐下来进行讨论，每一条都要讨论，并且保证所有人都理解这些内容的重要性。开放的讨论提供的学习环境要比单纯告诉员工你对他们的期待好很多。

客户服务是一个大问题，这里有很多要学习的内容，所以要从零开始学习，并且按部就班仔仔细细地把这些话题讨论完成。由于每家公司都有自己独特的方面，以适合你自己公司的方式应用客户服务原则就格外重要。有时，把一本书中的理论和方法应用于日常的具体问题可能有些困难，但是这里的关键在于要持续提高你的客户服务整体水平。

培训员工客户服务基础的一个方法是在员工新入职、最适合学习的时候把他们组织起来，由一名团队资深成员教导所有技术。然而请注意，这种方法可能会有副作用。团队中经验丰富的老成员可能已经发展出他们自己的风格，而且很可能充满自信，他们对产品的认知丰富而且非常了解你的很多顾客。新员工可能会仿效他们的行为方式而变得对顾客过分热情，他们可能不了解自己的产品，而仅仅是把老员工告诉他们的话原封不动地讲解给顾客，或者他们可能会染上坏习惯，并且在不了解或不理解基础原理的情况下走捷径。

出于这个原因，我建议在客户服务方面，所有的员工都要非常清楚地知道你的基本期待。你应该亲自控制并监督培训。在弄清楚基本要求的基础上再让有经验的员工为新员工演示。应该对老员工强调他们演示的重要性。而且如果能让你的老员工也参与基础性的定向讲座，会更好一些，因为很可能他们已经遗忘了一些基础规则。我们需要不时加以提醒。

无论你是一个人运营公司，还是有团队与你协作，请花一些时间思考并探讨如何与每一位顾客建立更好的关系。这是对你未来的一项重大投资。

做到了以下每一条，就能够帮助你把客户服务水平上升到一个全新的高度。虽然有些条款可能很浅显，但如果能够让你公司的每一个人都理解这些条款的重要性，一定会有所回报。

■ 用绝对的敬意招待每一位顾客

- 抽出时间与顾客交谈
- 永远站在顾客的角度想问题
- 带员工去参观你欣赏的企业
- 定期召开头脑风暴会议
- 要拜访你的公司是否便捷
- 有没有加速客户服务的方法
- 提防看起来疲惫不堪
- 请一位顾客走进门与你的员工谈话
- 让顾客轻松向你付钱
- 消除所有妨碍购买的障碍
- 如果有必要，去顾客那里
- 最甜美的声音是自己的名字
- 要比你的顾客先行一步
- 让对你公司的访问印象深刻
- 做意料之外的事
- 记住说谢谢，真心实意地说谢谢
- 忙碌的时候不要停下客户服务
- 避免最大的错误——交付不按时
- 简化文书工作
- 永远为顾客着想
- 第一次就做对

用绝对的敬意招待每一位顾客

这是一条生意的基本法则：如果你和你的员工不能够以应有的敬意对待顾客，顾客就会另投他处。从企业所有人的视角看来，这种事情在经济上是毁灭性的。员工需要懂得尊敬顾客的重要性，而且要懂得他们不尊敬顾客的连锁效应（例如，他们可能因为企业倒闭而丢掉工作）。

我经常看见有些企业花了数十万美元做精装修、把办公室安置在繁华地段，并且摆满了价格具有优势的商品。每件事对他们的成功都有用——除了柜台后的销售员摆着一张臭脸。一位忽视顾客或者不尊重顾客的员工可以让企业因为销量减少而损失掉很多钱，影响的不仅是现在，还有将来。如果站在收银台后面的人不懂得如何照顾顾客，那么精美的装潢、宝贵的地段全都白白浪费了，投在上面的时间和金钱都浪费了。

这是生活中的一个不幸现实：糟糕的经历产生的负面影响远比好经历的要大。顾客有非常活跃的宣传网络，他们能够识别并孤立态度糟糕、服务糟糕的公司。

请员工坐下来并向他们解释糟糕的客户服务的长期影响，这对于每个企业所有人都十分有益。他们需要非常清楚他们的行动也会对其他人有影响——企业财务状况不好的话，员工会失去工作。

抽出时间与顾客交谈

作为企业所有人和运营者，你非常容易把时间全都花在后方办公室，而不会站在一线与顾客交谈。人人都喜爱和企业所有人交谈——这是对你的尊重，也是对他们的尊重。

无论你有多忙，一定要花时间和你的顾客交谈。问他们和你的公司做交易感觉如何。要了解他们并找出他们来你公司的原因。和你的顾客聊几分钟就会得到很多信息。我发现，如果我停下来和顾客交谈，不仅我们的关系会增强，而且总会毫无例外地带来新的生意。也许他们认识的一些人需要营销建议，或者也许我应该给他们的朋友打个电话……

当企业所有人忙得没时间和支付他们账单的人说话时，问题很快就会找上门来。永远记住，没有顾客就没有生意。要花时间营建与顾客的关系，让他们看见你多么珍惜他们和他们的想法。

永远站在顾客的角度想问题

要真正地投入客户服务，你需要永远把顾客的鞋子穿在脚上，简单来说，就是从顾客的视角审视你生意的每一个方面。有很多人很容易丢掉从这个视角看问题的习惯，并退化回"我们和他们"的思想视角。

每当你做一个重要的、可能影响到顾客的商业决定时，停下你手头的事情，认真考虑所有的连锁反应。写下所有的可能，包括负面和正面，然后再做出你的决定。

在生意上，我们都需要不时做出艰难的决定，但是做决定有好的方法也有坏的方法。只把价格抬高一点却不向顾客解释，这是惹恼他们的好办法。应花些时间好好解释：为什么价格将要上涨，为什么只有通过涨价才能解决现在的困境。

从现在开始，把自己当作顾客来审视你公司的一切。你将会为得到的启迪而感到震惊。

带员工去参观你欣赏的企业

我们都知道那些伟大的公司——他们做的一切都是那么好。正如你去拜访竞争者的公司是个好主意一样，带你的员工去拜访你真正欣赏的公司（无论哪个行业）也是非常有用的。

从你的行业中走出来是一个非常实用的做法，因为有时候，有创造性的想法可能受到企业所在行业的限制。这不仅对你的公司在竞争中胜出有益，而且还会得到很多可以借鉴和应用于你所从事行业的出色想法。例如，你拜访一家美容沙龙，而他们有很好的宣传想法，往往稍微动动脑筋，你就可以更改一些细节然后用在一家律师事务所、一家饭店或者一家作坊的营销上。

在让你的员工去你欣赏的企业实地考察之前，和他们聊一下你希望他们观察到的事情的类型。考察后开个会，听取你没有注意到却被他们发现的闪光点。

我总是在关注提供出色的客户服务的公司。不幸的是，这种公司非常少，而且彼此距离很远，但是当你真的找到最好的一家时，就要把这家当作你和你的员工学习的榜样。

定期召开头脑风暴会议

在我作为小型企业所有人和管理者的这些年里，我学到了很多重要的课程。其中最重要的一课就是，一些能够改进你的生意的最佳想法来源于你的员工。你所需要做的就是请他们不吝赐教。

努力营造能够鼓励你所有员工全心投入的氛围。要做到这一点，可以定期召开头脑风暴会议。这些头脑风暴会应该提前通知，会议中无论在公司资历如何，每一位参加会议的人都应受到发言的鼓励。

我最近参加了一场一位客户的头脑风暴会议，他的公司为很大的客户群体提供专业服务。这次会议的宗旨是让员工找出公司在客户服务上应该改进的地方。会上，提供了最好的想法和建议的人竟是前台。这件事细想起来其实合情合理。前台需要与公司所有的客户对话，解决他们的沮丧，回复或解答未回的电话、没有准时发送的文档、不合理的等待时间以及处理每天的邮件。她知道公司的哪些部门有最糟的投诉、哪个人回电话最慢、顾客最常问哪些问题，她对于其他一大堆日常问题都有想法。她的想法得到了大家的欢迎，她的建议也得到了认真对待。最终结果是，几乎该公司所有的客户服务相关问题都在这两个小时的头脑风暴会议中得到了解决。

公司的每个成员都有可能在提高客户服务整体水平方面提出精彩的建议。要欢迎他们的想法和建议并感谢他们参与活动。如果你轻视他们的建议，你的员工将不再提供想法。

对头脑风暴会议要做好控制，这很重要，否则就容易出偏差，或者在某件事情上一味纠缠。我总是指派某个人来主持会议，每当会议出现脱轨时，他们的任务就是加强控制。会上提出的一些想法也许还需要跟进。复杂的问题可能需要不止一次会议才能解决。

要拜访你的公司是否便捷

接待客户拜访是客户服务的重要方面。如果有人做出决定要拜访你的公司，你一定要确定他们能够顺利找到你的公司。

要确保你的公司有很好的标识，顾客能够在较远的距离外就知道你的公司在哪里，这就要求你把公司的名字和街道名称、门牌号码清晰而醒目地标在标牌上。如果你的公司在某栋建筑物背街的高层，要确保标识能够清楚地显示这一点。

如果你的公司是新公司，试着以著名的地标作为参考点。不要担心这样做会帮别的公司做宣传。如果能够让你的公司更容易被找到，那么你就要想方设法帮助那些可能并没有时间去查地图或者停下来问路的顾客。

顾客访问你的公司时，停车是否容易？如果不容易，就想办法改善停车条件。鼓励你的员工把车停远一点，这样他们就不会占用宝贵的顾客停车位。确保停车场便于开入并且安全。还要注意停车位是否离得过近，是否会导致车辆擦伤而招致客户抱怨。

在宣传材料甚至名片上放上地图也是一个让顾客更容易找到你的方法。如果你在考虑经营一家新公司或者公司准备搬家，容易找到应该作为关键因素之一予以考虑。

有没有加速客户服务的方法

在大多数企业中，快速服务客户是非常重要的。我们每个人的时间都有限，而如果因为糟糕的客户受理流程而浪费客户时间，会产生很不好的影响。根据我对客户服务的调查，长期的延迟会显著影响客户的满意度，在很多情况中，这是客户另寻别家的首要原因。

客户受理流程往往需要不断改进。随着业务的增长，过去有效的系统现在可能会不适应不断增加的客户服务量。我建议你花一些时间看一下你的客户受理区域。

以下建议可能适用于你的公司。

■ 人流量控制：很明显，顾客应该得到服务，但是他们如何排队呢？没有比一大堆人吵吵嚷嚷地等待服务更糟的了。

■ 快速服务：是否有很多人都在等待只需要几秒钟的服务？如果是这样，你可能需要设置一条快速服务通道，和大型超市里的类似。银行现在提供快速受理厅来处理支票存款和付款。有很多公司能够提供类似的快速支付选择。

■ 等待区：你的等待区能给人带来友好的欢迎感吗？当需要时你提供了座位吗？

■ 让你的顾客分心：你能够让等待变得更有趣味吗？我最近去一家保险公司支付保费，他们有一台电视机在播放一位著名的喜剧演员讲笑话的节目。节目既有趣又令人放松，这使得五分钟的等待大大缩短。而且最妙的是，当我到了柜台前，脸上还满是笑意。有些企业却在队列前方放一个大挂钟，好让你在等待的同时，煎熬地看着时间一分一秒地流逝。

■ 重新审核你的指示牌：这不过是一个告诉顾客去哪里，或者做什么的指示牌子，并不代表所有人都会看到它并理解它。要以全新的眼光审视一下你的指示牌。你的一些顾客可能在语言或者阅读上有困难，或者他们可能因为分心而不能完全理解复杂的指示内容。

■ 和等待的人们说话：队列很长的时候，走出来和你的顾客聊聊天。为延误他们的时间致歉，并让他们知道不会再等很长时间。你还可以考虑提供某种形式的"招待"。

最后，但并非不重要的是，同样的道理适用于网络世界，所以要尽你的可能提高网络交易的速度。最为成功的网站提供快速的产品和服务运送。仿效他们的做法，好的结果将随之而来。

提防看起来疲惫不堪

　　随着时间流逝，任何公司的外貌都会遭到破坏，往往企业所有人或者管理者却察觉不到这一点。当你日复一日走进同一个地方，缓慢发生的改变往往比一夜之间发生的改变更不易觉察。这就如同把一张你现在的照片和十年前的照片进行比较：你不过是感觉又添了几道皱纹，或者还重了几公斤，就我个人而言，感觉头发稀疏了一点。如果你一觉醒来，发现一夜之间就发生了这些变化，你可能会冲出门去找医生，看看你是否突然患上了什么致命的怪病。

　　同样的事情也真实地发生在你的公司身上。开业那天，公司熠熠生辉，制服是新的，公司的车看起来棒极了，所有的员工走路都意气风发。过了几年时间，不知为何，景象看起来有点低迷，制服褪了颜色，公司的车添了一些磕碰痕迹，同时也变旧了，告示和地毯看起来磨损严重，整个公司看起来有一种颓唐的感觉。我的一位朋友戏称之为"公司疲劳"。

　　停下来几分钟，好好看看你的公司。一定要客观。回想一下开业那天的情景，和开业那天比起来，现在有哪些变化？是否有一些地方需要改进？

　　对于大多数公司而言，每隔大约五年时间就需要重新装修。可能有必要请一位专业人员给你一些建议，告诉你做什么能让公司重新闪亮起来。随着科技的进步，在包装公司方面可能会有很多新鲜而令人激动的可选方案，神奇的新材料、通信系统、制服面料以及很多其他改进的产品，将会帮助你刷新公司的面貌。

　　对你而言，好处在于，公司重新注入了热情，这将会反映在员工的态度和顾客对公司的印象上。顾客喜欢看见一家时尚而带有新鲜感的公司。对于顾客服务的投入，将得到数倍的回报。

　　我的公司最近为一家人力资源招聘机构重新做了企业形象包装。这是一家非常成功的公司，但是他们的名字和他们提供的服务重名了。无论他们多么努力来改变这一形象，他们的顾客只会雇其完成他们主营业务中的一个领域。

我们建议更换公司名称和标识，并完全重新装修办公室，更换员工制服、告示和公司车辆。整个过程需要企业所有人的坚决投入，而我真的欣赏他们敢于更改这家已经知名的公司的名称这种勇气。结果，这些改变收效显著。整个公司焕然一新，而员工和顾客的态度也发生了实质性的转变。最终的结果是，一次成功的企业包装促使公司走进发展的下一个阶段。如果没有做出改变，这家公司很可能将被它的竞争者打败。

请一位顾客走进门与你的员工谈话

这是一个有趣的技巧，我曾亲眼见过它良好的成效。如果只和员工谈论公司要达到的目标，有时候可能无法达到你期待的效果。毕竟，他们每天都会看见你，他们可能有一点怕作为"老板"的你，或者他们可能不会感到你努力传达给他们的信息十分重要。

让每个人都振作起来并付出注意力的最佳方法就是：请一位常客进门，和员工谈一谈他们喜欢公司的哪些方面，不喜欢公司的哪些方面。可能找一个人来做这件事不太容易，但是大多数公司都有一些非常会说话而且愿意提供一些意见的顾客。

这一反馈环节旨在指出公司提供了良好服务的地方和需要改进的地方。你的员工会以更多的注意力来倾听，因为他们（很有可能）对这位顾客有着发自内心的敬意。

让顾客轻松向你付钱

有些公司看起来就是要让顾客付钱变得无比困难。我为这种状况纠结了很久，每当我看见这样一家总是要竭尽所能让每笔交易都变得无比困难的公司时（参见第六章的负面生意），我就会无奈地摇头。

以下是这方面的一些常见问题：

■ 排长队结账：我们都讨厌要站在长长的队伍中等着交付我们辛辛苦苦挣到的钱。要寻找能够加快付款流程的途径（面对面交易、电话支付和在线支付）。

■ 不接受信用卡：任何不接受信用卡的公司终将灭亡。这样做也许有一段时间什么事情也没有，但是我很确定这不会长久。现在银行对这种交易的收费相当合理，所以任何公司真的没什么借口不接受信用卡。

■ 接受的支付方式不全面：现在我们通常都会假定所有的公司都会提供销售处资金电子转账（EFTPOS）或者信用卡交易，但是实际不一定如此。如果排到收银台前，却发现他们不接受你想要用来支付的银行卡（或者你身上唯一的银行卡），这真的会令人感到非常尴尬。有些公司甚至似乎对从顾客那里收取现金都有异议。你能够提供的支付方式越多，你的顾客和你做生意就越方便。

■ 复杂的支付手续：有些公司有复杂的支付手续，需要很长的时间才能完成。顾客不得不站在收银台前填写各种个人信息，信用卡号还是手工打印的，收银员还要提出各种问题。这些公司是恐龙，在新的电子时代，没有任何借口去使用漫长的、令人疲倦的、过度复杂的支付流程。

支付流程应随着时代的发展而改进。经常检查你的支付流程，找到让系统更快更好地为你的顾客服务的方法。支付方法快而简单，你的顾客也会欣赏这一点。

消除所有妨碍购买的障碍

我在工作中经常提起咖啡馆。有两个原因：第一个是，我有很多时间都用于在咖啡馆中潦草写贴士；第二是这些咖啡馆经常会出现一些客户服务趣事，可以适用于几乎任何一种生意。

我最近去了一家咖啡馆，那家咖啡馆看起来就是不能好好做事的。店面看起来很漂亮，地点很好，甚至咖啡也不错，但是他们绝对毫无客户服务的概念。要点咖啡，你需要排以蜗牛速度前进的队。收银台的员工要敲打那么多按钮，我都以为他们一定是在写一本小说。终于有人接了你的订单，你又要在吧台和一群人一起等待你的那杯咖啡。最滑稽的地方在于，没有办法知道哪个订单是哪位顾客的。他们把一杯卡布奇诺放在吧台上然后大喊"一杯卡布奇诺"。每秒钟都会有人点一杯卡布奇诺，那这杯是谁的？

整个过程一片混乱。人们在争吵，员工完全分不清哪一杯是谁的，而在这个过程中，老板就坐在桌边，看着这混乱场面。谁还会再进这家门店来点一杯咖啡、再经历一遍这种混乱呢？给个牌号是多简单的事啊！我不明白这家咖啡馆的服务理念，不过这也是一个非常好的案例，我们可以从中学会不去做什么。

和这家咖啡馆一样，很多公司也在顾客购买产品的路上布置了很多障碍。可能是杂乱的柜台，或者要求你必须购买一定量以上的产品，或者你不得不等他打电话磨蹭半个小时，或者等待找零，总之，就是很难得到服务。

无论原因是什么，客户服务中有一个关键，就是清除所有妨碍顾客购买的障碍。购买过程的每一步都应该如丝绸般顺滑。

如果有必要，去顾客那里

最近几年直接去找顾客的公司的数量出现了显著增长，而且我相信这一潮流还将继续。大家都很忙，正因为如此，任何能够节省时间的公司都绝对可以被认为是客户服务的表率。

我的一位朋友在家开公司，而且不开车。她用的干洗店会从她家收取衣物，并把洗好的衣物送上门。所以，她不会考虑再换别家。

是否有一些方法可以让你把产品或服务直接送给你的顾客？以下是我最近遇到的一些案例：

■ 汽车电瓶：你的电瓶罢工后，这种服务会来找你。

- 流动机械工：他们在你家为你修车。
- 移动洗狗商：车里再也不会有湿漉漉的狗了。
- 移动金融经济师：在你的场所与你讨论你的财务需求。
- 饭店：送餐变得越来越常见。
- 理发师：如今有很多理发师会前往你的家里或者办公室。

这些只是一些生意案例，它们传统上是在一个固定地点开业的，但是在意识到把产品和服务直接提供给顾客的潜在好处后，它们就这样做了，结果真的得到了好处。要想些办法让你的公司直接去找顾客。我的业务主要在营销和公关领域，我现在会花费更多的时间去客户的办公室，而不是在我的办公室里。我非常高兴能这样做，因为这样我能更好地了解他们的公司，也有助于改进我们的关系。

让顾客的生活变得更轻松，这是客户服务领域很重要的成功战略。寻找尽量多的方法来达到这一目标，你的顾客对你的公司将超常满意。

然而请记住，如果你要提供这种服务，要告诉尽可能多的人。在业务上提供新的服务却无人知晓的话，是毫无意义的。

你的公司从未尝试上门服务并不能说明这种服务无效。要积极创新，要致力于成为第一家直接为顾客上门服务的公司。

最甜美的声音是自己的名字

我最喜欢的商业精英之一就是戴尔·卡耐基。他对个人行为和个人发展所做出的观察是一个传奇。在他最著名的作品《人性的弱点》中，他提到一个多年来一直让我为之震撼的观点：记住一个人的名字并且无论何时见面都提起他的名字是非常重要的。

这需要的可不仅仅是一点功力，尤其是有数千家客户的那种公司。那么，你要做的就是鼓励你的员工在完成信用卡交易后念出顾客的名字："谢谢您，琼斯先生。""我还能帮您什么吗，李女士？"通过使用一个人的名字，你就在告诉他们：他们并不是长两条腿的信用卡。

在交易中有很多时候顾客可能会给你他们的名字。要能够记住用户的名字，并且在整个对话中不时引用。我可能有一点过时了，但是我鼓励我的员工使用正式的称呼，如先生和女士，将之应用于和陌生人的谈话中。如果顾客要求称呼他们的名字，也可以。只要表现出尊敬，并且能在整个对话中不断体现。

有些人在记忆名字上有困难，但是有很多技术能够帮助记名字。我用的是所谓的记忆联想。在第一次遇到一个人时，我会在头脑中存下他们的一张照片，并且会联想我熟识的一位有相同名字的人。比如，如果我见到一位名叫杰米的人，我把他和我的一个特别好的朋友，也叫杰米的人联想到一起。每当我见到这个人，杰米的照片就会浮现在我的脑海中，而我就会记起他的名字。这一招对我很灵，而且我跟很多人讲过这一招，他们用着效果也很好。

另外一个非常好的技巧，就是在最初的几次谈话中经常引用这个人的名字，这样你就会习惯说这个名字。过一段时间后，你已经训练你的大脑记住了这个名字，会说得很自然，以后再说时甚至连想都不用想。

如果你忘了某个人的名字，这可能很尴尬，但是他们可能也同样忘了你的名字，所以就大胆放过这件事，问他们就好。

还有一个技巧是我几年前琢磨出来的，那时我经常出国做工作旅行，会见到很多人。一次销售旅行之后，我可能会在名片夹里增加一百张新的名片——我怎么可能把这些人全部记住？我开始做一些后来被证明非常有价值的事情，甚至十年后仍然非常有价值。

在和一位新认识的人会面后，我会坐下来回想几分钟并在他们的名片背面写上一些细节。这可能是与这个人相关的一些能够唤醒我的记忆的东西，比如紫色的头发，或者可能是他们办公室里的某些能够让我联想到他们的东西，也许是一张照片、一座奖杯或者一本书。之后，当我翻阅那一沓名片时，通过阅读每张名片后面的字，我就能准确地知道这个人是谁，以及他们的一些细节。如果他们给我打电话，或者偶遇，我有信心仍然记得他们的名字。

哪种方法适合你，就用哪种，但是一定要记住你顾客的名字。鼓励公司的每个人养成习惯，尊敬地称呼顾客的姓名，这样顾客会很开心。

我同样认为，顾客喜欢知道在某件事上为他们服务的人的名字，所以我是工作名牌的粉丝，尤其喜爱在零售业中使用工作名牌。有些人真的出于某种原因不喜欢名牌这种东西，但是我相信它能够在客户服务上产生作用。

要比你的顾客先行一步

你是否去过这样的公司，那里的人在你稍微一动念头时就能够猜出你的想法，有些人就站在你身边，拿着你心中所想的那件东西。或者正当你站在那里，看着一架架满当当的产品时，一位带着光环的骑士过来拯救你并引导你来到你所需的产品面前，脸上还带着微笑，眼里闪着光彩。

这些公司非常出色，但不幸的是，这种公司并不多。如果一家人带着小孩走进一间餐馆，很可能他们会需要一些帮助，但是我却一次又一次看见这些家庭费劲地找座位，并不得不向工作人员问东问西。

聪明的客户服务就在于比你的顾客先行一步，以至于不用他们告诉你他们的期待，你就能满足他们的要求。

与其等待顾客请求，还不如努力比他们先行一步。如果他们有很多的行李，就问他们是否想要托运，或者帮忙把行李送到车上。如果顾客在搬家，而你是搬家公司员工，应当给他们提供一份打印版的物品清单，上面写明他们的物品，以供保险公司参考，或者在家具到达前一天给他们打个电话告知。如果你经营一家服装店，并且一位顾客购买了需要裁剪的物品，要在顾客提出要求前主动提出裁剪服务。在可能的情况下，努力预测出顾客的需求，并做出可能对他们有帮助的建议或推荐。

让对你公司的访问印象深刻

小公司相对大公司更具有的优势之一，就是他们和顾客建立关系的能力。在大公司中，人们来了又走，客户在整个公司来回转，当顾客打来电话时，很少能和同一个人说上两次话。

小企业有着更高度的一致性，顾客喜欢这点。如果你给一位本地的屠夫打电话，要下一个订单，而他可能会问候你的家人或者你周末的计划；或者你参观过的一家小美术馆联系你，通知你有一位新艺术家的作品在展出，他们觉得你可能会欣赏，你会感到很舒心。作为小企业所有人和运营者，我们应该培养这些关系。花几分钟时间来了解你的顾客，并长期与这些人保持个人接触。

这种个人接触可以发展为：如果一位客户或顾客交了好运或者有庆祝的事情时，给他们寄送感谢卡或庆祝卡；或者，在聊天中，你发现今天是他们的生日，就立刻给他们一个产品使对方惊喜。要主动，并且展示给顾客，你对他们的敬重。

这种做法让人的感觉有多么好？这种小小的个人行为能得到多少喜爱？要鼓励员工也这样做。

做意料之外的事

超乎顾客的期望有时候真的很简单。我最近有一次购买了一个巧克力棒，想给下午补充点能量。一条巧克力棒才 1.5 美元，在柜台结账时，服务我的人问我是否今天打算吃那块巧克力，我说我准备一出店门就吃掉它。他建议我购买在特殊陈列的纸盒里放的那块一模一样的巧克力，那块因为保质期快到了，现在是半价。反正我要立刻吃掉，这对我而言并没有什么差别。而且，让这次交易锦上添花的是，他说如果我对那块打折的巧克力有不满意的地方，他会免费把我选的那块送给我。

所有的额外服务就附加在 1.5 美元的巧克力棒上。我现在经常去那家店，就是因为那次我得到的超乎预料的服务。

我最近还去了一家酒店，给一次晚餐聚会选购红酒和啤酒。店里有一种新上市的新品牌的酒，我见过广告，而且酒的指导价格非常诱人，但是慎重起见，我还是准备买过去经常买的产品。销售员主动跟我说话，而我告诉她我的顾虑。她立即给了我一瓶新啤酒，请我试喝，我便喝了。最后我买了一箱这种啤酒。这家酒店对我而言并不是最方便的，他家也并不一定是最便宜的，而且停车也是硬伤，但是我会再三光顾，因为我在那里得到了令人满意的服务。

如果销售人员并不是很忙，她甚至还会把我买的酒给我送到车上。这在我眼中，实在是非常棒的服务。当我作为顾客感受到不寻常的服务时，我注意到她以同样的方式招待所有的顾客。这是一家非常成功的酒店，不打广告就非常成功。

好的客户服务全在于细节，在细微之处给顾客以惊喜。成功的客户服务关键在于达到甚至超过顾客的期待。寻找并去做那些细微、超出意料的事情，让你的公司与众不同。人们会谈论你所做的那些额外的小事，结果，赞美你的公司的话语会散播开来。

记住说谢谢，真心实意地说谢谢

我们已经知道在见顾客时问候的重要性。同样的原则也适用于告别，但是有一点很不同：当顾客完成购买离开你的店面时，如果说"慢走，期待您的下次光临"，自然是不错的，但如果感谢他们购买，则效果更好。

顾客可以自由选择，他们可以决定在哪里花自己的钱。正如任何认真的决定一样，能够感到决定的正确是非常好的体验。假设所有交易过程都非常顺畅，那就更不能毁在结束的环节上。

当我购买了东西，而柜台后的那个人连"谢谢"都没有说的时候，总让我感到抓狂，更不必说"再见"了。他已经在迎接下一位顾客了，你几乎就是被赶走的。此时此刻你的感受是，对收银台后面那个人来说，你已经不重要了。

我的建议很简单：停下在做的事，看着顾客的眼睛，感谢他们惠顾并说"再见"。那声"谢谢"需要真诚而专注，而不是一边研究自己的指甲一边想着中午吃什么时漫不经心地扔出这句话。这些天，我站在柜台那里，一直在等待一句"谢谢"。很多时候，我不得不告诉店铺导购我在等什么。当然他们看我的眼神好像我是精神病，而且他们完全不知道这有多么重要。

糟糕的服务就会催生更糟的服务，这是一个恶性循环，让员工渐渐失去提供优良服务的热情。我们都去过超市，可能我们期待的只是非常普通的服务，但却得到了阳光的微笑和热情的接待，年轻而充满活力的收银员真诚地问候我们、处理我们的商品，也许还和我们有些许轻松的谈话，感谢我们的惠顾并希望我们一天快乐。离开时我们感觉很好。所有销售员工和面对面接触顾客的工作人员都应该付出同样的努力、具有同样的活力。不过，脸上的笑容不能是硬挤出来的，态度一定要真诚。

我的一个朋友在一家小型商业画廊开业的首场展览上买了两幅画。画廊老板不仅给她寄了一张卡片，感谢她的购买，还把画送到了她家，同时还送了一瓶香槟，并帮助她把画挂了起来。

永远要感谢你的顾客给你生意。如果你发现你的员工忘记表示感谢，立刻当场纠正，不要让他们养成习惯。同样的原则也适用于电话订购、网络订购，无论生意来自何方——说"谢谢"，并要发自内心地感激。

忙碌的时候不要停下客户服务

我们都会不时地忙碌起来。电话响个不停，传真机要冒烟，顾客从门口鱼贯而入，偏偏还有人请了病假。这样忙着很好，但是这同样是客户服务容易出问题的时候：服务可能会延迟，顾客可能会发脾气，产品可能会断货，垃圾可能会堆积起来，等等。

作为顾客，人们会理解并接受一家公司如果比平时忙，客户服务的水平会下降。然而，对顾客数量经常波动的公司来说，真正的问题在于：公司的服务管理只是专注于繁忙的时候，而不注意较为平静的时候，那么，客户服务的整体水平就会出现下降。

几年前，有家餐馆是我的客户。餐馆在旅游旺季非常忙碌，这大概会持续三个月时间。而在剩下的九个月中，要清静很多，每天接待的就餐人数只占忙时的三分之一。随着这三个月的忙碌过后，员工和管理层渐渐滋长了这样的思想：一年中其他的时间不重要。所以，一年中有九个月这家的服务非常一般，那三个月则很好。我不得不下很大的功夫改变他们的这一观念，并提醒他们：闲时的服务水平（如果不能更高，至少要）和忙时的水平保持一致。

今天忙，不代表你明天还会忙。如果竞争对手乘虚而入，他们的产品和你的一样好，价格类似，但是他们的客户服务比你的好，你就危险了。要永远保持提高客户服务水平的意识。不要因为上个星期很忙，而希望这个星期能够轻松点而偷懒。不要停止做那些能够让你的公司服务水平升级的小事。

根据我的经验，当一家公司不再把注意力集中在客户服务上时，服务的整体水平会迅速下降，客户满意度也随之迅速下降。这件事的经济影响会很快显现出来并难以解决。正如大多数生意上的病害一样，预防强于努力补救。

避免最大的错误——交付不按时

公司为什么不能按时交付产品或服务？会有很多原因，而我们大多数人都或多或少地在某种程度上对此负有责任。从我的经验来看，造成问题的主要原因有以下几条：

首先，为了让顾客高兴，公司随意承诺在某一时间内交付一件产品或者服务。他们完全清楚地知道，他们根本无法交付，但是害怕如果承认他们无法配合顾客的时间要求，就会失去这一订单。

其次，组织混乱的公司可能订单处理技术也糟糕，这会导致在提供产品和服务上花费比预期更多的时间。也许接收订单只能一周一次，所以如果你错过了订单日，就会延迟一个星期。

再次，供应商出了问题。这种问题很常见，而且难以处理，尤其是你不得不努力劝说认为错在你的顾客息怒。

在交付方面，顾客有高度期望——每个人都希望昨天就送来所有的东西。所以你需要认真审视你的运营，以确保问题不会发生。要诚恳地对待你的顾客，不要做出你无法兑现的承诺。如果你发现供应上可能会出问题，第一时间联系顾客，通知他们。没有比专程赶到某家公司，却发现他们无法交付更糟糕的事情了。

按时交付同样也适用于餐馆和专业服务。客户的耐心是有限度的，而且他们不喜欢一直等待，所以最好提示他们可能有延迟，请他们决定是否要等待。最好只是这一次失去他们，而不要因为你让他们等了三个小时而永远失去他们。我有一位医生，他的接待员会在约定见面时间前给我打个电话，让我知道医生是否已空出时间。这个服务非常棒，它保证我不会在他的等待室等待一个小时。诊所离我的位置只需要五分钟的车程，所以我可以在此之前一直工作，等接到电话说他很快就有空见我的时候再出发。

时间对我们所有人都非常珍贵。表现出对顾客时间的尊重是非常重要的，这是区分好服务和糟糕服务的分界线。

简化文书工作

有些公司给与他们做生意的人士制造的麻烦之大，常常令我感到震惊。这体现在使用超复杂、超级难用、无法理解的文书上。这些文书和表格总是随着时间变迁而不断进化，不断加入新的内容，却从没有内容被删减掉，而且从没有人坐下来好好想想有什么办法可以改进一下。

我建议每一家公司都应该定期审查它的表格和文书，至少一年一次。要确保表格简单易用——把你的新表格给一位并不了解你的公司的朋友，看看他是否能很容易地填写完成这些表格。如果你的朋友不能轻松完成，你的顾客又怎么可能呢？移除掉任何不必要或者过时的东西，而且你必须加进内容，一定要简化到最优。

我们提倡减少复杂的文书工作。对于很多人来说，只是看这种表格就足以让他们决定不购买某件产品了。想象一下有读写困难的人如果得到一张二十页的申请表是什么感受吧。

定期审查你所有的文书并保证它们简单实用。你的顾客一定会欣赏这一点。

永远为顾客着想

向顾客展示你在为他们和他们的需求着想。我做了很多年的一件事就是从报纸上剪下顾客可能感兴趣的内容。我有一位客户是有机乳制品农场主和制造商，这是一个创新的领域。我们在食品方面每天都可以看到很多新闻，看到大量的信息。通过剪下这些文章并邮寄给他，可以让他知道我在为他的公司着想，并且在帮助他保持对食品世界的了解。

我的律师经常会给我寄送有关版权法的材料和有趣的、不同寻常的广告样本。收到这些我总是很高兴，并且会给他打电话表达感谢。这是他的律师事务所非常出色的公关活动，而且不到一澳元就能完成。

最近我见证了一个有趣的现实案例。那天天气很热，一位女士来到一家当地人的咖啡馆，她带着两条狗，一条美丽的拉布拉多和一条小狗。她把两条狗拴在门外，走进门点了一杯咖啡，然后回来坐在桌边。女招待把顾客的咖啡拿出来，同时还带了一大碗水给拉布拉多、一小碗水给那条小狗。那位女士并没有要求这个，女招待的行为完全是自发的。女士非常感激（她的两条狗也一样）女招待的体贴，而我想，此后这家咖啡馆一定又增加了一位忠实的顾客。

只要有机会，就要主动地努力协助你的顾客。有着糟糕服务的公司往往会请一些好像戴着墨镜的服务生，要引起他们的注意简直完全不可能，你就站在柜台前，却得一直等到他们把周末活动的讨论聊干净了才来理你。这令人非常不快。

有一家咖啡厅与我的办公室位于同一层，我们经常在那里开会、吃饭，或者只是点一杯咖啡暂时从办公室中解脱一会儿。那里的员工非常出色。他们不仅知道我的名字，还知道我团队里所有成员的名字，而且他们做的每一杯咖啡都独一无二，有着一点点不一样。在奶油霜里，他们会做出心形、星星、花朵或者旋涡状的图形。这也许看起来有点土，但是他们会把咖啡送到我们桌上并跟我们说，心形咖啡是给团队中的女成员的，花朵咖啡是给男成员的。这种做法总是很行得通，而且看来他们并不是只给我们做这样的咖啡，他们做任何事都会花一些心思。如果有要求，这家公司还送午餐。这家公司已经从一家挣扎在生死线上的企业转变为蓬勃发展、异常忙碌、赢利丰厚的公司（我想象得到），却只用了非常短的时间。

让你的顾客知道你在为他们着想，他们会被你打动的。

第一次就做对

每一家公司，无论规模如何，都要应对顾客的投诉。在你在安抚那些难缠或要求很高的顾客时你可能会发现，你确实是完全错误的那一方。

如果你很好地处理了投诉，最终结果将是顾客情绪舒缓，为他们的投诉得到了解决而感到满意——他们很可能还会再来。如果你处理得不好，他们将永远不会再来，而且他们将告诉他们的朋友不要到你的公司。在这种情况下，唯一的输家就是你。

处理投诉不当而导致顾客流失，其造成的实际金钱损失可能会非常惊人。比如我，每天花十美元在本地咖啡厅喝咖啡，我在这家公司每年花掉三千美元，再乘以年数，数字就会很大。可以看出，流失一位顾客，对公司会造成多大的资金损失。

顾客投诉最多的是缺乏跟进。如果一位顾客不怕麻烦地进行投诉，无论是亲自前来、电话投诉还是写信投诉，你最不应犯的错误，就是忽视他的投诉。

我的一位朋友最近抱怨一位销售助理，说她交了五十美元后，找零少了三十美元。她给经理打电话，经理答复需要花时间核对现金收银单据。起初，我的朋友被要求在附近等候。过了一段时间，经理又说，我的朋友要一直等到公司打烊，他们那时才有时间核对是否出了差错。最后，经理要了她的电话号码，让她不必再等了，有了结果会告知她。而她到现在仍然在等那通电话。

这家公司刚开业不久，而我们不禁猜想，如果每个投诉都是这样处理的，那这家店到底能开多久。这个经理错过了一个赢得忠实顾客的机会，只要他表现出对我朋友所处困窘的关心，并且快速而谨慎地处理她的投诉，就可以得到这个机会。

有很多时候，顾客的投诉没有得到很好的处理，仅仅是因为没有人知道应该怎么做。这些投诉往往积压在垃圾箱的最下面，不知道如何处理。在一些情况下，这可能意味着有人会丢掉工作；而且如果你是处理投诉的负责人，其他人可能会因此而怨恨你。

无论原因是什么，顾客的投诉都不容忽视。要切实保证，你的公司接收到的任何投诉，你都知道。

在培训员工时，要强调专业而及时地处理投诉的重要性。我曾经在给一个部门写投诉信一年后才收到回应。在那么长的时间里，我的信从一张办公桌转移到另一张办公桌，最后终于有一个人给我写信致歉。虽然这让我有点愤怒，但却不得不承认，我为我的投诉没有被扔进垃圾箱而庆幸。

处理顾客投诉的最好办法就是首先避免意见堆积。确保你有合适的体制，保持监督，以降低客户投诉的概率。要和你的顾客保持联系，经常征询他们的意见，从而不断提高顾客对服务的满意率。

第十三章

失传的销售艺术

今天的销售技巧整体而言都不太好，而且在我看来，还在越变越糟。曾经有一个时代，人们把很多的注意力都用在培训员工和改进销售技能上，但是不知从什么时候开始，公司停止了销售培训。我纠结的地方在于，看见如此之多的公司花费数百万建立公司，生产产品、做广告，但是在给予员工真正能够使整个业务运转起来的销售培训，却舍不得花一分钱。

对于很多人而言，购买产品时就知道，这只能靠自己。我们的期待已经下降了很多，我们往往把销售人员看成要钱的人，而不是能够给予我们好的信息的人。

在这个高度竞争的世界中，我是改善销售技能的积极支持者。这意味着，公司中所有人都需要培训，不仅仅是一线员工。然而，很多人抗拒销售培训，害怕变成"二手车销售员"①。

我经常会听到这种话"我不做销售，所以我不需要懂销售"。好吧，我不愿意戳破任何人的幻想气泡，但事实是，今天，没有人是与销售隔绝的，我们总是要与形形色色的销售打交道。如果你受雇于一家公司，你就分担着推销和宣传这家公司的责任，无论你认为你是否有责任。

---

①在西方对推销人员，尤其是二手车销售员有一定成见，认为他们常年在外闲逛，总是要从别人身上攫取利益。

我在销售生涯中较早学到的一课是，如果你不相信自己销售的东西，那你就卖不出它。如果你在销售你认为没有达到应有水准的东西，或者认为它价格过高、有缺陷或残缺，这个产品总会被退回。

我们都需要更精通销售，并去不断为提高销售能力而奋斗，公司和个人以及任何管理销售流程的人都一样这将是现代社会的潮流。

销售这个话题是如此之大，以至于我可以很轻松地为这个题目写成了一本书《101 种将任何东西更多地销售给任何人的方法》（*101 ways to sell more of anything to anyone*）。这里有一些我认为在销售上要考虑的十分重要的项目。

- 从大多数销售人员容易犯的错误中学习
- 要成为哪种销售人员？请做抉择
- 相信你的产品
- 诚实、正直和热情——成功销售的三大法宝
- 永远不要以衣冠取人
- 成为倾听精英
- 你对金钱的态度如何
- 要在销售上成功，你需要目标
- 产品知识——销售人员最强大的工具
- 充分了解竞争对手
- 反复演练销售介绍
- 外表得体，否则回家
- 做好准备，要让一切烂熟于心
- 永远准备好去推荐
- 在三十秒内告诉我为什么要买你的东西
- 怎样监管你的销售
- 顾客在销售环节主要考虑什么
- 永远询问是否下单

- 对结果淡泊一点——顾客能够嗅到急切的气息
- 做别人不做的事
- 参加公众演讲课程
- 遇到障碍时该怎么办
- 警惕销售疲劳
- 往往最挑剔的顾客会成为你最大的粉丝
- 拥有超大量的乐趣

从大多数销售人员容易犯的错误中学习

要把这个列表精简下来真是个具有挑战性的任务。不过，根据我的观察和经验，销售人员容易犯的错误可以归结为十大类：

1. 需要做销售介绍时没有做好准备，无论是面对面（如零售环境中）还是电话销售。

2. 外表不得体——或者销售人员着装不合适，或者整个销售环境看起来不专业、对顾客没有吸引力。

3. 对销售的产品或服务不具备足够的知识。这是个大问题，然而，公平地说，对于当今世界的销售人员而言，产品发展的速度确实难以跟进。但是我们一定要具备所销售产品或服务的知识，因为顾客期待我们能做到，而且也值得我们做到。

4. 没有问对问题。销售就是一种沟通，而成为好的沟通者在很大方面取决于问对问题，这样你才能够准确地找出顾客的需求。

5. 没有认真倾听顾客的话。这和没有问对问题、沟通不良总是如影随形。糟糕的销售人员从不倾听顾客。

6. 没有兑现向顾客的承诺。换句话说，过高承诺，过低交付。我们都知道追着销售人员催促交付，是件多么令人不快的事情。

7. 没有清晰、明确的销售目标。设定目标的人很少，但往往他们都能达成目标。同样的原理在销售上也绝对成立。

8. 没有理解顾客。在专业的销售工作中，你一定要与顾客产生互动和联系，以了解你是否对他们真的有所帮助。

9. 没有说服力。如果你不相信你所销售的东西，就不要销售它。有说服力通常指具有可信度，销售人员必须解决这个问题。如果你不相信你说的话，你的顾客也不会相信。

10. 不在意销量。销售人员不在乎顾客是否会购买产品，而他们仍能得到同样的薪酬。这种销售人员会让公司损失大量金钱。

通过注意人们在销售上容易犯的错误，我们就有了一个永远不要做的事情的清单。

要成为哪种销售人员？请做抉择

我们都知道关于销售人员的这些老话：油滑、三寸不烂之舌、黏人、彻头彻尾的虚伪和乱要价的鲨鱼。谢天谢地！这种油腔滑调的鲨鱼已经消失很久了，或者至少要灭绝了——没有人想要这种人卖给自己东西，又有谁想要成为逼迫他人的销售讨厌鬼呢？

你想要成为哪种类型的销售人员？这是由你决定的。你需要提前做出审慎的决定，然后制定规则，并遵守规则。我在很久以前就意识到，我有自己的"销售理念"，其中包含以下要点：

- 我只能销售高质量的、自己对其完全有信心的产品。
- 我将一直在所做的任何事情上以彻底的正直去行事。
- 我将尽一切可能保证我的名声在所有正确的方向上持续发展。
- 我只为有道德和诚实的公司做销售。
- 我一定要对自己销售的东西满怀热情。
- 我想要对自己的每次销售活动感到自豪。
- 无论在哪一行业，我都要成为最好的销售人员。

■ 我将不断对自己投资，以成为更好的销售人员。

■ 我将具有创意和革新精神，向身边的人学习，但是永远不会限制在"我们一直就是这么做的"的思维定式中。

■ 我将永远超出自己的销售定额。

我强烈建议你认真抉择自己要成为哪种销售人员。或者，如果你已经销售了很长时间，要明晰你在销售上的理念。把这些弄清楚有助于深化对自己所做事情的认识，无论你是专门从事销售还是拥有自己的公司。

相信你的产品

我发现，如果推销的东西连自己都不相信，销售便不会成功，无论是对产品心有怀疑，还是担心产品达不到承诺，对产品的质量、其货币价值或其他什么产生怀疑都不行。任何好的销售人员都要对他们销售的产品有绝对的信心。

如果我在面试一个应聘销售岗位的人，而他大多数的问题都与销售的产品、质量控制流程、公司提供的售后服务等方面相关，我就知道他们是专业人士。如果他所有想了解的都是他什么时候得到薪酬、得到多少，我通常会对他的能力和在销售界的前景产生怀疑。

如果你对自己有责任销售的产品或服务有疑虑，你就需要解决这些疑虑，并且要快。如果不能解决疑虑，也许你应该另找新的东西来卖——我就是这样。顾客可以分辨出你是否对努力卖给他们的东西没有信心。如果你拥有自己的公司，而销售人员却对你公司的产品失去了信心，销售额会下降，士气也会快速低迷。

对自己的产品建立信心的好办法之一就是与满意的顾客交流。我们稍后会讲述销售后的跟进，如果你能花些时间和现有的顾客聊聊他们为什么喜欢（或不喜欢）你的产品，你的自信心就会增加。而如果坏消息比好消息多，你一定要清楚原因何在，这样你就可以快速做出反应。

诚实、正直和热情——成功销售的三大法宝

如果你不能开放坦诚地销售一件产品，那你就不该销售它。诚实并不只意味着告诉顾客产品或服务的真实情况，并保证所有相关的重要信息能够有效传达。这同样意味着要坦诚告知什么时候完工，什么时候产品将到达，如果有问题了要怎么弥补等事项。

不幸的是，我在销售上遇到过非常多的不诚实事件，并不是说人们说谎，而是因为他们没说清相关信息。大多数误导性的信息用小字体印刷，而且不到即将退出合同或者退换产品的时候，我们永远不会发现到底误导有多严重。说一句"请买家当心"是很简单的事情，但我认为这只是逃避。所有国家的职能部门都应该收紧对小字体印刷的限制，而且我们都需要认真应对并努力摆脱误导。

如果你的产品或服务在和竞争对手比较时有弱点，你的工作就是要想办法尽量挖掘你的优点，而不是遮掩现实。诚实的销售人员才能开创长青的事业。我认识很多这样的人，他们每次做交易的时候都怀着与顾客建立超过十年关系的初衷。结果，他们的销售额很高。

一位杰出的销售人员是绝对正直的。他知道什么是对，什么是错——没有灰色地带。任何人在职业生涯的某一阶段销售任何东西都面临着诚信的考验。老板、供应商，包括你自己的公司都有可能对你进行考验。当你知道你在筹划或者被要求去筹划的事情是错的，你就在面临考验。你会选择哪条路？如果老板要求你去做你认为错的事，你会拒绝吗？你会告诉顾客他们要购买的打折产品存在的缺陷吗？

我的正直，以及随之而来的声誉，对我来说比生意场上的任何事情都要重要。当然有时候我的正直也面临考验。如果我走上了那条不诚实的道路，我就会赚到比现在多很多的钱，但是我不可能在走上那条路后还昂着头，或者午夜还能安睡。如果你发现自己的正直处在被考验的处境，尽快调整那一状态。你的工作可以更换，你销售的产品或服务可以更换，但是你的名声是

你一辈子的，而你可以决定你的名声将来会变成什么样。

最后，但也是很重要的，就是激情。我不晓得什么人能够卖出让他们毫无激情的东西。我知道销售某些东西要比销售其他东西更令人兴奋，我们每个人的兴趣都不相同。有些人对于销售回形针具有无比的热情。有些人会一大早从床上跳起来去推销坐便器。他们都是幸运的，他们在销售世界找到了自己的激情。

要销售你不信任或者缺乏激情的东西是非常困难的，无论它是什么。销售这一工作最神奇的地方在于，最基本的技巧可以应用于任何产品或服务的销售。成为杰出的销售员后，你将永不失业。但是有工作和热爱你的工作是两件事。也许当人们说他们对销售不感兴趣时，他们只是没有找到要销售的正确的产品或服务。

热情是可以传染的。人们喜欢和充满激情的人打交道。我们常常因为要下订单而兴奋，而当你遇到一位很明显热爱自己所销售的产品或服务的人时，就很难对他说不。此外，事实上热情的人们常常会不遗余力地宣传他们所销售产品的更多信息。他们并不认为这有什么麻烦，因为他们如饥似渴地想要你了解；这也就是说，他们的热情完全投入到了他们所销售的产品或服务中。

诚实、正直和热情加在一起能够成就一位真正杰出的销售家，无论他们是在自己的公司工作还是在别人的公司工作。如果你想要尽你所能成为最优秀的销售者，那么就要诚实、饱含激情并展现你的正直——我保证结果将是非常惊人的。

永远不要以衣冠取人

几年前，我在一场研讨会上为一百多人做演讲。演讲地点在爱丽丝泉，澳大利亚中部的一座沙漠城市。那里的人非常热情友好，而正当我给他们讲解如何建立有活力的公司时，我注意到前面有一个人看起来非常兴奋。他穿着破破烂烂的半截裤，又脏又旧的上衣，而且赤脚——这种打扮在任何研讨会上都不得体，哪怕是爱丽丝泉——我猜测他有点精神不正常。在潜意识中，我可能已经给这个人做了很多假设。我们都会这样武断，在几秒钟之内就对某个人形成看法。有时候看法是对的，有时候是错的。而我很快就形成了对他的假设。

在研讨会结束时，那个奇怪的人走向我，并且在我的耳边低语。他很斯文，但是我真的不知道他想要什么，也不知道他为什么在这里。在一段愉快的交谈之后，他似乎满意了，便步履蹒跚地离开了，这也让我松了一口气。过了一小会儿，活动组织者来听我报告情况。我有点迟疑地告诉她有位怪人，她立刻告诉我，他是爱丽丝泉最富有的人，一位白手起家的房地产开发商，身家数千万美元。

外表是能够骗人的。所以在任何销售中，以貌取人都会是灾难。我想更进一步说明，我们往往会因为某些人穿的衣服或者开的车，推测他们是最有钱的人，而事实上他们却可能是债务最多的人。一位聪明的销售人员能够克服以貌取人的第一印象和区别待人的偏见。事实上，聪明的销售人员会完全平等地对待每一个人，这让他们脱颖而出。

我有很多时间都是西装革履地去旅行。但在周末，如果有一天要在城市中休假，我会倾向于更换休闲服装。我体会到，当我们穿着庄重的西服时，在大多数店铺几乎都会立即得到服务，并且会得到销售人员过度热情的介绍。但是如果我穿着牛仔裤和 T 恤出场，服务的水平就会完全不一样，大部分时间我会被忽略，虽然我在银行的存款完全没有改变。

打破以貌取人的恶习，平等地对待每一个人，这样你就能向更多的人销售更多的东西。这样做还有一个附加价值，你将会和一些真正独特的人见面并产生联系，而过去，你往往会忽略掉这些人。

成为倾听精英

我敬佩的第一批销售精英中，有一位是戴尔·卡耐基，他以简单而谦逊的态度研究出了许多非常有价值的技巧，让人们成为更好的沟通者。具有讽刺意味的是，他最为重要的观察成果之一，就是世界上最伟大的沟通者都是出色的倾听者，而我对此完全同意。

今天我们生活的世界运转得疯狂而快速。尽管如此，我们都是自己小宇宙的核心，而且，在很多方面，一切全在于"小我"。人们倾听的能力往往要比其他能力差一些，这只是因为他们已经被无数纷繁的事情占据了心灵。

如果你想要立即改善你的销售，就要学习倾听。顾客总是渴求倾听。他们希望能够解释清楚他们想要的是什么，而且他们希望和他们说话的销售人员能够给他们提供所需的物品。

有多少次，你下了订单，等到送来时才发现弄错了？这是因为销售人员在你下订单时没有留神。

成为倾听精英是最快、最有效的提高商品销量的方法。那么你该怎样做呢？首先，你必须懂得如何提出好的问题，问对问题，你就能给顾客提供准确的答案。对于很多销售人员而言，这是最难的。他们不知道要问什么，所以他们只能让顾客一直说下去，希望顾客来解释自己的需求。其次，你需要学习成为忠实的倾听者。把这两种技巧融会贯通，如此一来，不仅你的销售会成功，你的生活也会有所转变。

我最近买了一辆新车。这事发生得非常突然，因为一位朋友借了我的旧车，但把它开到沟里去了。他人没事，但是车报废了。这意味着我不得不去经历令人痛苦的购买新车环节，和经销商打交道。通常买个车总得被人跟着。我星期六早上出发，打扮得好像刚从加尔各答的贫民窟出来，然后开始在车场转悠。大多数销售人员都忽视了我，正如我设想的一样，我有足够的时间来看我最想买的那些车。但不幸的是，每当我看准车并需要销售人员介绍时，我能够得到的最好服务就是某个人指着一堆广告手册，叫我自己看。

　　我上次买车是在一家高端售车行。我想那些车超出了我的接受范围，尤其是我喜欢的那款，但我还是上门了，而且做好了被忽视的准备。但那里的员工热情地对我表示欢迎。然后一位销售人员进行了自我介绍，并请我走进他的办公室。我们花了一小时交谈——内容是关于我以及我想要具有哪些元素的车。他问了一些很有智慧的问题，关于我的驾驶习惯、载客数量以及我驾车行程的一般长度等。

　　谈话结束后，他推荐了两种车型。然后他建议我两种都试驾一下，感受一下。在试车的时候，他指出了一些元素，都符合谈话中提出的我的需求。他是一位非常出色的销售员。两辆车都非常好，我格外喜欢更大的那辆。

　　到此时，我们甚至连价格都还没有谈，但是我最终买了较贵的那辆车。超出预算三千美元，但我绝对热爱这辆车。在到这家高端车行之前，我至少可以在其他六家经销商那里买下一辆贵车，但是那些车行的销售人员不行，他们都与我擦肩而过。

　　我在这里要说的是，真正能把这辆车卖给我的原因是，销售员问我的问题有水平、有信息量、有逻辑，他随后还倾听了我的话。给了我很好的购物感觉，绝对好。我已经推荐了至少十个人去这家车行。

　　学会倾听，真正的倾听。你将发现你完成的交易额超乎你的想象。事实上，通过成为倾听的精英，你将成为销售精英。

你对金钱的态度如何

　　我曾开过一家小型旅游公司，主要业务是为来凯恩斯游玩的客人提供"一日游"。我会进宾馆与这些顾客见面，他们大多是旅游者，我还会给他们看小手册，里面有在凯恩斯期间可以做的几百种事情。

　　妹妹那时给我帮忙，我们总是彼此竞赛。我的平均销量是每人五百美元，妹妹的却在一百五十美元左右。为什么会有这种差异？我在销售上比她好很多吗？并不尽然。我妹妹温迪是非常开朗诚实的人，她很懂得倾听，在所有方面都非常专业。那么差异在哪里？我相信这是因为我们对金钱有着不同的态度，虽然我们成长的环境是一样的。

那时候，温迪是三个孩子的母亲，她的丈夫在海军工作。正如所有年轻家庭一样，钱总是显得紧张。她很少买奢侈品，他们的钱基本都花在了按揭和食物上。她永远不会出门把五百美元花在自己身上。

我则完全相反。我和太太结婚了但还没有孩子，喜欢把钱花在自己身上。我们常去度假，购买美好的东西，经常宠溺自己，对于我们而言，花五百美元在自己想要的东西上并不是什么大问题。

所以当温迪在销售旅游产品时，她把自己对于金钱的价值观和理念应用在销售过程中，那就是："啊，这些旅游会花很多钱，我要推荐便宜的行程。"而我则认为："这里有很多用钱可以买到的非常好的旅程，我知道你一定会喜欢这些的，而且最重要的是，如果我是你的话，我就会选这些。"

你对于金钱的观念是什么？你员工的观念是什么？"贵"对你而言意味着什么？是很多钱吗？要懂得我们自己的观念会影响我们销售的能力，这是非常重要的一课。改变这些观念并不容易，但是我发现，只要能够意识到自己对于金钱的观念，我们就更能够让自己不依赖金钱，并且会根据自己的金钱观进行销售。

要在销售上成功，你需要目标

我非常信任目标的力量。在我生活的很多方面，目标都很有用。最近几年，我从安东尼·罗宾和杰克·坎菲尔德等人身上学到一些新的制定目标的方法。我还向很多人演讲过，他们来自各行各业，我与他们探讨关于设定目标的观念。我认为有很多不同的设立目标的方法，但重要的是按照对自己的有效办法制定目标。

毫无疑问，没有哪个目标能够在没有关键因素的情况下发挥作用，这个关键因素就是动机。例如，你想要一辆最棒的运动跑车，你把它的照片放在一面墙上（这是一个有效的目标设立方式），但这还不够，除非你真的、真的、真的非常想拥有这辆车。你可以扩展你的想象：在你最喜欢的那条街上开着这辆车，体会那种风驰电掣的感觉，体会操纵方向盘的那种舒畅的感觉，体会你的新车每个轮胎的力量。只是简单地说一句"我想要一辆玛莎拉蒂"，是不大可能达成目标的，因为那只是一个不能物化的模糊概念。

在设立和达成目标上，从小目标到大目标，我会采取以下方式，而且它们通常对我很管用：

■ 我的目标非常明确，数量、时间、颜色等方面都很明确。

■ 我经常花时间去想，如果在达成这些目标上投入情感，会是怎样。

■ 我经常想起要达成目标的动力。

■ 我在家门口的公告木板上摆放了一张与我的目标相关的照片，我每天都会经过这块木板几次。这就是我的"梦想板"。

■ 我还剪下能够激励我的文章、问题或者做个卡片，并把它们放在梦想板上、日记簿中或者车的遮阳板上。

■ 我从来没有为我的目标太大或者太自我而感到困窘。如果其他人看见我的"梦想板"，我并不介意。

■ 我想得很大。我真的相信我能够做成任何事情，只要我用心。

■ 如果目标因为某种原因需更改，我会坦然放手并设立新的目标。

■ 我经常大声说出我的想法，经常这样做。

■ 我阅读鼓舞人心的故事，和那些做出传奇事情的人物的传记。

设立目标只是一个开始。你必须做好准备行动起来，让一切变为现实。我想买一辆玛莎拉蒂，我知道在我的梦想板上放上一辆玛莎拉蒂，会帮助我专注于这个目标，而且一定有助于激励我，但是我最终需要去踏踏实实地努力赚钱，才可以购买这辆美丽的车。

要在销售上取得成功，你需要设立一定的目标和任务。这些目标和任务要现实，但也要有挑战性。很多事实证明，制定了销售目标后，人们终会达成这些目标。

产品知识——销售人员最强大的工具

产品知识指的是你对所销售产品的认识。根据我的观察，大多数销售人员就是不能花时间了解他们的产品，这对于顾客影响颇大。虽然，在一些行业中，有如此之多的新产品涌入市场，以至于要完全了解它们是不可能的，但是总体而言，很多人就是懒得花时间完善自己的产品知识。

前一段，在泰国度假时，我们需要买一个行李箱来放置购买的东西。在曼谷的一家大型门市店，一位年轻的销售员用非常蹩脚的英语迎接我们并问询我们想要的商品。我们指了指喜欢的行李箱，而他就把这些行李箱排成一排，然后开始跟我们一一介绍每个箱子。那次经历真是太神奇了。他花了几分钟向我们展示每个箱子的特点，而且演示得非常详尽。他在一个箱子上跳上跳下，告诉我们它有多结实，他打开每一个隔间，给我们演示怎么用锁，以及展示每种箱子之间的不同、可选的颜色等。我们选择了一个箱子，都是因为一位不怎么会讲英语，而且一次也没有提起过价格的推销员的建议。我完全被打动了。

有太多时候，我们向一位推销员寻求对产品或服务的建议，或技术上的介绍，但是他们却无以作答，而且，更糟的是，他们连任何解决方案都不做尝试。结果，顾客只得自己做决定，是去别的地方购买还是上网搜购，因为他们知道从网上能得到比店里更好的答案。

一家公司如果拥有真正知识丰富的销售员工，将永远鹤立鸡群。而如果他们大力宣传自己拥有知识丰富的员工这一事实，人们将从更远更广的地方找过来，因为他们渴求购买上的建议。

要在销售上取得成功，真的需要尽可能了解我们所销售的东西，无论是什么。花时间去学习，你将会建立起优秀的专业销售人员的声望，人们会蜂拥过来购买你的东西。

充分了解竞争对手

在竞争中，每一位销售人员都需要知道他们产品的独特之处在哪里。要做到这点，你需要做好准备工作。有些人把这种工作看作试探——也许是这样，但你的竞争对手也非常有可能在查你的底。

那么要了解你的竞争对手，你需要做什么呢？就是尽可能挖掘最多的信息！对比其他公司的硬件设施，他们公司的外观、他们提供的服务水平、销售的产品、收取的价格、广告材料、客户类型和销售技巧等。

你将如何找出以上所有问题的答案呢？你需要成为侦探。首先，在线查看他们的情况。然后给他们打电话，询问某个特定的产品——他们通常会给出比他们应该透漏的多得多的信息，而且我发现一提到市场竞争，他们就会滔滔不绝——谢天谢地。你还可以去门市店购买一个产品，与可能从他们那里购买过产品的家人和朋友交谈，和供应商交谈，等等。

一旦你收集齐了这些信息，就与你的公司进行对比。你有什么做得比他们好？他们有什么做得比你好？寻找方法改善你正在做的事情，但是最重要的是，找出你的竞争优势。如果你不清楚，那你就是在盲目销售。

反复演练销售介绍

我在会议上和特殊活动中做过很多主旨演讲。这是我喜欢做的事情，而且我的目标是成为世界上可以提供最耐人寻味的演讲的演讲家之一。为达成这一目的，我致力于不断地改进并拓展我的演讲技能。

起初，我往往即兴演讲。当我组织好自己想说的话以后，我并不演练，而是更倾向于演讲时自己理出头绪。这一策略开始实施时还不错，那时我的听众只有三四十人，但是当房间内的人数达到四百或五百人时，就不那么有效了。听众增多的压力让我很难现场思考，这种演讲要取得成功，压力太大。

其他的专业演讲家建议我提前演练自己的演讲，但是我觉得站在空荡荡的房间里，假想面前有一大群人很丢脸。所以我没有做演练。然而有一天，我被邀请参加一次会议，在出版业的领导者面前做主旨演讲，而我感到这件事真的会对我的事业成功起巨大的推动作用。所以我对演讲做了策划，并软磨硬泡地请我的搭档做我的听众，之后开始了演练。奇妙的事情发生了，我发现演讲中存在这么多的漏洞，有很多部分都有些生硬，还有些地方需要润色。在做了修改以后，再请我的"听众"过来进行演练。做了四五次演练，我才感到完全满意。

接下来。我做了职业生涯中最好的一场演讲，听众有四百人。那次经历非常美妙，对我的生活有着深刻影响。我意识到，如果我真的想成为一位伟大的演讲家，我就需要对每一场演讲进行演练。

我相信如果你演练你的销售演讲，就会有巨大的改善。请朋友、爱人或者同行（苛刻的听众会让排演更有效果）做听众来进行演练，并辅以你能够正常使用的任何视觉帮助。我建议你穿上演讲时要穿的衣服，让你的"听众"给你提出具体的问题。

演练、修正、再次演练，无论你是要讲给一个大型团体，还是一个人。这将会取得成倍的回报，而你将渐渐成长为聪颖而专业的演讲人士，成为打动人心、富有成效的销售演讲的演讲家。

外表得体，否则回家

一段时间以前，我曾经做过商业潜水员。有一天，我得了减压病，这种病发生在潜水员身上有多种原因。所以，我不能再潜水了。我受到的打击很大。那时候我为一家大型的日本船运公司工作，我的直属经理竭尽全力帮助我获得新的培训，学会新的技能，从而让我得到了一份本公司的销售和营销的工作。虽然我并不是真的想在这方面发展，但是我接受了这份工作，因为我不知道还有什么别的可以做。命运的转折点来临了，我参加了在悉尼召开的一场大型贸易展，来自全世界的旅游批发商都来参加展会，并购买丰富多彩的澳大利亚旅游产品。我销售的是大堡礁巡游。

那时，我刚从船上下来。头发很长，蓬松脏乱（这就是在海上待了多个星期之后的样子）。我不想改变我的外貌而去穿西装。我认为人们会接受我的样子。在贸易展的第一天，我穿着一条牛仔裤、一件 T 恤，看起来就像刚刚从床上爬下来一样。我支起了自己的摊位，坐在桌子后面，等待别人过来从我这里购买产品。没有人买！专业的"西装"一群群从我的摊位前走过，看一眼就继续前行，其中有些还明显加快了脚步。

是的，我在那里坐了一整天，什么也没有卖出去，一个旅游项目都没有卖出去。我心烦意乱，现实与我的想象并不一样——我似乎并不适合这份工作。看着那些"西装"，忽然，我明白了：如果想要卖给这些人东西，我就必须看起来得体。我本想传达给他们我有"个性"的信息，但这并不是个好信息。

展会一关门，我就跑到该镇最大的门市店，不断地寻找，直到看见一位更为成熟、穿着完美无瑕、脸上带着友善笑容的销售员。我给他讲了我的故事，而且还和他说，我想要成为一位真正成功的销售专业人士。接下来的活动有如飓风过境，他帮我试了西装，请当班的裁缝过来现场改成我的尺码，我购买衬衣、皮鞋、公文包以及一堆领带，剪了头发，甚至还修剪了指甲。这花了我数千美元，我完全放开双手，把未来交在这位销售员手中。

第二天，从我到达贸易展那一刻起，我的推销便开始了。人们十分接受我的新形象。我感觉非常美妙，充满自信，风趣幽默，无论言谈还是举止都像一位完全的专业人士。那天，我卖出了价值数百万美元的巡游项目。

两个因素使我发生了里程碑式的改变——我的外表和我的神态，二者一样重要。从那时起，我总是宣传销售时外表得体的重要性，无论是做什么销售工作。要为你销售面向的市场着装（比如说，如果要向农民销售东西，就不要穿西装），并且对你的外表投资。着装得体，会收获更好的成果。

做好准备，要让一切烂熟于心

没有比在销售上犯傻的人更糟糕的了。这种人总是会在销售演讲时停下来，去寻找某些至关重要的信息或者广告材料；他们永远不会给出你真正需要的东西；他们虽然答应要补给你缺失的信息，但是很少去做。他们是缺少条理的时间浪费者，我对他们的耐心非常有限。

在任何销售之前都要做好准备，这是你对顾客尊重的一种表示。这意味着提前准备好所有恰当的材料、信息和细节，以及把笔放在你触手可及的地方。我购买东西时，被问及是否有笔来签刷卡联单，这种事情的次数一直令我颇感吃惊。

同时，要一直为偶然发生的销售机遇做好准备。这意味着随身带上你的商务名片、广告手册或者其他广告材料，甚至产品样品（合适的话）。既然你已经全副武装了，每当出现这样的机遇就立刻把材料发出去。即使没有出现这样的机遇，也要尽可能把材料发出去。

永远准备好去推荐

大多数公司在推荐上做得很糟糕，而这会让他们损失财富。任何人都可能从顾客那里拿钱，事实上一些小店甚至用自动机器代替人来做这种工作，但是很少有公司擅长为顾客做出有针对性的推荐。人们曾经擅长推荐，但是不知从什么时候起，大多数公司成了被动收钱的地方。有着高品质的、能够做推荐的员工的公司通常会成为非常成功的公司。

多年以前，我曾经拥有一家潜水商店，我在那里销售水肺和水下通气装置。当我购买那家公司的时候，才十八岁，完全不知道自己在做什么。我储存设备和销售设备的方式都是仿效卖给我这家商店的那个疯狂的加拿大人。他的理念，也就是我那时的理念，就是尽可能存储更多设备，并且尽可能把它们以最便宜的价格卖出去。

当顾客走进店门的时候，我要花很长时间，才能给他们展示完一百多个面具、二十副脚蹼、五十套潜水服、好几堆调节器和相关的零件。顾客通常会在一小时后带着迷惑的表情离开店铺。我认为我没能给他们足够的信息，所以我通常会以近乎劫持的行动挽留他们，以确保能够给他们关于每个面具、输气管、潜水服或者脚蹼的所有知识。即使这样，仍然是毫无成效，我的生意陷入了困境。

幸运的是我有一位好朋友，他是一位经验丰富的销售。任何时候，只要他走进我的店铺，就能在五分钟内向百分之八十的顾客卖出一整套设备，而且他只销售最高档次的器材。他觉察到了我的挫败，就给我分享了一些他的秘诀。首先，他告诉我，我的库存太多了，而且要选择的产品也太多了。其次，我过于专注于价格，但是顾客却不是这样的。最后，同样重要的是，我没有做出任何推荐，我只是给出他们所有的选择，让他们自己去找出什么是最适合他们的。

之后，我清空了店铺，只留下三种全套的设备用于展示：一种便宜、基础型套装，一种中级套装，还有一种顶尖套装。有趣的是，我的朋友问我会用哪一种装置，我回答说当然是用顶尖的套装，因为它是最好的。当一位潜在顾客到店后，我花五分钟介绍便宜器材，紧接着介绍最昂贵的器材，最后说"我就用这套设备，因为它最好"。从那一天起，我再也没有卖出过便宜或者中级的套装，而我销售的套装总量真的蔚然可观。

销售最大的错误之一就是不做推荐。顾客被各种选择轰炸，而这会令人无所适从。我们大多数人只是希望某个人能够说"这是最适合你的、最好的产品"。我们都需要有根据顾客需求做推荐的能力，无论在哪一行业。我并不是说你需要油嘴滑舌，你只是需要做出合适你的顾客的推荐，你的推荐对需求迎合得越好，顾客就会越高兴，你的销量也会越高。这对你的生意有益。

加入做推荐的公司队伍，你永远不会想退出。

在三十秒内告诉我为什么要买你的东西

在此之前，我们已经说了不少让自己做好销售准备的方法，包括打扮得体、有条不紊、了解自己的产品、与竞争者对比等。不过，我们需要把所有这些要点浓缩成一条短小精悍的话语，用它来说服顾客从你这里购买产品。

在三十秒以内，你要能够回答顾客这个问题："为什么我要从你这里购买产品？"有些人称之为"电梯推销"。很少有人能够掌握这门艺术，但是如果你掌握了，你就会打开别人难以打开的机遇之门。

模棱两可的答案不会管用。事实上，它们会有相反的作用——让顾客失去勇气。电梯推销需要饱含激情、令人感动、切合实际并且令人信服。你需要进行演练，你需要有不同的版本（否则你一说话就鹦鹉学舌），你真的需要这些。

我最近被邀请为快递公司 Pack&Send① 的一场会议做主旨演讲。会后，一位高级执行官提到他们在做明确的电梯推销方面有点困难。对我而言那就好像白天一样明朗，只要大胆地在他们的标识旁边标上一句话："Pack&Send：我们送任何东西，到任何地方。"只要说得够响亮、够勇敢，这绝对是个好宣言。

我在最近一次演讲上认识了一位非常有趣的人。当我问他做什么工作时，他看着我的眼睛，跟我说："我怎么说，你就怎么做，这样你就能成为百万富翁。"哇，这一下子就吸引了我的注意力！在更多地了解他之后，我发现他是一位理财规划师。至于他是否能够兑现他的承诺，让我们拭目以待。

如果你不能在三十秒内有说服力地回答"为什么我要从你这里买东西"这个问题，你真的需要学会怎么做。电梯销售就好像一件新外衣——总要穿几次我们才能完全地感到自在。试着穿上几件不同的衬衫，听听来自你身边的人的意见吧。要有趣，但是关键在于，一定要能够兑现你做出的承诺！

怎样监管你的销售

所有的公司都会监管营收的资金（这是经营的生命之血），现金流本就

---

①一家澳大利亚本土快递公司。

属于那些总是需要注意的领域。但是在监管销售时，公司在细节上花费的注意力通常会少一些。

如果你只销售一种产品，价格固定，那么在一个交易日后算出卖得了多少钱，就非常容易。然而，很少有公司以这么简单的方式经营。你需要密切注意你销售的东西，更重要的是，弄清销售了哪些，为什么会那样。

销售报告可能是一张表，平时放在收银台旁边，每完成一次销售就记录下来。比这个更好的是通过一个智能的收银机，按照预设的方式对销售分门别类记录。只要你的员工按了正确的按键，工作日结束后，你得到的信息就会非常精确。

无论怎样监管销售，收集到的数据都需要审查，并最好与上周、上个月甚至去年的数据进行对比。这样你就开始对任何在你公司内发生的销售信息具有更好的感知。这是非常有用的信息，因为它让你可以开展更有策略性的销售活动。大型机构（以及很多小型企业）都有非常详尽的销售报告。他们知道掌握什么畅销、什么不畅销的重要性。

基本原理是，你对销售的产品和服务的控制和理解越多，就越有可能保证公司的可持续性，就会把销售中的失误因素排除掉。

如何改进公司的销售监管流程？是时候升级你的收银机，或者购买一些新的软件了。如果你没有这样一个系统，今天就建立吧——首先从在你的收银机旁边放置一个简单的表格开始。

顾客在销售环节主要考虑什么

作为顾客，我们在购买中最大的顾虑是产品是否能发挥应有的作用。花费了很多钱，如果产品坏了该怎么办？顾虑是一种快速的心理风险评估过程，我们甚至都不会觉察到这一过程。如果你能够消除这些没有言明的顾虑，你就真的是走在增进销售额的大道上了。

那么，我们怎样去消除顾客的顾虑呢？让我们首先来看看产品。很明显，你需要告诉顾客，无论出于什么原因，只要对产品有不满意的地方，他们就可以把产品拿回来，或者换货，或者退款（根据你的规定）。如果有条件，让他们提前知道。

如果他们顾虑花的钱太多，你要解释你的定价政策，而如果你比其他地方贵很多，则要解释原因。也许你有更好的售后服务，或者产品有细微的不同，或者可能是因为你的公司比竞争者规模要小，没有同样的进货力，你可以用更多个性化的服务来弥补不足。总之，要让顾客知道事实，然后让他们自己来做决定。对于长期的、经常需要来购买的顾客，最好提前坦诚说明，这比顾客自己发现后感到被欺诈要好。

最后，解释你的品质保证系统是怎样运行的。要保证顾客明确知道质保期和保障的范围。如果产品没有质保，要解释原因。有些产品虽然没有质保期但却有合理的原因，比如你购买了一条金鱼，金鱼死了，你不大可能拿到补偿金。

如果你能够以几句简短的话解释清楚以上内容，顾客就会打消顾虑，他们会乐于购买产品。

为了使顾客在购买你的产品时消除可能的顾虑，你是怎么做的？想想你应怎样答复这些顾虑，并要求你的员工也能够有说服力地解答顾客的疑虑。试试吧——结果会给你惊喜的。

永远询问是否下单

最致命的销售错误非常简单：不询问是否下订单。你需要做好准备询问顾客是否要下订单，通常是在销售即将错过机会时提出这个问题。不少销售人员可以完成整个流程，但他们就是不会在最后询问订单情况。

询问订单究竟意味着什么？这意味着询问顾客他们是否愿意购买你销售的东西，就是这么简单。顾客在纠结买还是不买的时候是最尴尬的时刻，如果销售人员不积极询问是否下单，而只是带着热烈的期待站在那里，顾客往往会走掉，因为他们感到做这个决定压力很大。

询问顾客是否愿意购买产品，并不是在逼迫他们——你只是试着帮助他们做决定。很明显如果他们买了产品，会对你的生意有好处，但是他们仍可以在这个时候说不。

永远做好询问是否下订单的准备。

对结果淡泊一点——顾客能够嗅到急切的气息

曾经有销售人员走进我的办公室，几近乞求地想与我成交，他说如果完不成这笔生意就会丢掉这份工作。这是一个极端的案例。我想在此透漏一个秘密：无论你以为自己有多么擅长掩饰绝望，我们人类具有的第六感都能够在一公里外觉察到这种信号——大多数人都会躲避这种气息。所以无论你实际上多么绝望迫切，你都需要清理头脑，摆脱销售结果的干扰。让我以个人的案例来解释这个道理吧。由于一系列奇妙的机缘，我在二十岁出头的时候就开始上门推销百科全书，几乎走遍了整个澳大利亚。我来到靠近南极洲的最后一站，那里是个冷地方。我的工作就是在下午五点之前转完某个特定的社区，把所有的门都敲一遍，努力卖我的产品。我一点钱都没有，而那份工作没有底薪，全靠提成。前几个星期真的很艰难。我冻得不轻，需要挣点钱来吃饭。那时我非常急迫地想做成生意，结果——零订单。

我很快意识到问题所在：我的态度需要改变。我太渴盼太急切，而塔斯马尼亚的人不会让一个陌生的、看起来有点疯狂的人带着急切的眼神往他们家里看，尤其是在深冬时节漆黑的夜晚里。

于是，我每天花半小时调整心态，然后再上路。我终于填饱了肚子，麻烦全不见了，并且把自己介绍给了一些非常友好的人士，还为他们提供了帮助孩子得到最好教育的机会。我从一个混乱、绝望的疯狂者变成阳光、积极、快乐的年轻人，为年轻的家庭提供帮助。正如可以想象到的一样，我开始卖出百科全书，并且卖出了很多。

这里的关键是你要对自己所做的、所想的事情充满信任。是的，我是破产了，但是我一定能够设法渡过难关。而且，我的确相信我在卖的书能够帮到这些人。事实会证明这一点。

做别人不做的事

这是脱颖而出真正需要的力量：与众不同并且付出额外的努力。我总是努力按照这一理念生活，而且我遇到过很多成功人士，他们也这样做。你如何不同取决于你自己，但是实践胜于空洞的语言。

我读过一位传奇的汽车销售员的故事。他总是给他的顾客寄贺卡，在他那个时代，这还是件不寻常的事情。他寄送生日贺卡、纪念日贺卡、圣诞贺卡、复活节贺卡，以及其他贺卡。在大约三十年的时间内，他建立起非常庞大的客户群。他每年寄出几千张贺卡。他总是亲手写贺卡，并且每张贺卡都是专门为某位顾客写的。他比有史以来所有的销售员销售的车都多。他得到的口碑推荐数量非常大；在有些案例中，他甚至把车卖给了某些家庭的三代人。

与众不同非常重要，但是做好准备去做额外的努力更为重要。看看你行业中那些和你卖同样产品的人。每隔一段时间，同一个行业中的大多数销售人员的外形和举止就开始趋于一致。他们相信自己能做的事和不能做的事都一致，他们甚至有着同样的盲区。

销售人员通常不会给我们留下深刻印象。事实上，我们通常期待被震撼，我常常就是这样。这是多么好的一个机会，每位销售人员都需要有不同点。近日在一个非常出乎意料的角落发生的令我吃惊的事情，就是一个很好的案例。我通常使用一张特殊的信用卡来支付我所有的商务和差旅费用，因为这张卡几乎在全世界都能够被接受，而且这张卡有特殊承诺，可以让我的财务人员能够更容易地以恰当的方式分配支出。然而有一个月，由于一些差错，我还款晚了，被征收了七百美元的罚金。这真的让我感到困扰，但是我知道规则是这样，我就咬牙执行了。

几星期之后，我接到了那家信用卡公司的一位销售人员打来的电话。她想要推荐给我一些与这张卡相关的产品，但是我不感兴趣。她接受了这一事实并在结束对话时问我是否还有可以帮助我的地方。我利用这个机会表达了对被罚款的失望之情，因为我在过去的十五年里一直按时还款。让我吃惊的事，这位女士同意了。她让我不要挂机，过了几分钟，她回来告诉我他们会取消这笔罚金并且为此道歉。我非常震惊。

寻找方法来做别人不做的事，你将会成为销售传奇！

参加公众演讲课程

在大约十五岁的时候，我选择了我的第一次公众演讲课程，如今四十三岁的我仍然参加公众演讲课程。第一次公众演讲课在自信方面给予了我很大的鼓舞。我已记不清楚为什么要参加这堂课，但是我最终进入了学校辩论队，并尽我最大可能战胜了竞争的各个队伍。

这些技巧在后来的工作生涯中给了我很大帮助。我学会了有条理，并且对任何会议或者介绍都能做出很好的准备。我学会了提出有强大说服力的论点。我获得了自信心并且在陌生人面前说话更有自信了。而且我学会了如何应对激烈的质问。

所以，如果你还没有做好准备，就报名参加一场公众演讲课程吧：你身边有很多这种课程。Toastmasters①是一个知名度非常高的国际组织（www.Toastmasters.org）。这会是对时间和精力极好的投资。不论年龄已多大，我都不认为学这个已经晚了。我也经营一家专业演讲者训练营——请点击我的网站了解更多信息（www.andrewgriffiths.com）。

---

① Toastmasters Interational，国际演讲会，1924 年成立于美国加州，是一个非营利性教育组织，在全球一百一十六个国家拥有超过三十万会员。其成立的初衷在于帮助他人学习如何说话、倾听与思考，培养学员领导、表达能力。

遇到障碍时该怎么办

销售人员遇到的最大危险在于丧失信心。任何花时间销售东西的人，无论花了多少时间，销售什么东西，都有可能遇到障碍。或者是遇到一位很刁钻的顾客，或者是失去了一家大客户，或者你就是无法完成一笔订单。这个时期持续越久，你的自信心就会越动摇。

我在销售世界里经历过非常多的障碍。我知道这感觉就像是看着你那一天必须要见的一长串人员名单，你却预感可能连一个订单都成不了时的恐惧。你能做什么？

■ 首先，接受事实，你只是在经历一个销售低谷，而不是世界末日。你没有失去销售的能力，你的事业没有终结，你的公司不会灰飞烟灭。虽然在低谷中，但这会过去。

■ 如果你在做的事情没有成效，改变你所做的事情。从头改变。审视你销售体系的每一阶段，并寻找去做不同的、可能更好的事情的方法。

■ 和你现在的一些顾客谈话。努力弄清楚现在的情况：是你、你的公司或者仅仅是你的顾客停止了花钱？换句话说，找出事实。

■ 找一位导师，在销售行业已经做过很长时间的前辈。询问他们的观点和建议。

■ 参加培训课程。哪怕你只是再次复习了销售的基础知识，也会让你振奋起来，重新给予你能量。

■ 休假。如果你需要一个长假，就休一个。

■ 在恰当的情况下，拨打相当数量的跟进电话给你现有的顾客，并请他们推荐你。

■ 和公司的其他销售人员展开头脑风暴会议。

■ 整理事情。花一些时间让自己从琐碎任务中解脱出来并且专注于"未完成"的事情。将这些事情理顺之后，你的生活将更有条理，而且不会纷乱。你的头脑也是一样。

■ 购买一些新衣服。每当我遇到销售低谷时，我就外出给自己买一套新西装。这让我感觉自己很有钱，而且这似乎也能让我的生意重见起色。

记住，所有的销售人员都会不时遭遇低谷。如果你的自信心水平较低，不要继续打击自己。花一些时间来调整，回到最基本的那些事情上来，休假、找点乐趣，参加课程或者和一些积极的朋友聊天。也许，很快，你就能回归正轨了。

警惕销售疲劳

对销售人员可能会有很多要求。无论你是一整天站在当地的一家硬件商店的收银台后面，还是为波音公司销售飞机，这都并不重要，挑战来自各个层面。销售人员很容易就"精疲力竭"。如果你没有办法为自己重新充电、照顾好自己的大脑和身体，你作为销售人员的效能将会消耗殆尽，而且还将会反映在你的销售额中。

"销售疲劳"的主要表征有哪些？

■ 开始抱怨你的顾客

■ 努力让自己活跃

■ 对于细节的注意力开始下降

■ 难以找到新的线索

■ 创造力消耗殆尽

■ 开始厌烦同事

■ 不再喜欢销售

在工作之外有正常生活是非常重要的。如果不小心，你的工作会占据你的全部精力。你最终可能会花费所有时间用于思考工作，思考销售和顾客。这是一个非常容易落入的陷阱，而且对于任何有两个以上职位的人来说都非常苦恼。

我所讲的话来源于经验。我就是一个有多年病史的彻底而绝对的工作狂。

一周七天，每天有十二至十六个小时，我都在工作。我最终有点崩溃了；我的健康出了问题，与一个人的伟大关系终结了，只因为我沉迷于工作。我开始意识到，我必须得对我的生活做一些可观的改变。结果，我写了一本书，也是我最为成功的书之一：《101种兼顾生意和生活的方法》（*101 ways to have a business and a life*），这本书真的解决了工作与生活的平衡这个问题。我会在本书后文中更多地谈到这个话题。

列出你真正热爱从事的事情、能够让你感到兴奋并且让你充满期待的事情。让我们称它们为爱好吧。如果其中某件你已经超过十二个月没有做，那么它就不再是爱好了，只是回忆。

销售人员会被别的销售人员吸引。事实上，有一句老话说，最容易买东西的顾客就是销售员，因为他们格外注意别的销售人员。我的朋友卖什么的都有，有些人还经常花费自己的"低迷"时间与销售团队的其他成员进行社交活动。虽然花时间与和你一起工作的人联络感情很好，但我还是想提醒你，你需要在职场之外有自己的生活，以避免精疲力竭。

做些能够让你打破常规的事情，你将成为一位更为高效的销售人员，这要比你所有时间都用在工作上，并只和同事社交要强很多。

往往最挑剔的顾客会成为你最大的粉丝

在这些年里，我曾经遇到过一些极其少有的人，这些顾客是如此难应付、要求是如此的多，以至于我怀疑他们当初没有必要过来见我。从销售百科全书到潜水用品的历程中，我经常遇见一些人看起来像是麻烦，而且一谈到钱——妈呀，他们是可以想象到的最难缠的谈判者。我发现，所有与这些人打过交道的人都感到他们极其难缠，所以大多数的销售员都放弃了他们，躲避他们。

现在，遇到这种人我有时仍然想走开，但是，正如我之前说的一样，耐心和坚持会有回报。我的一些最挑剔的顾客成了我最好的顾客，虽然起初我根本无法想象这种可能性。我曾经和各种行业的销售员交谈过，他们都同意，有些最令人烦恼、要求高、总是闷闷不乐的人可以变为最忠实、投入最多的顾客，而且有不少竟然会变成朋友。你只要坚持并且让这段关系发挥作用就好。如果你坚持下来，而其他人却躲开了，他们最终会为你得到了最忠实的顾客而端正姿势、认真起来。

拥有超大量的乐趣

这似乎是本章完美的结束语。我认为我们很多人看待生意和生活的态度过于严肃，特别是生意。我们为什么不在自己所做的事情上找一点乐趣呢？事实上，我认为完全应当这样去想，生意就是没有那么重要。

我知道这句话对于有些人而言，不能完全同意；我知道大家把自己的生意看得有多重。但是事实上，工作只是我们生活的另一部分。是的，工作能够帮助我们把食物放到桌子上。但是工作应该包含很丰富的内容。工作应该是一种学习、成长、与他人发展深刻联系的人际关系、为地球上包括我们身边的人增添一点不同等事的集合体。

从什么时候起，工作变得如此严肃？

这可能听起来有点陈腐，但是真正热爱工作的人，无论他们的工作是什么，都会有种辉光，照亮所有与他们有接触的人。这些人很容易微笑和大笑，他们的笑具有感染力。如果总是有很多快乐，一天又怎会无聊呢？

对于那些经营自己的公司或者担任销售职位的人而言，如果工作不能给你带来快乐，那么就出去，寻找能够给你带来快乐的工作。我最好的建议就是尽你最大的努力在销售中找出尽可能多的快乐。不要被工作弄得紧绷绷的。阳光点，多大声笑，让别人也大声笑出来。欣赏你所做的事情，想方设法在每一天的生活中创造更多的乐趣。

第十四章

广告的百变面孔

任何公司在发展到某个程度之后，都需要解决广告的问题。在做广告的时候，他们将会遇到种类繁多的选择，往往令人困惑。你应该在哪里做广告，为什么？你如何进行广告宣传？你应该花多少钱？你怎么做广告？是否需要做在线广告？还有更多的问题。

最近我与一位开餐馆的客户讨论是否应该做电视广告。我忙着解释我们应该做什么、效果会怎样、广告会有多么好的成果，他忽然打断我，并问道："你是怎么做电视广告的？"我立刻条件反射地抛出了常说的"不用担心这个，我们负责这个事"。他又打断我说："我不是这个意思。我想知道你做电视广告的具体流程，因为我连从哪里开始都不知道。"

这让我停下来思考：他的问题对于大多数做生意的人来说很有代表性。做广告是广告行业人士的第二天性，但对做广告的企业所有人而言却无异于外国语言。

这一章的主旨在于揭开广告的一些神秘面纱。按照以下简单的公司广告指南，我可以让你用简单的方式为自己的公司做广告。

- 永恒变化的广告
- 广告真的有作用吗
- 什么是做广告时容易犯的错误
- 认真构思你的广告，但是大多数人不这样做
- 关于成功的广告，你需要知道的五项重要的事情

- 如何知道你的广告是否有效果
- 你应该花多少钱做广告
- 如果语言不对,广告就没有用
- 每一张广告或者海报都应具有行动号召力
- 不要在广告的图形设计上省钱
- 永远寻找编辑的机会
- 为顾客的及时响应营造便利
- 用高品质的图片来营销你的公司

永恒变化的广告

广告是一只变色龙。每天都有新的地方要打广告,非常多的人和公司都在努力说服你把广告的钱花在他们身上。有时候有一家报纸、两家电视台、一些广播电台,乃至零散的路边告示牌都可以供你选择。现在,你从哪里开始?

这是广告业的新性质。广告界总是充满活力、不断进化,每天都有新发明的广告方法。这可能对于一位普普通通的企业所有人而言是难以消化的,所以我建议你花点时间倾听新的广告销售组合策略,并做好准备接受你不熟悉的广告媒体,但是请永远遵守本书提供的整体指导方针。

也请记住,每一位走进你的大门的广告销售代表都会声称拥有现在市面上能够见到的最好的产品。不可能所有人都是最好的,但是很有可能你会遇上一家对你的公司来说最为完美而且完全可以承担所需开销的公司。如果你想要没有依赖性的建议,咨询一位营销或者广告咨询师,请他给你提供客观的建议,告诉你在哪里花广告费能够得到最大的效果。

在这一章中,你得到的要点是保持心态开放。在将来,会有比现在更多的广告渠道,而聪明的企业所有人将会在从容审视他们所有的选项后再做出承诺。

广告真的有作用吗

总是有人问我这个问题，他们通常对广告的成效带有疑惑。我必须毫不含糊地说，是的，广告总会起作用，但是这并不像科学定律一样立竿见影，往往，广告是一种尝试。这个答案也许不能激发对做广告的信心，但是，正如所有广告宣传一样，你了解的信息越多，你在广告上投入的时间和精力越多，你的结果就会越好。

许多公司只是在广告这片江湖中浅尝辄止。在报纸上刊登了一次广告，没什么成效，他们就会一概而论：报纸广告没有效果。报纸广告当然有效果，但是要发挥效果需要一些因素：比如，广告的设计、在报纸上刊登的位置、广告的产品或服务以及很多能够影响结果的外在因素。往往，公司当时没有好的监管体系，用来判断新的顾客来自哪里，这使得判别广告是否有效是根本不可能的。

广告上另外一个常见的错误是，很多企业所有人对于广告的结果抱有不切实际的期待。只花了几百美元，就期待广告能够带来数万美元的回报。这是不可能的。如果那么简单，每个小企业家都会成为千万富翁。

我有很多客户曾经是怀着某种恐惧开始做广告的，但是它们在成长为大企业时都逐渐建立了信心。他们相信高明而有效的广告，并且每年会花费数十万美元用于做广告。

所以在回答"广告真的有效吗"这个问题时，答案是：是的。广告几乎都会产生效果的，但是关键在于你如何做广告、在哪里做广告。

什么是做广告时容易犯的错误

通过理解一些常见的广告错误，希望你能够避免错误并为自己省下不少金钱。广告和海报如果发生问题，主要是因为：

■ 它们是冲动做出的结果，没有花费足够的时间来筹划

- 盯错了目标群体

- 结结巴巴、令人困惑

- 放错了媒体

- 只放在一家广告媒体上

- 在错误的时间出现在观众面前

- 平庸

- 没有给顾客一个立即行动的理由

- 没有把产品或者服务包装得足够诱人，不足以让顾客感兴趣

- 在广告能够起作用前就停止了；换句话说，缺少重复。

认真构思你的广告，但是大多数人不这样做

很多公司花费大部分的时间和精力去决定是否做广告，但是他们在实际做广告时却很少甚至根本不思考。这太有意思了！当然，人们很忙，而且他们通常对广告的知识非常有限，所以他们将全部的指望放在了广告公司身上。（真有勇气！）

我并不是说，你需要在发布一则简单的广告之前筹划好几个月，但是你应该花时间考虑以下问题：

- 你希望广告能够达到哪些效果

- 你如何能够让你的顾客拨打电话（行动号召力）

- 你是否有一张不错的图片，可以用在印刷的广告品上

- 你是否曾坐下来看看竞争对手的广告

- 你是否放入了所有相关的细节（电话号码、地址、网站等）

- 你是否有足够的库存供给增加的需求

一定还有其他重要的问题——我建议你列出一个检查清单。并且，当你做广告的时候，要花时间把广告方案考虑透彻，弄清楚你希望达到的效果。

关于成功的广告，你需要知道的五项重要的事情

是什么让一个广告具有高效率？这里有五个重要事项，而且我相信它们是广告成功的核心。它们是：

- 明确地发布你要传达的信息
- 清楚地知道你的目标受众
- 让你的广告从数千则广告中脱颖而出
- 保证人们能够经常看见你的广告
- 给你的广告足够的时间来发挥作用

让我们详细理解每一个事项。

明确地发布你要传达的信息

有很多广告宣传给潜在顾客传达的信息是令人非常困惑的。广告需要精心策划，而且必须简洁。坐下来，给自己一些时间，把你要传递给潜在顾客的信息弄清楚搞准确。给他们一个打电话或者投资你公司的理由。

广告宣传往往会变得杂乱而令人迷惑，主要是因为广告或海报上信息过多。如果你不能把要传达的信息总结为一句话，就回到绘图板前，直到弄清楚为止。一旦这句有魔力的话出现，就编织你的广告，让它清晰地勾勒出这句话。如果你能够反复凸显这句话，广告宣传的效果会比塞入一大堆其他信息好得多。

花几分钟翻阅今天的报纸，多注意那些更为优秀的广告。这些广告通常更为简洁流畅而且会传达明确的信息。它们可能会宣传很多产品，但是他们销售的产品一目了然，而且他们要表达的含义也绝不含糊。

要让广告宣传发挥作用，确定你要传达给潜在顾客的信息是至关重要的。

清楚地知道你的目标受众

如果你在为跳伞课程做广告，在白天播放肥皂剧时段投放广告不大可能取得最好的效果（除非有些有探险精神的退休人士）。同样，如果你要销售缓解关节炎疼痛的新产品，在播放极限运动时插入广告也不大可能产生你想要的结果（虽然很多活动参与者过几年一定会需要这种产品）。

明确地知道你希望哪种类型的人看见广告，这是策划活动核心的环节。这个问题大多数广告销售代表都会请教你（如果他们没有问就是不对的，他们本应该问的）。广告界的行话是你希望达到怎样的"人口学效果"（demographic）。这可能包括很多详细信息，包括潜在顾客的年龄和性别、他们的健康状况和他们的地理位置等，这只是人口分析的一部分。

广告宣传应该筹划精细，以某种特殊的方式联系到特定类型的顾客。你对目标顾客了解得越清楚，你策划的广告宣传就会越有效。随机在媒体上放置广告不是有效的宣传方法。不同的人在不同的时段观看电视，不同的人阅读报纸不同的部分，收听不同的广播电台，等等。

无论什么时候，如果你在策划广告活动，花几分钟停下来想一想你想要什么类型的人看到这些广告，要弄清楚。

让你的广告从数千则广告中脱颖而出

有时候广告宣传不起作用，这主要是因为广告或者海报没能吸引目标顾客的注意力。要记住，顾客从早上起床到晚上入睡，几乎每一分每一秒都在遭受广告的轰炸。有数据表明，我们每天暴露在平均超过三万条广告信息的环境中。这可能听起来有点匪夷所思，但是如果有一天，对你看见和听见的信息稍加留心，你一定会感到惊讶。

如果你被收音机的铃声叫醒，你听到的就是一天销售广告的开场音乐。你洗澡，做准备工作的时候，数量繁多的产品继续在努力争取你的注意。然后你可能会坐下来观看早间新闻，同时享用早餐，这时你会被电视上的广告和你早餐食用的产品包装（比如麦片盒上的宣传文字）轮番轰炸。如果你在早上阅读报纸，你也将暴露在不是成千也有数百条的广告信息中。然后就到通勤时间了。在三十分钟的车程中，你很可能你会沿路看见几百条广告、看见在其他车辆上的广告宣传，同时在收音机中听到更多广告。如果你乘坐公共交通，地铁和公交内部都有广告。上班的时候，查看邮箱，你会看见更多的广告。检查你的电子邮件，里面的广告又有不少。现在快到九点了，刚刚起床两个小时，而你已经看见了数千条广告。

很容易看出，为什么广告脱颖而出如此重要。

保证人们能够经常看见你的广告

"频率"（frequency）是广告宣传的行话，用来描述广告出现的频繁程度，人们有多久能够看见你的广告。这真的是广告宣传最简单的部分了——让尽可能多的人尽量频繁地看见你的广告，你的广告就会产生更好的效果。

这种做法的负面因素在于，广告出现频率越高，费用就会越高。不过，在电视上做广告，还要看时段。如果在凌晨三点播放广告，由于该时段收看电视的人非常少，成本就只有晚间新闻（通常是收视率最高的节目）期间播放的广告费用的零头而已。

做广告的主旨在于，为整个活动着想，并确保观众尽可能多，观看频率尽可能高。从很多方面来说，广告的作用都不可小视，所以为这一策略考虑是非常明智的。我们总是建议客户去考虑至少两个媒体，比如电视和广播，或者广播和报纸，同时进行宣传。

给你的广告足够的时间来发挥作用

广告宣传的一个有趣现象，就是你必须给广告活动留足时间来发挥效果。

很少有潜在顾客一看见广告就跑去打电话或者赶紧开车过来。一则广告需要出现很多次（通常在不同的地方），之后顾客才能相信他们需要你的产品或服务，比如网站销售。

通常某个人会访问网站多达七次，才会下特定的订单。每次访问都有其独特而同等的重要性，大多数顾客就是在这个过程中，在潜意识里与要下订单的公司建立起信任关系。所以放置一个广告并期待立即有反应通常是不现实的。

不过，好在广告放置的时间越久，反响通常会越大，因为有更多人会更多地看见这条广告。我提到过很多广告宣传活动，我们会在六个月的时间内对某个产品持续投放一定量的广告。在每个月，回应都在增长，最后一个月则最为成功，这凸显了广告宣传的长期效应。同样，一旦获得了这种势头，广告的效力也会过一段时间才会消失。这些我们经营了六个月然后再停止的活动，两个月之后仍有顾客不断涌入。

所以，我经常听见企业所有人说他们停止广告宣传后，对于公司的新顾客数量没有任何影响。几个月后，他们才会来找我说没有新顾客了，需要再次开始做广告（并且尽快）。

我喜欢打比方，广告宣传就如同推一辆坏掉的车（我们大多数人都曾体会过这种快乐的经历）。让车启动是很难的，但是一旦开起来，维持运动需要的能量就可以减少。如果你停止推车，会过一段时间才停下来，因为车已经具有了一定动量。

如何知道你的广告是否有效果

广告行业有句老话：百分之五十的广告有用，百分之五十的广告没有用——真正的关键在于辨别哪些有用哪些没用。对大部分广告的评估都是一些朦胧的感觉，如"我不认为它有作用"，或者"我不大确定它有没有用"。当然，任何人即使只花了一美元做广告宣传也想要知道广告是否真的有作用，而更重要的是，作用有多好？所有广告宣传都需要经常接受监督和评估，以查出效果究竟有多好，这里有几种方法。

最简单的方法就是监督你在宣传的某个特定产品或服务的销量。如果销量在你做广告时上升了，那么就有理由认为你的广告宣传有效果。如果销量没有上涨（假设你已经预留了广告宣传生效的时间空间），那么你的广告可能是没有效果的，你可能需要重新检查你的宣传活动。

我强烈推荐的另一个方法是向顾客发放一个简单的问卷。任何公司都可以把这种问卷放在门口（比如前台），让员工询问顾客传到他们耳中的公司是什么样的。这个表可以是选择格式，员工在对应的表格上打勾。或者，大多数现代的现金收银机都编有收集信息的程序，可以据此编制相应的报告。通过电话问询这些问题也是一个选择。

我鼓励我所有的客户一定要询问新的顾客是从哪里听说他们公司的。顾客通常都非常乐意回答这个问题，无论你选择以何种方式收集信息。关键在于你一定要收集到信息，这样你才能用这些信息筹划下一步的广告宣传。要定期检查这些信息，大概一周或者一个月检查一次，这样的检查能够很好地指出广告是在哪里被人们看见的。

你应该花多少钱做广告

这可能是我最经常被问到的问题，而且也是个很好的问题。多年以来，我阅读过很多案例、数据和观点，关于什么样的公司应该在营销上花多少钱（这包含广告宣传和宣传材料），就个人而言，我并不认为这个分界线可以泾渭分明地勾勒出来。这真的取决于一系列问题。

大体估计广告费用的最简单的方法就是看你需要多少新的业务。如果你的公司正在成长期，那么就多做广告。如果你的公司能够在操作上稍作更改就可以招徕更多的顾客，就打更多广告。如果你刚经历过一次业务的井喷式增长，正在调整期，就少打点广告。我个人大致的建议是：对于在成长期的公司，收入的百分之十用于做广告；对于调整阶段的公司，大约百分之五就可以了。

无论你花多少钱，一定要确保对宣传活动的预算是持久的支出，不要把它当作银行账户有一点富余的时候才做的事情。广告宣传是公司的常规支出，而且应该在你计划年度开支时就把这一项列入在内。

可惜的是，很多公司只会在渴求新顾客的时候做广告，这让他们在寻求结果时背负着很多压力。经常做广告的公司往往能够得到最好、最为稳定的结果。间歇性的广告宣传带来的问题是，突然涌入大量顾客后，公司需要努力协调。这事实上会丢失部分客源，因为客户服务水平下降了，处理问题速度变慢，顾客对服务不满。

如果语言不对，广告就没有用

面对着一张白纸，绞尽脑汁地考虑在上面写几句话，这种任务会让很多人望而却步。特别是，你在花钱做广告，你希望广告对你的生意发挥作用，但是你又不能准确地写出你要说的话。应该怎么做呢？

我为遇到这种难题的人做过很多培训，而我每次说的第一件事就是如何能够准确地写出一份广告"底稿"。这是一门需要学习的技能，所以如果你不能一挥而就，也不要感到不自在。按照下文列出的简单步骤，你将一定能够为任何广告或者海报写出好的语句。

注意：正如有些人在感到紧张时会说过多的话一样，很多人在感到紧张时也会写过多的话。要有自信，自信能够给你带来面对白纸时保持积极心态的能力。版面纷繁错杂的广告通常效果会差一些（但并非总是如此），在训练你的写作技巧时，可以试着写几种版本的广告。要对其他人在广告中所写的内容有所关注，并且认真聆听广播电台和电视中的广告，以吸取他们写作的方法。

步骤 1：清楚明确地知道你要达成的目标

表达出你想要表达的东西是写作广告或其他公关文案的第一步。无论你是想要人们抓起电话给你下订单还是咨询，或者你希望人们知道你的销售承诺有所改变， 或者你在进行促销，都要非常清楚地将信息传达出去，以达成你想要的结果。

步骤 2：对重要的信息列出清单

这一条的意思是，把你想传达给潜在顾客的信息整理成一个简单的列表。审视一下这个列表——是不是太长了？谨记，传达一个强烈的信息好过五个微弱的信息。

步骤 3：写大气、大胆的标题

我强烈信任使用大口气、大胆、引人注目的标题。我非常喜欢问句开头的标题。很多领先的专业广告公司也秉持这一观点。然而很少有公司真正这样执行。试着在你的广告宣传中使用一个大气的标题，看看效果如何。

步骤 4：注明所有需要涵盖的其他信息

需要包含哪些信息取决于广告或海报投放的地方。很明显你需要注明具体的联系信息，如：地址、电话、传真号码、电子邮件和网站地址等。你还可能需要说明一些法律上的要求，比如销售条款和限制。在公关文案上列出所有这些，一定要确保把它们都放在广告中。

步骤 5：回答标题中的问题

如果你的标题中没有问句，在文案的第一句话就要回答问题，然后再把话题引导向事件、时间、原因和方法。

步骤 6：事件、时间、原因和方法

这就包含了你公关文案的详细信息——你想要顾客知道什么，你要用什么来吸引他们。如果你在做特价，告诉人们发生了什么事，什么时候发生的，为什么发生，以及顾客要享受优惠应该怎么做。这里的重点是要给顾客的优惠，告诉顾客为什么应该买你的产品。

步骤 7：决定写作的风格

决定你的广告要采取第一人称、第二人称还是第三人称创作。如：我是臧哈里，我开了一家臧哈里中餐馆。或者：你听说过臧哈里中餐馆吧？臧哈里的顾客很推崇这家的厨师啊！你还将需要弄清楚文档采取风趣风格还是严肃风格，采取对话形式还是指导形式。

步骤 8：句子短小精悍、词汇简单明了

广告文案需要简明。句子要短，选词要精。要描述，但是不要太花哨，否则人们会感到因无聊而失去兴趣。

步骤 9：综合起来

现在你已经完成了广告的底稿，是时候把这些整合起来了。认真检查拼写，看看文字是否流畅，表意是否明确。如果你的标题是问句，要确保在接下来的广告中回答了问题。所有的细节都应该填充进来，风格应该统一，拼写必须正确，并改动感觉上没有效果的那些词。

步骤 10：以呼吁行动结尾

顾客需要一个立即行动的理由。他们需要知道接下来该做什么，而且他们需要被说服。

按照以上十个步骤，你将一步步完成优良的广告或者海报，它们可以投放在任何广告媒体上。

每一张广告或者海报都应具有行动号召力

我在上一条公关文案写作中已经谈过这一点，不过这点值得讲得更深入一些。因为的确有很多广告文字很流畅——给潜在顾客传达了不少信息，顾客受到鼓舞，也很感兴趣，最后却什么也没有说。广告或者海报就这样结束了，又有新的广告或海报来争抢顾客的注意力。所以，和吸引注意力同等重要的是号召行动。

你需要怎么做？你应当简单地告诉潜在顾客，接下来该做什么，比如拿起电话、来公司、登录网站、剪下优惠券等，总之是停止犹豫，今天就来购买并告诉朋友。世界上有数百种可以采取的呼吁方式。

呼吁行动是关键所在。大多数广告宣传最终似乎都以小声嘀咕收场，事

实上最后一句话真的需要以饱含说服力的方式大声说出来。使用有力的文字，这将激励读者或者听众说"好，我这就做这件事"。

我听过的最好的行动号召之一就是家庭购物风格的海报，读者一直被鼓励立即行动，那样不仅能省钱还能得到免费的礼物。另外一个是由提供外卖的食品店做的，他们在晚餐时段做广告，用色调明亮、秀色可餐的海报展示新鲜出炉、还冒着热气的食品，并清楚地写道："现在打电话，三十分钟内你面前就有一个这样的比萨。"

花一些时间去筹划你的行动号召，让你的号召令人印象深刻、激动人心。在这件事情上，花的时间应当和广告的其他部分一样，你终将收获好处。

不要在广告的图形设计上省钱

如果你准备花可观的钱制作广告或其他宣传材料，那一定不要因为节省图形设计费而得到令你失望的结果。

请一位图形设计师来设计你的广告和宣传材料是非常重要的事情。设计师应懂得你的爱好和憎恶，档案里也应存有你所有的图像和标识。你们合作的时间越长，设计师对你的生意的了解和感觉就会越好。

图形设计其实是广告宣传中耗资最少的地方，但总有许多公司仍想在这个地方省钱。这每每令我吃惊。何必呢？如果广告没有作用，你浪费的钱远比获得一副好的图形设计的费用多。

找一位你喜欢的图形设计师，和他的团队建立良好的关系，并以坦诚的心态接纳他们的建议和意见。你的广告宣传最终一定能够更具效力，你会吸引到更多顾客。

永远寻找编辑的机会

每当你就杂志、报纸或者网上的广告宣传讨价还价时，一定要记得问清

能否提供免费编辑。很多广告媒体会提供免费编辑，这可以作为讨价还价的
筹码。不要在签了广告合同后再询问编辑的问题，因为到了那一步，你们的
约定已经板上钉钉了。

能否得到免费编辑往往取决于你订购的广告的规模，或者你在一定时间
内与这家公司合作的预算的多少，所以你可能会发现你还必须购买编辑服务。
对这件事的理解可能有很多，不过我认为免费编辑是有很多价值的。

在一家专业杂志上得到编辑服务，能够非常好地在读者群中建立信誉。
如果你作为赞助商出现，你就会被认为是某种专家。同样的道理也适用于报
纸和网站。

要积极争取获得编辑服务，这往往需要准备好一篇文章和一些图片。为
了总能在有紧急需要的时候拿出来，我建议花钱雇一个人为你的公司写文章，
这样每当有需要的时候，总有准备好的稿子。某一家杂志或者报纸可能会倾
向于按照他们的风格对稿子进行修改，但这至少为他们提供了可以着手修改
的材料，而你的公司也会因他们的修改而受益。

为顾客的及时响应营造便利

最近我在邮箱中收到一张传单（只有一封信笺），上面推销一种非常不
错的钓鱼诱饵，我相信它就是能够让我在钓鱼活动中有竞争优势的关键武器。
我想要购买，但是当我查找手册、准备购买的时候，我发现这事很棘手。

这家公司不接受信用卡（他们以很大的字体标明了这一点，这在我看来，
是他们信誉的一个大伤疤），所以购买者不得不寄出一张支票或者到邮局
去拿一张现金订单——我立刻就失去了热情。现金订单？我还得在寄给他们
之前先把订单扫描一下（原因太复杂，不好解释），这更让我对订购失去了
兴趣。

他们已经让我有兴趣购买他们的鱼饵，但是随后，在购买的路上又设置
牵绊。在沮丧之中，我给这家公司打了电话，结果只得到了自动答录机给我

发回来的订单表格。唉——我只是一声叹息。

　　要认真审视你的广告，绝对确保订购的每个障碍都被清除。接受所有的信用卡；如果有订购表，就把它做得可以裁剪、方便携带，并在表格上留有足够的空间，以便人们写上自己的详细要求；留下人工应答的联系电话号码，最好是不用拨分机号的。

　　购买商品的途径越便捷，顾客购买的概率就会越大。

用高品质的图片来营销你的公司

　　做广告宣传时，永远要使用出色的图像，它们能够激发人们的情趣并强化你的广告。使用劣质的图像真的会让广告失色，而且对于提高公司的信誉也乏善可陈。

　　我认为高品质的图片宣传是对公司的明智投资，如果你为成本担心，你可以去下载高清图像，有很多可以免费使用的图片网站。

　　一张图片胜过千言万语。随便翻阅一本粗糙的杂志，你就会加深对此的理解。使用你能够获得的最好图像，你的广告宣传效率将大为提高。

第十五章

网上的事情做对了，利润就会随之而来

互联网是一个非常大的领域，然而在很多方面，互联网又显得非常拥挤。而且，互联网总是在不断地变化、革新和提高。这使得为互联网提供不会很快过时的专业建议变得非常困难。但在互联网领域，仍然有很多潜在的策略或者方法，无论技术发生什么变革，它们的重要性都不会改变。这就是我要在这里说的内容。

我已经试着尽可能避免使用行话，所以我确定，可能会有技术人员来纠正我要说的一些内容或者我介绍它们的方式。但这一章节并不是为 IT 专业人士写作的，而是为那些想努力挤进网络世界的其他行业人士准备的。

以下的建议是关于你的网站如何发展的正确策略。技术人员可能会看你网站的建设和功能，但是如果你的网站不是建立在一个好策略的坚实基础上的话，这些都不重要。

- 我真的需要网站吗
- 不要只是"办一个网站"——好好想想
- 自制网站就如同自制标识——错得一塌糊涂
- 注册正确的域名（并保证得到法律保护）
- 公司在互联网上失败的头号原因
- 关键不在网站上的信息量，而在于是否容易找到信息
- 数字足迹越来越重要（但避免噱头）
- 网站是永远不会完工的——永远都是待完成

■ 在发布前，请某位顾客测试你的网站

■ 社交媒体会长存世上，所以要明白怎么用它

■ 如果没人能找到你的网站，它就没有意义

我真的需要网站吗

对于资深网虫而言，这可能是个奇怪的问题，但是小公司把互联网作为宣传工具的过程却出人意料地慢。有很多公司甚至连网站都没有，即使有网站的其中居然有些把名称拼错了。无论你所在的公司是什么类型，拥有网站就像拥有要销售的产品或服务一样重要。

世界已经改变了：找信息的新途径便是通过互联网。"谷歌"这样的词已经在我们的语言中生根发芽，特别是对于年轻人来说，在线搜索就是获取任何话题或者购买信息的唯一令他们感兴趣的途径。硬皮本的电话簿已经被网络搜索淘汰了，也就是说，如果你的公司在网上搜不到，而你竞争者的网站却可以，那你就很有可能被超越。

如果是由于缺钱，你没能建立起一个完整的网站，至少要建立一个只有一页的网站站点，上面至少要有你的标识、你的业务、你的联系方式以及任何相关的信息。

但是接下来你需要尽快建立起一个完整的网站。糟糕的网站往往如同糟糕的宣传册一样：这让公司看起来业余而廉价，这很难给潜在顾客以信心，从而使得他们难以和你做生意。

在早些时候，我们分析过大部分公司如今所面临的最大挑战：在一个以令人难以置信的速度转变的世界中，我们必须具有不断进化的能力。网络世界就是这个新世界密不可分的一部分，而如果你不是网络世界的一员，你就会被时代甩在身后。

不要只是"办一个网站"——好好想想

互联网正如任何其他营销工具一样，受到经济和创意的限制。如果使用得当，互联网可以帮助你的公司扩张并赢利更多，但是我们还需要对从网上得到的经济效益有一个现实的认识。

通常，很多网站都是随随便便做出来的，没有经过足够的思考。网站开发人员的思路大概就是把打印好的东西再贴到网上，对于像互联网这样的资源而言，这是一种非常有局限性的想法。我强烈建议你具备一些简单的互联网策略，其中包含五个重要元素：

■ 清晰地知道你要在网上达到什么目标。你想要销售产品、传达信息、宣传公司、吸引新顾客，还是为现有的顾客提供附加服务？你需要把有品质的时间用在考虑这件事上。如果你有员工，让他们参与进来一起讨论研究，真正搞清楚你想要自己的网站达到的目标。

■ 制定预算。你需要考虑两个发展预算：网站初始研发的成本和每年更新该网站的成本。对于网络开发商而言，如果你不能提供一些具体的信息，是很难给你确定一个涵盖网站所有支出的资金额度的。比如：你希望网站看起来是什么样子，给人什么感觉？你有没有供他们参考的公司图像，还是让他们创作？网站要有多少页面？需要购物车吗？需要视频吗？搜索引擎需要定期优化（SEO）吗？通常好的网络开发商会给你一个问题列表，在你制订网站方案之前，值得把列表上面的问题逐一思考透彻。

■ 做该做的研究。浏览其他网站，并吸取一些好做法应用于你的站点，让你的网站更具时代特征和专业性。不要只局限于你自己的行业，要查阅多个网站，看看哪个网站能够吸引你的注意力。给你的网络开发商一个列表，列出所有你喜欢的站点，这有助于他参考借鉴，从而加快你的网站的开发流程。

■ 查看竞争对手的网站，看看他们的优势和不足。借鉴一个比他们好很多、并具有更多功能和更好导航系统的网站，使你的网站层次更高。

■ 邀请顾客登录你的网站，认真倾听他们的建议和意见。

制定网络策略并不一定会耗费很多精力，但是拥有这些策略确实能够增加做出更好、更有效的站点的概率，充分挖掘你的网站的创收潜能。

自制网站就如同自制标识——错得一塌糊涂

我钦佩那些凭一己之力搭建网站的人，但正如自制的标识一样，这些网站作用不大。相反，这些网站看起来很业余，不但不足以引人注目，而且在技术上错漏百出。

要了解人们在网上访问一家公司时的心理过程，通常，顾客在购买前会在心里做风险评估。顾客浏览你的网页，以确定他们是否应该更进一步，这可能意味着给你打电话、拜访你的公司或者下一个订单。因此，你必须要采取一切手段让你的公司看起来值得信赖、令人印象深刻、带有吸引力。最重要的是，你要设法通过他们的风险评估。

注册正确的域名（并保证得到法律保护）

注册域名是网络开发流程中一个重要步骤。就个人而言，我总是喜欢在注册公司时，尽量同时注册 .com 和 .com.au 域名。现在，你要查找没有在这两个域名注册的名字已经变得很困难。而且，你如果想要在全球范围内运营，.com 的域名会更有信誉。

要注册一个 .com.au 域名，你必须还注册了同样的公司名称。这虽然似乎增加了一点麻烦，但同时也给了你更大的保护。有很多澳大利亚公司在网上使用他们注册的 .aom.au 域名，但是他们却并没有在当地实际注册同样的公司名称。某些情况下，如果有人注册了和他们同样的 .com 域名，他们就面临着失去自己的澳大利亚域名的风险。我知道这可能听起来有些令人费解，不过你的网络开发商能够帮你解决这个问题。

这就是说，你应该具有一个与你的公司名称相互呼应的域名。如果你的公司名为 ABC Plumbing，你应当去注册一个 www.abcplumbing.com.au 域名。对于本地的服务，可能并不值得去注册 .com 的域名。但是如果你想要做大一点，就应当去注册一个类似于 www.needaplumberinahurry.com.au 的公司，这是个好主意，你可以注册一个 .com 域名（如果可以）或者转而在澳大利亚注册一个公司名 "Need a Plumber in a Hurry"，这意味着你可以随后注册一个 .com.au 域名。

这听起来有一点复杂，但是任何网络开发商都能够给你解释清楚。无论你选择走哪条路，你都必须要有一个域名才能创立一个网站。

公司在互联网上失败的头号原因

所有人都在努力上网销售东西，但不幸的是，只有很少的公司能够在网络上获得成功。互联网销售失败的主要原因是网站所有人迟缓的回应速度（如果能有回应的话）。

互联网是最为快速的营销媒介。传统的营销媒介可能只是发布广告，比如电视观众看到广告后打电话询问商品。

有了互联网，无论白天、晚上，你都能了解世界上任何事情的信息。很多公司可能会提供在线和实时销售产品或服务，有不少公司仍然会首先要求更为具体的电子邮件联系人，以在提交报价前得到潜在顾客的更多信息。

在网上取得成功的公司反应迅速。虽然允许有时区差异，询价的反应时间也绝对不会超过二十四小时，而且我个人认为反应时间应该更短一些。

那些回应电子邮件问询非常迅速的公司将会比那些回应时间长的公司卖出更多的产品。我总是为有些公司处理邮件、询价或者询问信息方面的速度之慢而感到震惊。比如，我最近想参加一场和南澳的大白鲨同行的潜水之旅，所以给五家提供这一服务的公司发了邮件，但是没有任何一家回应。我还联系了六家南非的公司，他们也提供这种服务，六家全部都回应了，虽然有几家是在超过一周之后回应我的，但是不管怎样有回应就很好。

在此重申一下，建立网站就是为了让人们和你一起做生意。如果你足够幸运，能够让他们有兴趣买一些东西，就要尽快回复他们的邮件。这不仅表明你珍惜他们的光顾，也体现出你的公司运作井然有序、富有效率，所以值得信赖。现在开通自动回复是非常容易的，这至少表示你已经收到他们的电子邮件，而且会很快和他们取得联系。

同样的原理也适用于与潜在顾客的任何接触中——立即响应，你将会有更好的得到他们生意的机会。我曾经阅读过一篇非常有意思的文章，说销售失败、失去顾客的头号原因就是糟糕的沟通。更具体地说，就是缺乏跟进。我们都曾经听说过"我立即打给您"或"明早您就会在办公桌上看见价格单"这种话语，但最终它们都没了下文。要真正地搞活你的生意，就要快速有效地跟进——不只是在网络上，在所有的沟通上都应如此，那样你取得巨大成功的概率将显著提升。

关键不在网站上的信息量，而在于是否容易找到信息

关于网站上应该放上多少内容，我建议你放上尽可能多的内容。但是（这个但是很重要），绝大多数人都只想阅读一些简略概要或者某些特定的要求，然后他们才可能会深入阅读，了解更多详细信息。

基于这一原理，问题的关键并非在于你的网站上有多少信息，而是信息的结构是怎么安排的。我的建议是让导航网页简洁易读，但是"更深"的网页可以载有更丰富的信息。

同样记住，在电脑屏幕上阅读信息可能比纸上阅读困难。一页又一页的小字体信息很容易让人们望而却步，转而另找一家容易使用的网站，尤其是现在越来越多的人都在使用手机作为便携网络浏览工具。

这些最终都能归结为思虑齐备的导航系统的重要性，在顾客看来，不仅要逻辑清晰，而且也要与每个页面上传达的信息量密切相关。

一个出色的网站不会累眼睛，它导航简单、逻辑连贯、饶有趣味，而且

引人入胜。

数字足迹越来越重要（但避免噱头）

随着互联网日益加快的步伐，毫无疑问，数字足迹（或者对于我们之中没有打算直奔终点的人而言——视频）在网络中扮演着越来越重要的角色。花点时间去看看 YouTube（一个可供网民上传分享及观看短片的网站），如果你想要尝试一个收效显著的想法，YouTube 就是你的舞台。

通常，我反对噱头，比如音乐、嘲讽的动画以及在网站上做手脚。简明、设计优良、清晰的网站能够在多种浏览器上都有出色表现。但是说到这个，数字足迹是一个很好的让你的网站更为引人注目、更具吸引力的方法。这让你的公司能够具有多个维度，而且，对我们大多数人而言，观看一个简短的视频相较阅读长篇的文章来说要容易得多，所以 YouTube 会这么流行。

做自己的短片现在也更简单了，因为出现了经济适用的摄像机和数字编辑器材，这意味着，做一点具有创意的编导，你就可以做出一部高品质的电影放在网上，而且不会花很多钱。

网站是永远不会完工的——永远都是待完成

通常人们对此很难接受。但是一旦你创建了一个网站，你就必须接受并做好准备：这只是一个开始，而非结局。

没有比一个过时的网站看起来更糟的了，旧的资讯和错误的信息、过时的图片都会让人忽视这个网站。网站是充满活力的营销工具，需要经常给予关注，不时更新并且定期重新设计。

因此，我们需要拨付资金，用于定期更新我们的网站。为此，我专门设置了每月用于更新网站的预算。

在发布前，请某位顾客测试你的网站

在开发一个网站的过程中，事情头绪很多，以至于我们往往忘了从顾客的角度审视网站。我强烈建议在发布一个网站前，先找来一小群选定的顾客进行"试驾"。

我这样做过很多次，都取得了惊人的效果。如果你在建立网站的过程中没有做这件事情，要抓紧时间在网站发布前补上这个重要环节。

社交媒体会长存世上，所以要明白怎么用它

看起来永远不会停止供应的新社交媒体网站的能量令人吃惊：这里有数百万博客，加上脸书、YouTube 和推特，据说每天各种社交媒体的使用者在十亿人左右。

在美国，任何时间都有百分之二十二的社交媒体账户在线。推特平均每天发布四千万条信息。脸书已经成了世界第三大"人口国"。澳大利亚有一些全球使用量最高的社交媒体，而且澳大利亚人是世界上使用脸书的最大群体之一，平均每月有大约九百万用户花费九小时进行人际互动。令人吃惊的是，在澳大利亚，使用脸书最频繁的是超过五十岁的人群。

世界已经改变了。社交媒体社区现在就如同地理社区一样重要——我敢打赌我们大多数人对社交媒体大家族中的人的了解要比对我们的隔壁邻居的了解更多一些。

很多人视使用社交媒体为浪费时间，这实在是个错误。当然，很多社交媒体似乎总是在纠缠一些琐碎的事情，但是在这一肤浅表象之下，有很多非常聪明的企业正在使用社交媒体作为他们营销的重要武器。所以，如果你轻视了社交媒体，你就会失去一个重要的竞争领域。

社交媒体把一群有着同样兴趣的人聚集起来，形成一个个集会，在大多数情况下，这是非常巨大的粉丝团。在网络社区中，人们之间有互动、推荐、

买卖、支持、争执，有很多关联，就像我们在"现实"世界中一样。

说到生意，与其浪费时间绞尽脑汁计算社交媒体的价值（我认为这种论题不证自明），不如把头脑用在如何利用社交媒体建立自己的生意上。

花一些时间来研究其他在脸书和推特上有账户的网站和公司，看看他们在这些空间里都做了什么。我在这里再次保证，当你开始认真阅读以后，你将会看见他们正在使用的一些非常智慧的做法。我肯定你会发现能够借用的主意。

社交媒体现在多用来让人们讨论产品和服务，这是新的"口碑"。今天，顾客更有可能根据社交媒体上某个他们信赖的人的推荐做出购买决定，而不是仅仅听从某个广告宣传。

大多数公司都在面对的一个大挑战，就是在社交媒体网站上更新信息所要投入的时间。是的，这种事可能会消耗不少时间，写月度新闻也是一样。但是只要每天有规划地分配少量时间，更新就不会成为你繁重的工作。不过，如果你不相信社交媒体的力量和潜力，不相信社交媒体能够对你的生意产生效果，这些努力是不会起作用的。

投入一些时间，做一些研究，增进对于社交媒体的理解。参加课程，买一本书，或者请教其他人，看他们是怎样把社交媒体作为自己业务的一部分的。这是一个需要秉持开放思想的领域，我们需要成为社交媒体世界的学生。我相信，一步步走下去，未来定会有回报。

如果没人能找到你的网站，它就没有意义

拥有世界上最棒的网站也可能毫无意义，如果没有人能够找到它的话。所以要积极地宣传你的网站，方法是在你所有的宣传材料、车辆、信笺抬头和商业名片上以及包装和广告上都放入网站域名（或 URL 网址）。换句话说，在所有地方展示你的网站。

接着，我强烈建议你聘请一位专业人士帮助引导网站的访问量。这是一

个复杂的问题，而且一定是能够迅速改变的问题，所以一定要找一位专家。有非常多的大大小小的公司都在专业吸引访问量。他们会采取一系列举措，其中包括优化搜索引擎、广告宣传（比如 Google Adwords，谷歌广告关键字）以及其他我了解不多的技术，但是我知道这些技巧确实是非常重要的。

在此强调，你的网站开发商应该能够为你指出有助于引导网站访问量的正确的努力方向。我认真建议，你应该借助这一领域的专家——很多研发网站的公司都提供这种服务，但是我不大相信一个领域的知识能够让你在两个领域中都成为专家。也许有些公司同时在网站开发和访问量引导方面都是专家，但是要去查看他们的客户证词，问问他们不太好的那些事实和案例分析，检验他们在提高一家公司的访问量上到底有多大本事（以及访问质量，记住如果不是你需要的访客，增加再多也没有用）。

创业成败：
关于挑战、机遇和创新
The Big Book of Small Business

第十六章

让竞争者们追随你的脚步

我们所有人都需要应对竞争，我相信，竞争不是坏事，而是件好事。竞争让我们不断努力，变得更好，防止我们安于现状，激发创新性和创造力。顾客喜欢竞争的概念。因为竞争能够给予他们更多的选择，我们所有人都喜欢多得到一个选择。

高度竞争的市场可分为两种情况：公司可能会在取得成功的路上承受更大压力，遇到更多困难；或者说这种时势是一种绝佳的机遇，能够激发你的公司奋勇前行，脱颖而出。在某些方面，竞争会促使你不断努力，不断为每天取得新进步而坚持奋斗。

懂得做到最好对我们来说，是个好的起点。对于不同的人，这可能有着不同的意义。但是如果没有这一理念，我们又怎么能够达到自己的目标？

以下的贴士和建议是精心设计过的，就是为了向你展示如何利用竞争让你的公司成为赢家。

- 秉持单纯信念，把自己做的事情做到最好
- 尽可能抓住一切让公司获奖的机会
- 把你的名字印在纸上
- 做好站在人群前的准备——挑战你自己，并成为专家
- 绿色对公司有益
- 要支持你的竞争者，哪怕是单方面付出
- 花费时间上网研究你的行业

- 从自己的错误中学习
- 更好的是从竞争对手的错误中学习
- 不要把精力全花在竞争者身上

秉持单纯信念，把自己做的事情做到最好

把自己做的事情做到最好，这条路的起点就是非常坚定并真诚地相信你可以做到最好。如果你制定的目标与竞争对手一样，这虽然也很好，但不会产生更大的激励作用。

很久以前，我经营着一家垂死挣扎的公司。一位朋友跟我讲了一些非常简单明了的道理，他鼓励我在所有事情上都要尽全力做得比竞争对手更好。这是一个非常符合竞争逻辑的理念，但是却往往不能被人们充分认识。

做到最好，这可能意味着摆脱你所习惯的旧传统和旧理念，也可能意味着要对你从事的行业中的一些约定俗成的理念进行改善。相信你是最好的，这是起点：从这里起，你需要采取切实的行动，以确保你真的是行业中最好的，兑现你的承诺。

对于我那时的公司，这一思想的确立成为我的起点，从那一刻起我一步步解开了自己之前自作的丝茧，及时树立了非常明确的目标。记住，你还要把"成为最好的"这一理念，分享给你的员工、你的供应商和你的顾客。

拿出一张大白纸，写下你的承诺宣言"我要成为最好的"，然后把自己的大名签上去。把你的宣言放在办公室的墙上，或者把它放在你总能看见的地方。

尽可能抓住一切让公司获奖的机会

赢得奖项对公司业务非常有益。这能够给你带来知名度，能够让顾客对你所做的事情有信心，并且也能激励整个团队。人人都爱获奖者。世界上总

是在举办林林总总的奖项。有些是行业内奖项，有些是地缘性质的奖项，是什么类型的不重要，有一个算一个。

很多公司不会花很大力气入围奖项，因为填写申请可能真的会花不少时间。但是入围奖项应该被视为一种营销活动，为了营销，应该分配一些时间和精力。

如果你在寻找竞争性优势，赢得某个奖项一定会具有很大的推动作用。如果你足够幸运，能够赢得一个奖项，确保所有人都要通知到。在办公室显眼的地方放上获奖证书，并且在网站上提到这个奖项，所有的宣传材料上都要放上。把证书放在抽屉最深的地方，就是浪费时间，会错失机遇。

把你的名字印在纸上

把你的名字放在出版物（既是指印刷出版物，也是指在网上）上会带来很多好处。这能够给你和你的公司带来很多信誉，并且能让你的顾客加深对你的印象。如果有人喜欢你和你的公司，从他们那里能产生新的商机。你的名字出现在出版物上的次数越多，你的名声就越大。

今天，让你的名字出现在出版物上的机遇比以往都要多，数以千计的报纸和杂志都需要填充内容。如果编辑和记者们能够找到业界精英，他们也愿意对与之相关的事情做出评论或者发文介绍，这些精英也会以某种形式发表自己的作品。

让你的名字进入出版物的最好的方法就是提供简明的个人简历给多种出版物，标明你是谁，从事什么行业，你在哪些专业领域能够提供富含信息量的文章。提供高像素的个人照片（职业照）也是一个非常好的方法，这样出版商可以在相关的栏目里发表你的照片和你的文章。

同样，还有很多自由记者都在寻找写文章的话题。在当地的报纸和杂志上查找这些记者的名字，给他们寄去你的简历和相关信息。

这种暴露无论在什么层面都是重要的——无论是国际性、国家性的还是本地舞台。这里所需要的只是提交你的信息并介绍你所从事的行业和擅长的专业。和行业中的其他人一样，你也够资格向人们展示你自己。

做好站在人群前的准备——挑战你自己，并成为专家

对于很多人而言，宁肯忍受某种缓慢的痛楚也不愿站在一群人面前发表演讲。作为一位身经百战的公众演讲师，我真的能够理解这种心理。但是，如果你做好准备站出来向一群人演讲，或者接受媒体的"专家"访谈，你就在自动赢得巨大的竞争性优势。

我多年以来的业务发展就是建立在这一理念上的。每当我被媒体要求做评论，或者被邀请在活动上做演讲时，最终的结果就是我会得到更多工作。人们来找我，因为我有信誉，我的信誉是作为"演讲者"或者"专家"的信誉。

高中的时候，我参加了有生以来第一个公众演讲课程，我非常高兴地参加了那个课程。我还喜欢每过一段时间就做一些更新，因为我会坚定地为提升公众演讲家的技巧而不断付出。公众演讲能够带来可观的机遇，其中包括在你选定的领域分享你的专业技能。

在很多情况下，人们会被召集参加群体活动，而如果你让别人知道你做好了参加的准备，更多机会就会来找你。所以，要抓住这个机会，直面恐惧，为成为行业中的专家勇往直前。

绿色对公司有益

经营一家成功的公司当然要涉及很多领域。但是很容易被忽视的是，全心全意经营一家对环境负责的公司不仅仅对环境有益，也会对银行账户有益。

我为很多专注于环境的公司做过营销，这也是我富有热情的一个话题。绿色消费者们（把很多购买决定建立于环境／社会责任上的消费者）的数量正在快速增长，他们已经做好准备，愿意为绿色产品和服务付出更多钱。更

好的是，他们的营销是较为轻松的事，因为他们在积极地寻找对环境负责的产品和服务。

如果你的公司比竞争者更关注环境、更对环境负责，仅仅凭借这点不同，你就能够吸引顾客。当然，如果你的公司对环境负责，你就需要告诉你的顾客，你的承诺是什么。

关于这点，一个出色的例子就是美体小铺（The Body Shop）。这家引人注目的公司已经成了美容产品行业的领先者，他们的主要卖点在于，如果任何产品不合乎他们独特的关于环境和社会责任、尊重动物等方面的公司理念，他们就不会销售它。顾客知道，如果他们购买了美体小铺的产品，他们可以相信，产品没有经过动物测试，没有因为这个产品而使得热带雨林被砍伐，生产过程也没有孩童的介入。

有很多方法可以让你成为绿色企业，多到无法在这里一一列举。从所有可能的角度审视你的生意，从小的改变开始，渐渐提高到更大、更引人注意的层次。当你的公司有了环境意识后，你不仅会在道德上取得回报，也会在财务上获得收获。

请记住，如果你在经营一家对环境负责的公司，就要花时间向你的顾客解释，你所做的一切都遵从这一原则。这可以在你的宣传材料、网站或者工作场合的告示牌上进行解释。确保你的员工都接受你的理念，并兑现这一承诺。

对于寻找竞争优势而言，如果你的生意是绿色的，而你的竞争对手不是，你就比他们站在距离大多数顾客更近的地方。

要支持你的竞争者，哪怕是单方面付出

对竞争对手采取成熟的举措是非常积极的商业品格，即便对方不会投桃报李。在我的家乡，有不少营销公司，我们都在争夺同样的客源，但是我们建立起了非常积极的推荐和支持网络。我的业务并不适合所有客户，而如果

我感到某位竞争对手更适合潜在顾客的需求，我就会毫不犹豫地向他们推荐这份工作。事实上，我曾站在专业的层面上，向不少竞争者推荐过营销上的建议；同样，当我自己的业务需要他们时，我也曾出钱用过他们的服务。

真正的成功来自全行业排除多种细微的差异，为提供最好的产品和服务而共同致力。你和你的竞争者协同得越多，你就将获益越多。

在旅游业中，我曾亲身经历过这些。我当时居住在凯恩斯，是前往大堡礁的主要中转点，也是区域中心城市。每年有大约两百万游客前来游览。正如你可以想象到的，这里的旅游业发展得很好，非常成熟和完备。有数百种不同的旅程、旅店、景点和分类明确的旅游商店。同样，还有强大的潜在基础，能够支持地区内大部分这样的公司协同努力，推进旅游业发展，即便这些业务可能往往并不能彼此帮助。主旨在于，吸引更多的游客——全程吸引。

坐下来和你的竞争者谈谈，交流一下，这可能是让人非常舒心的事。知道你面临的琐事和烦恼也在同时烦扰着你的竞争者，也是件不错的事。但是这需要一个人首先伸出橄榄枝，打开沟通的渠道。如果你已经和竞争者有了不错的关系，你要考虑做什么事情来进一步优化关系。

花费时间上网研究你的行业

企业所有人经常忽略一种非常有成果的事情，这就是花费时间查看你的行业在其他国家的发展。查看世界性的网站，这能够在短时间内给你丰富的信息。

你不仅将在发展你的生意方面吸取到好的主意，也非常有可能了解到珍贵的行业动态。如果你在竞争对手觉察前发现这些动态，你的业务就将大幅度领先于其他公司。

花时间看看其他人是怎样做同样的生意的，这种时间花得很值。聪明的企业家们懂得研究的价值，他们绝不会吝啬在这上面花费时间。获胜的企业往往比他们的竞争对手领先一步。

从自己的错误中学习

商业成功在很大程度上与从我们的错误中学习有关。我知道我在这一方面做的远比一般人多，随着年岁增长，我变得更成熟，也更能吸取这些教训。

并没有多少成功的企业家能够说他们的过去毫无错误。事实上，这也是成就企业家的奥秘所在。当他们做错事情后，他们会很快拾掇好自己，拍掉灰尘，并继续着手去抓下一个机遇。

我们都会犯错误，而且我们还将继续犯错误——关键在于学会吸取教训并继续前进。如果你在生意上犯了一个错误且付出了金钱的代价，毫无疑问这件事将在以后的长时间内留在你的脑海中，这也并不是什么坏事。自责毫无必要；毕竟，即便是经验最为丰富、最具成就的企业家都难免会在某一阶段犯下错误。对自己进行没有必要的责罚不仅仅会降低效率，而且会动摇你的信心，增加犯更多错误的概率。

释怀这种事情，往往说比做更容易，但是这确是在你的商业生涯中非常有益的一种技能。接受我们都会犯错这一事实，吸取教训，并继续前进。在小型生意行当上，生活这所大学每天都在颁发博士学位。

更好的是从竞争对手的错误中学习

在上一条中，我们讨论了从你自己的商业错误中学习并继续前进。而更好的举措就是密切关注竞争对手，从他们的错误中学习。

大多数企业所有人都对竞争对手所做的事情保有敏感的关注——如果你没有这样关注，你应该这样做。当你观察你的竞争对手时，要注意他们做得好和做不好的地方。很明显，这两种信息都能给你提供机遇。

如果你的竞争者犯了明显的错误——或者更改了定价结构导致价格过高，或者上一次广告宣传活动没有成效，或者他们整体的客户服务水平下降了——你找出了问题所在，他们的错误就能够帮助你的公司成长。特别是你要花时间研究他们做错的地方和导致犯错的主要原因：他们是否误解了客户？企业所有人或团队的成员是否发生了变化？是否有其他的关键因素？

成为成功的企业家需要在很多不同的事情上成为出色的观察者，这些观察或者能够让你有所收获，或者能够对你的生意有所影响。从你的竞争者所犯的错误中学习，这是避免自己犯错的一种方式。

不要把精力全花在竞争者身上

我曾遇到过很多企业家，他们的整个生意都建立在竞争者所做的事情的基础上。他们所做的每一个决定都是竞争策划的直接产物。

要取得商业上的成功，对你的竞争者保有健康的关注影响重大，但是不要把你的生意建立在他们所做的事情的基础上。而要集中关注你能够做的事情，开辟自己的道路。

往往，沉迷于竞争是不安和恐惧所造成的，而公司采取的反应步骤则会反映出这些事情的负面特性。这就是价格战的源头（没有人能够在价格战中获胜，除了顾客）；广告宣传成了广告狂热和条件反射，而并非体系缜密、计划周全；客户服务被抛在脑后，因为企业所有人过度忙于思考竞争的进展，反而忽视了自己公司内部发生的事情。

明白你的竞争者在做什么，并评估他们的举动，但是不要让他们的生意成为你世界的中心。

创业成败：
关于挑战、机遇和创新
The Big Book of Small Business

第十七章

你真的能同时拥有事业和生活吗

我曾与多位跨国企业所有人面谈、共事过。毫无疑问，大多数企业所有人面对的挑战就是努力达到工作与生活的某种平衡。对于很多人（包括我）而言，工作与生活的平衡就好像一个圣杯。

主要问题在于，经营公司的要求非常高。我想，我们经常会把事情弄得非常复杂，并且可能总是一再弄错主次。尤其当你的房屋、财产和未来都绑在公司上时，就无法不严肃对待生意。

这就带来额外的工作时间，大量的压力，超出常规经验的挑战，以及很多很多其他东西。我认为企业所有人都有着强烈的责任感，通常被"如果"这种担心拖着走："如果我无法支付租金呢？""如果我无法给员工开工资呢？"……

让我们所有人在工作与生活的平衡上都会努力挣扎的主要问题是，让我们失去平衡的压力总是缓慢发生的。这些压力渐渐侵蚀我们，直到某一刻，我们突然醒来，意识到自己已经深陷其中，却不知道如何应对。

道理很简单，如果我们无法找出取得某种平衡的方法，就难以取得长期的成功。我们将要取得的成功就会变得模糊。更糟的是，我们可能最终会满身压力，陷入混乱。我们自身的健康状况也是如此。

很遗憾，我曾见过不少严重疲惫的企业所有人。他们表面上达到了自己的财务目标，实现了梦想，但是由于与家人关系疏远，没有人来分享成功。往往，他们自己的健康也受到了伤害，以至于他们的寿命被大幅度缩短。

以下的一些建议都来自我个人长期处理工作生活之矛盾的经验。我强烈建议你从我的错误中吸取教训。如果你很好地解决了这个矛盾，你就可以获得成功。而如果你的矛盾至今尚未解决，那就采取必要的行动吧！本章是一个重大章节，请认真阅读。我知道还有很多需要放进来的内容，不过很多小型企业所有人都能够推想到我想要说的内容和要给予的建议。

- 一开始，我们为什么会失去平衡
- 失去平衡的长期影响是什么
- 现在立刻决定，就是现在，为改变做好准备
- 明确知道所期待的生活的面貌和感觉
- 找出敌人——什么会让你脱离正轨
- 你养成了什么坏习惯
- 就是现在，你需要做些什么来改变事情的态势
- 以正确的方式开始每一天
- 如果一直在正轨上，奖励自己
- 你一直想要做的事情是什么
- 准备好为过程投资
- 拜访你的医生、治疗师或理疗师
- 当你开始失去控制时——停下来，深呼吸，重新取得专注的力量
- 你还记得以前经常开怀大笑的时候吗
- 掌握拒绝的艺术
- 不要害怕失去某些顾客
- 完美的折磨
- 做你热爱的工作——其他的留给别人
- 获得外部的帮助——为什么不借助专业训练师呢
- 让运动成为生活的一部分

- 无须自责的宠爱
- 要足够尊重自己，留时间把自己调整到最佳状态
- 发展出自己的冥想风格
- 记录自己什么时候吃饭，吃了什么
- 酒精、咖啡、尼古丁、糖……你选择的毒药是什么
- 吃得好究竟意味着什么
- 再次学习享用食物
- 随时随地喝水
- 在外面吃饭不一定就不健康
- 在你的工作场合鼓励健康饮食
- 在食物方面，永远要做好准备

一开始，我们为什么会失去平衡

具有讽刺意味的是，我们会因为努力尝试我们自以为正确的事情而失去平衡。我们努力工作，完全投入到业务上去，我们承诺说要成功，就要为我们的生意全力投入，尤其是在初期。而更为重要的是，我们对未来充满精力和渴望。

随着时间的变迁，我们会越来越忙碌，责任增多，我们自己的需求和期待被别人对我们的需求和期待所代替。然后开始感觉压力有如山石一般压向我们。

你越是擅长自己所做的事，你就越有可能开始感到头上的压力，因为更多的人想要你销售的东西。随着业绩的增长，你会引来更多员工、更多顾客、更多供应商，还有更大量的钱财要管控，通常还要填写更多的文书。所以在某些方面而言，感到工作和生活失去平衡就是你非常擅长你所做的事情的反馈——把它作为对你的褒奖吧。

但是在你被这种抚慰带得太远，开始为生活如此失控而感到迷惘之前，

请记住，随着业务增长，你还将必须去学习一大堆新的技能，以应对这一成长。想要保有所取得的业绩，就需要去学习和掌握另一套技能。于是，你就得进一步失去工作和生活的平衡。

以下的列表标出了十个最为常见的失去平衡的原因。虽然还有更多的原因，但这些是最大的罪犯：

1. 过度工作——就是花了太多的时间工作，沦为工作的奴隶。

2. 财务问题——为了生意上的收支平衡而努力挣扎，并担心你将如何支付账单。

3. 过度承诺——答应了太多人、太多事，没有给自己留下足够的时间或精力。

4. 糟糕的压力管理——不知道如何管理自己的压力，或者不能承认问题的存在。

5. 关系危机——与伙伴、家人、朋友、工作搭档和顾客之间的危机。

6. 糟糕的生活模式——吃得差、缺乏锻炼、过度沉迷酒精或药物。

7. 缺少方向——感到受困，与世隔绝，对未来的方向不确定。

8. 缺乏管束——需要接触到的人太多。

9. 没有重新注入活力的空间——没有假期、外出时间、爱好或者合口味的食物来提醒你，为什么要做正在做的事情。

10. 每天处在负面环境或者负面人群中。

我们有两种处理失去平衡的方法。第一种就是改变自己和自己的期待。第二种就是改变你的环境。往往有可能两种都是必需的。无论你如何看待失衡，你都必须下决心去持续改进，做对自己最有益的事情；必须要有做出必要改变的勇气，这样你就是在鼓励自己、鼓励你的亲友、鼓励这个星球。

失去平衡的长期影响是什么？

我可以证明，工作和生活长期失去平衡的后果一点也不美妙。对于健康的影响是最容易觉察到的，通常开始时会头痛、皮肤恶化、胃口变差，还会伴随着浑身不舒服的感觉。有些人会常年患感冒，生出眼袋，或者总是听见"老兄，你看起来有点累"这种话。

与这些身体症状伴随而来的是精神状况。我们开始变得更暴躁易怒，睡得没有以前那么熟，经常感到焦虑，甚至会有突如其来的恐惧感，有时还感到高度紧张。于是，我们可能会撑着拐杖，浑身散发着药品和酒精的气息；也许我们要喝三到四杯咖啡才能在早上进入状态，因为我们总是精力疲乏——这又会让我们体重增加。如果不痛下决心改变，如果不知道如何改变，事情只会越变越糟。

当然，你的坏习惯停留的时间越久，就越难以改变，带来的危害也会越大。企业所有人往往会在维持工作与生活平衡、保持健康方面经历激烈的思想斗争，因为他们不会给予自己足够的时间和精力，把注意力聚集在这方面。有固定工作的人通常都有开始时间和休止时间，比较容易把保有健康这一条加入自己的生活中。

现在立刻决定，就是现在，为改变做好准备

如果你还没有完全准备好夺回工作与生活平衡的掌控权，你就不会达成这一目标。我最近参加了一场有意思的动员会，在会议上，主持人从四千位生活中出了差错的人中找出一位进行提问。这位不幸的人倾吐了生活中一大串的不幸，没有女朋友、没有钱、小病缠身影响健康以及失败的体重保卫战。

这位有名的主持人带着微笑问他，是什么阻止他把生活恢复原状。这位可怜的人给出了一个很长的列表，全是他不能改变生活中让他不快乐的那些事情的各种原因。这些原因都很好，似乎都合情理，虽然有一点失败主义论调和抱怨腔调。然后主持人说："如果我现在给你一百万美元，就在这里，就在现在，你能够立刻改变你的生活，并摆脱掉现在困扰你、让你的生活不能变得最佳的困难吗？"在怦然心跳中，他回答道"绝对——能"。

现在事情变得有意思了：问题或者解决方案都不是关键所在。任何能够正常思维、具有聪明才智的人都能够列出一大堆正在影响他们的事情，以及他们应该采取的应对方式，或者还可以请其他人帮他们应对。让改变真正起作用的元素就是动力。如果你有了适当的动力，你就能够改变你生活中的任何事情。

要举某种特殊的例子的话，请让我为你介绍我的一位烟瘾极大的朋友，他的这一习惯持续了四十多年。当然他已经试过很多次戒烟，但是却少有成功（好吧，没有成功）。一切全在某次他拜访医生时发生了改变，他当时患上了很重的流感。医生做了一些检查，并告诉我的朋友说，看起来他有肺气肿的症状。这次检查让他扔掉了香烟；在等待结果的三个星期里，他一次烟瘾都没有犯过。

在忐忑不安地与医生见面后，他被告知，他没有肺气肿——暂时还没有。于是走出门后，他买了一盒烟。当他的动力足够强大时——有立刻患上肺气肿的风险——我的朋友完全没有退却的力气。一旦这个威胁不再悬在他头上，动力就消失了。

找到足够的动力，我们就什么都可以做到。

明确知道所期待的生活的面貌和感觉

正如抽时间坐下来反思自己的生活很重要一样，今天弄清楚自己想要什么样的生活，或者你所希望的生活的面貌和感受是什么，也同样重要。

我发现弄清楚这一切，就能够让其他的一切都回落至原位。你把对将来生活的期待勾勒得越具体，就越有可能达到它。

往往很难清楚地知道，我们到底希望从生活中得到什么。面对一张白纸，我会花很长时间努力列出自己对于生活面貌的期待，或者我希望自己的生意或者自己看起来会怎样。我发现首先列出我不想要的情况会容易些——这样做之后再列出我想要的事情就会容易些。

在开创自己的营销公司前，我做过很多工作。我曾经当过商业潜水员，经营过一家小型的旅游公司，作为专职的销售人士行走于世界各个角落，挨家挨户地推销百科全书——还有更多。我曾经处在生活的十字路口，努力确定自己想要做什么。于是我写下在先前每份工作中喜欢的一切事情，和所有不喜欢的事情，从这些列表中确定我现在想要哪种类型的生意。

结果非常显著。我曾经长时间从事户外工作，现在我不想再做户外工作。我曾经每天二十四小时随时待命，那时我经营着一家旅行社，但是我再也不想在凌晨三点接电话了。我当然不想再去上门推销任何东西，但是我确实想和不同的人会面和旅行。

从这个熔炉中脱胎而出的就是我下一份工作的非常清晰的范围——这也是我成为一位作家和营销咨询师的来由。

所以，当我们重新设计自己的职业和寻求工作与生活平衡时，我们需要知道对于个人而言，这两个概念的含义是什么。

写下来，让它变为现实。你书写的方式（清单、表格、流程表）并不重要，关键是准确地写下你究竟对生活的面貌有什么期待。要非常具体。不要说你想花更多时间和孩子在一起——要说到底花多少时间。如果你想要挣更多的钱，要写出想挣多少。明确的事情会变为现实。飘飘忽忽不具体的目标则无法落到实处。

目标越明确，将之变为现实的概率就越大。

找出敌人——什么会让你脱离正轨

如果有人问我，扰乱我的生意和生活平衡的元凶是什么，我可以很轻松地列出以下元凶：

- 过度承诺我的时间（我不能说不，而且会被有趣的新项目打动）。
- 在经营的公司里从事自己不擅长的一些工作（保存书籍、操作流程等）。
- 每日遇到的分散注意力的事件，让我无法完成工作（每天我会接收数百封电子邮件、无数的电话以及信件、来访客人等）。

■ 互联网——我爱互联网，会在它上面分心，必须要找时间来完成无法完成的项目，因为我分心了（正如你可以料想的一样，我的注意力保持时间很短）。

■ 一塌糊涂的时间管理。

这些都是我的大实话。我的很多问题已经解决。我的工作时间很长，而且对自己有着非常高的期待，但是上面的问题给我带来了很多的未完成事件。幸运的是，和我一起工作的团队非常出色，他们非常了解我的每一个烦恼事项，而且会尽自己最大可能，防止这些事情影响到我。

我建议你为自己写个清单：是什么造成了你生意中最大的挫折？是担心钱吗，还是不得不管理你的员工？是你的供应商导致的吗，还是来自你的顾客？要尽可能详细说明。我们往往不会花时间细想自己每日所遇烦恼的来源。你可以着手做这件事，而且，更重要的是，你可以向身边能够帮助你的人求助。他们往往能够看出来，你在拼命工作时，对你自己造成了哪些伤害。

你养成了什么坏习惯

失去平衡的潜在原因通常都与某些坏习惯有关，这些坏习惯往往已经融入了你日常的做事方法。

这些习惯可能会影响到你的健康和幸福。也许你吃得很糟，因为在非常忙碌的日子里，你没有足够的时间去稍微远一点的地方吃顿健康的午餐。你的锻炼身体就是撕开薯片包装的动作，一整天就只能抽个时间吃一包薯片。

也许你正在喝大量的咖啡以对抗长时间工作带来的疲劳。或者因为你的大脑已满负荷运转，即使一个简单的决定也不能做出。

不论你个人的坏毛病是什么，都要保持镇定，你并不孤独。这些坏毛病都有发生的领域，而我对此了如指掌。当然，如果你不对这些坏毛病采取行动，你就会掉入这些坏毛病的陷阱之中。而根据我的经验，这些坏毛病并不容易扭转。正如抽烟一样，很容易开始，但是结束之困难足以令人称奇。

并不是所有坏习惯都易于觉察。有些属于你不作为，比如没有足够的时间放松，没有做你喜欢的事情来为自己充电。这些不作为往往是我们养成的坏习惯的副产物，但也应该把这些事情列进来，帮助你启动转变的过程。

将你养成的坏习惯和它们对你的影响列出详细的清单。要诚实，要具体，并且准备好大吃一惊。如果你对此感到不适，就不用把清单展示给别人，但是也不要隐瞒它们，一定要把它们全部写下来。

就是现在，你需要做些什么来改变事情的态势

所有的改变都需要承诺和付出。如果你迫切地想要改善你的处境，那么你可能需要足够的动力。如果没有动力，任何改变都将是微不足道的，而且也不可能长久。

所以，就是现在，就是这里，你需要停下来，认真思考给你的生活引入一些实质性的改变，中止那种压力临头的感觉。要积极寻求开始对你的工作与生活有所掌握。

设想一下你想要的感觉，你想用你的时间做什么？想要你的生活看起来是怎样的？想要如何做事？一旦你弄明白了这一点，或者能够把握住你生活中的各个方面，你就能够继续前进。

记住，这是一场旅行，不是一夜就能到的旅程。这是真正在改变你生活的各个方面，这样你才能最大化利用将来的那些年月。所以可能会有一些痛苦，其他人可能不会喜欢你要做出的改变，尤其是在短时间内，有些人可能想要妨害这个过程（人们通常不喜欢改变，尤其是发生在自己身旁的人身上的改变）。这就要求你让自己变得强大起来，弄清楚你的方向并且坚定地走下去。

以正确的方式开始每一天

我非常相信以正确的方式开始一天的重要性。如果在一天之始就已经定型，你的一整天都会被敲定。每天早上花一些时间，以温和、专注和平衡的方式为一天其余的时间打好基础。

我往往会花几分钟时间躺在床上，想想即将到来的这一天，让头脑进入状态。如果天气好，我会坐在阳台上，看太阳从山上升起，并享受阳光照在我脸上的温度。不论还会发生什么事情，对第一件事情的感知一定会与我一天的成果和状态有所联系。

我过去常在外面天还是一片漆黑的时候从床上跳起来，咽下一些咖啡，快速冲个澡，然后就出门工作。在那里，我从到达的那一刻到离开的那一刻都全力以赴，往往在若干小时后，在一天另一个端的黑夜再赶回家。这是一种压力很大的生活方式——几乎没有停下来的空隙，也没有时间喘息或者欣赏身边的食物。

自从我改变了一天开始的方式，自我感觉绝对变得更好了，我感到自己更有控制力、更为放松而且已经做好准备以平和的态度迎接新的一天以及将要发生的所有变化。

这对我有效果，虽然我并不能保证它也能对你有效果。重要的是，你要给自己的生活引入一些放松的因素。这会消除伤害、减轻压力、带来冷静，让你的日常生活重归清爽，让你感觉更好。

如果一直在正轨上，奖励自己

我在对小型企业所有人的观察中看到，他们通常会在奖励自己这个事情上非常纠结，往往一提到奖励就想到钱。发起我们所说的改革会在短期内导致一些混乱，随后平衡将会到来。这很正常。如果你对自己以往的生活被打乱有些不适，那就需要在这一路上给自己一些奖励。

　　我建议做出一个列表（是的，我知道，又是一个列表），列出你想要作为奖励的东西。有些东西可能是物质的，其他的则可能是概念性的。这并不重要——重要的是，这应该是你真正喜欢和想要的东西。

　　一旦你完成了这个列表，就创建第二个列表，详细列出达到平衡你所需要做的事情，在这个列表的战略点上，标出合理的奖励——当你改变已有的习惯时，就会得到奖励。比如，你的列表可能会说，在未来的一星期里，六点以后你都不再工作，无论发生什么事。如果你做到了，你的回报就是给自己买一个新鱼竿。或者，如果你决定每周去两次健身房，并且在一个月内都没有疏漏的话，你可以抽一个晚上去你喜欢的餐厅吃饭。但是你必须在得到奖励前完成改变。

　　这就是你要采取的重塑过程的一部分。"重塑"有很多名字，并且有很多种方法，但是这的确有用。我们需要受到奖励（无论这奖励对每个人意味着什么），这样我们才能感到我们做的事情是值得的。

你一直想要做的事情是什么

　　列出所有你一直想做，但却一直没有足够时间、金钱或者精力来做的事情。我发现这种练习十分有益。这是你的"人生愿望列表"，而这个列表最终能否实现完全取决于你。当我们感到压力大到难于应付时，最大的问题之一就是看起来毫无出路，好像除了难于应付的压力，自己就没有什么了。

　　把你一直想要做的事情做出列表并努力让它们变为现实。我的列表很长（大约三十项），从在印度过一个月到触摸北极熊的毛发，五花八门无所不有。在这里我很高兴地宣布，在最近几年里，我已经完成了这些愿望中的一部分，而那种感觉十分美妙。有很多时候，我发现还应再添加更多的愿望——对于这一条并没有严格的或者必须执行的规则。这是你的列表，按照你想要的来做。有时候你还可以划掉一些愿望，因为随着时间流逝，你可能会改变，这些事情可能对你不再重要。

你对待这个列表的方式，正如对待你在这一过程中为不断改进而做出的其他列表一样，完全取决于你自己。我做了一个保存我的所有信息的文件夹，这对我很有效。我把这个文件夹放在方便的地方，并且几乎每天都会翻看。我还把一些最重要的内容写在纸片上，并贴在墙上。我并不在意谁会看见它们，事实上我发现我的人生愿望列表能激励我的朋友甩掉懒惰，也把自己的生活转入类似模式。

人生短暂，但我们还是有机会完成很多的事情的。对你的生活有所控制，并重新认真看待你的生意，你将能够享受到这个星球给予你的、如此之多的奇妙事情。有些硕大无朋，有些精细微妙，但是都会给你留下美好的感觉。经营自己的生意是奇妙的经历，这能够给你一种真正的成就感，如果你同时能够享受自己的生活，这种成就感就能再扩大一百倍。

准备好为过程投资

在早些时候，我们曾讨论过对你生意的头号资产——你自己进行投资的必要性，同样的道理也适用于此。要重新找回生活中缺失的平衡，你也需要投资。这种投资将是时间、精力和资金上的投资。

你将需要空出一些时间坐下来认真策划你需要什么样的生活。你需要分配更多的时间来参加研讨会、阅读书籍、与有关人士谈话、锻炼身体、学习更好的管理技能以及进行定期反思。时间就是我们最为贵重的商品，我们大多数人都会抱怨时间不够。当然，那句老话是我们所有人能得到的时间都是一样的。我并不需要论证，比尔·盖茨、鲁伯特·默多克（Rupert Murdoch）、理查德·布兰森都和我们这些人拥有的时间一样多。妥善利用你的时间，把平衡与和谐重新带回你的生活中，这将给你和你身边的人带来非常大的好处。

这需要几个层次上的能量。你需要能量来做出必须的改变，为你的生活带回平衡；你需要能量来突破"舒适区"（熟悉的安全感），这种舒适区往往会把我们困在疲于应对的境地；你还需要能量在完成这些突破后继续前进。你在生意上越成功，就会有越多的干扰出现在你前进路上。每一个干扰都有可能将平衡掷出窗外。能量是维持平衡武器库中非常强大的一种武器。

最后，但并非不重要的是钞票。你将需要投资自己来锻炼身体、奖励自己、学习新的技能、改变做生意的方式，而达成这些所需要花费的钱数完全取决于你。如果你是个做事主动的人，并且能够靠自己取得并维持强健体魄，你可能不会需要私人教练，但是如果你和我一样，需要有人监督才能行动起来，你还将需要在这方面投入金钱。

我发现了一件奇怪的事情：我们都看重在退休的时候能够有钱，但同时我们却只花费很少的时间或金钱来维护健康，以保证能够享受到退休！从现在的情况看，我一点也不想退休。但是我确实想要健康、想要充满活力，直至我死的那一天。今天为我的健康投资，对于我来说远比退休基金重要得多。你可能会反对，但正如很多事一样，这是每个人自己的决定。

这一条的观念在于，要为必要的变化存续能量，以享受一个长久、健康和值得的人生。在这样的人生中，生意是一个重要的组成部分，但你还需要做好准备经常投入时间、精力和金钱来获得生意与生活之间的平衡。

拜访你的医生、治疗师或理疗师

在生意和生活之间取得平衡的一个重要部分是健康。压力容易摧垮脆弱的健康状态，而大多数企业所有人都在承受很多压力。

我建议你拜访医疗咨询师，并做身体检查。将这一条作为一项经常性的安排，经常了解自己的身体状况。无论是常规体检还是补充体检（最好从常规体检开始），都会让你做一系列测试、检验，也许还会验血或做功能检查，随后给你的建议可能并不是你想听的，但是这些信息将会对你有所帮助。告诉体检医生你计划怎么做以改变自己的身体状况，这就是一个良好的开端。

那么他们肯定会推荐一些专业人士或者专业机构来帮助你。

我每个月献一次血，已经持续大约二十年。我献血有三个原因：首先，我需要躺在床上一个小时，享受安安静静的一段时间，接着喝一杯茶，享用一个饼干，并和照看捐血者的某位可爱的老太太聊上一会儿。其次，这让我感到自己为社会做了一件好事。最后，但并非不重要的是，我能够每月得到一次免费体检。在抽血之前，他们会对我进行一次非常详尽的身体检测，包括血压、体重以及复杂的其他项目。如果身体任何地方出了问题，他们都能够很快发现，并且让我持续记录关键的健康指标。偶尔我会收到一封血液银行的来信，说我上次的献血暴露出一个问题，需要跟进。我据此再去拜访一下我的医生，一切就会正常。

当你开始失去控制时——停下来，深呼吸，重新取得专注的力量

在生意中疲于应付、感到失去控制力是一种非常糟糕的体验。有时候你只是不知道如何进行调整。有数百封电子邮件等待回应，一大批电话留言需要回复，需要阅读的信函、需要召开的会议、需要指导的员工、各种截止日期——然后你还会得到一通电话，说你最大的顾客发生了某些问题，真是乱极了。

如果这一切听起来就像是你平常所过的日子（而且这才刚刚九点钟），那么毫不奇怪你会感到有点疲累。这完全合情合理。当你处在有些疲于应付的下坡路上时，要继续下滑是非常容易的。你需要立即停下来，花一点时间认真思考你所面对的事情。

我的一位朋友是飞行员，他说这种方法是飞行学院中核心的训练技能之一：当事情开始变得混沌不明时，就花一点时间把一切停下来，深呼吸，有逻辑地思考你正在做的事情。听起来很简单，不是吗？但是我们很少这样做。

我的另一位朋友多年来一直在旁观我从僧侣的宁静陷入完全的疯狂的反复的过程，他告诉我一个非常简单的方法"好好呼吸"。这个建议我会一直

珍藏到坟墓里去（非常感激的是，这还要等很久，因为我发现"好好呼吸"实际做起来要比听起来具有更大的能量）。

多年以前，我在应对突来的焦虑上存在一些问题。我那时是一位商业潜水员，正如你可以想象的一样，在水平面以下五十米的地方遭遇这种突然的恐惧并不是一件好事。我那时去见一位心理咨询师，她给了我一个简单的建议："你需要学会呼吸。"那时候我并没有领悟这句箴言的重要性，只是想着我真是浪费了几百美元来看一位古怪的咨询师。但是随着时间一年一年过去，我真的学会了呼吸，我意识到她说的有多么正确。

当我们都被压力侵袭、被恐惧占据时，我们会感到呼吸不畅，并因而感到更大的压力，这会让我们进一步崩溃。这是一个恶性循环。

如果你能够学会停下来，做几个深呼吸，然后再做你需要做的事情，结果就会好很多，失控的感觉也会大幅度减轻，不再那么强烈。要重新编排自己通常的反应机制，停下来，深呼吸，再努力把所有事情彻底解决。

你还记得以前经常开怀大笑的时候吗

日复一日的压力能够随着时间流逝而逐渐堆积。最明显的表现就是一个人在生活中的笑声会随着内部和外部的压力增长而渐渐减少。为什么我们会减少大笑，原因虽不尽知，但有一点，必定和我们负担的压力有关。无论你处在生活的哪个阶段，无论是应对高中考试的十几岁的孩子、还是拥有十万员工的企业所有人，都会感受到这种压力。

我们总是同情这种事情：经营大型公司的"压力"让 CEO 的生活变得苦涩不堪。然而我们说青少年在面临考试时会失去幽默感也并非太夸张。我要强调的一个事实是，所有的压力都会影响感受到它的人。这里并没有统一的标准，一个人感受到压力时的感觉可能会与其他人的感觉有所不同。

但有一点是确定的：我们大多数人都同意，当我们在生活中压力更少的时候，我们的时间不那么紧迫、金钱和精力不那么捉襟见肘的时候，通常就是我们能够开怀大笑并且引得大家开怀大笑的时候。还记得那个时候吗？一拳打来，我们能够躲闪；遭遇挫折，承担得起；也不会那么严肃地看待生活。其实，你可以重新找回那种时候，这一章就是为了帮你找回那种感觉。

找一个时间，回想你生命中的那个时候，当时你总是能够开怀大笑。闭上眼睛，花几分钟来回想一下当时的情景。回想你无忧无虑的时候是哪一年，当时发生了什么事情？你在哪里工作？穿着什么衣服？那时你周末都做什么？听什么音乐？读什么书？开什么车？那时都和朋友去什么地方？平时闻到什么气息能够让你回想起那个时期？

现在睁开眼睛，花一点时间，用最好的词句描述一下那个时期的情感和感觉。是什么让你感到生活如美好？我很肯定，即使是那时，你也有很多压力——钱可能是个问题，人际交往可能也并不尽如人意，对于未来的不确定可能对你有一定影响，当然还有别的挑战。即便如此，你对那时印象最深的还是快乐、喜悦以及无忧无虑。那么现在和那时的区别在哪里？

辨别出区别是最为重要的一点。努力找出那个能够描述你身上发生的改变的词。一旦你知道这个词是什么，你就知道你的敌人是谁，并最终能够采取应对措施。

比如说，那个影响你的词是"压力"，这意味着你感到了压力，以致很难施展能力、达成承诺、提供成果等。现在你对于生活中必须要改变的事情有了明确的概念。虽然可能改变接受它的方式有些难度，但是可以认真思考如何做出正确的反应。

当你感到疲于应付和神经紧张时，经常做做这种比较，将会有非常积极的效果。这将帮助你改变你的生活，应对阻碍你获得平衡的那些主要困难，找到解决这些问题的方式方法。

掌握拒绝的艺术

对每个人、每件事都负责是非常消耗精力的。企业所有人承担的责任通常会远远超出他们的职责范围，这可能会带来非常大的压力。我经常听到企业管理人说的一句话是，他们对生意相关的一切都要负责，这令他们感到疲惫。

在忙碌的一天终于结束之后，你是对与你生意相关的所有事情都负有责任，但如何解读这一责任，则是由你决定。事实上，你应当把责任分配给你身边的人，授权其从你肩头分担一些权责。

这一开始可能很需要技巧，尤其是对于那些已经发展到对一切都说"是"的企业所有人而言。有很多可以分担权责的方式，但是能够开启与责任超载相关的能力释放管路的有力方式就是学会说"不"。让我给你演示一下我的方式。

我做了很多次的公众演讲，并且在家乡的城市有着比较高的知名度。因而我经常被要求为慈善机构或者大学和商业团体等其他机构进行免费演讲，通常还要立刻回应。在过去我并不敢说"不"。然后事情就变得好像过度承诺，这真的让我感到压力过大，并且增大了我已经可观的工作量。我过去常常在同意参加某个这样的活动之后狠狠踢自己一下，但是我并不知道如何阻止这类事情发生。

现在我有一个对我本人来说非常管用的体系。每当有人叫我去给他们的组织演讲时，无论他们当面要求，还是通过电话或者电子邮件，我从不当场答应。我总是说我需要先查一下我的日程表，看看有没有其他承诺，需要花费一到两天时间才能回话。

这给了我一点喘息的空间，从而决定这是不是我能做的事情，更重要的是，这是不是我想做的。如果对于这两个问题中的一个的答案是"否"，我就会给这个人回电话，告诉他我无法参加这个活动。

这样给我减轻的压力有多少，是无法估量的。在我的商业活动中，对几乎每个想占用我时间的请求，我都会用这个体系来处理。你也可以培养出类似的习惯和缓冲方法，这样能够给予你更多空间，让你根据自己的时间来妥善考虑对方的请求。

不会拒绝当然一定会对每天的负担和责任产生重大的影响，这些负担和责任往往会造成难以估量的压力，阻碍我们达到生活中的平衡。掌握拒绝的艺术，你的生活将为之改变。

如果你需要一些额外的帮助，我建议阅读《如何不内疚地拒绝他人》（*How to Say No Without Feeling Guilty*）一书，作者帕蒂·布莱曼（Patti Breitman）和康尼·哈趣（Connie Hatch）。这本书一定能够帮助你克服允诺的冲动。此外，研发出你自己的体系，这将会对你有所帮助，这样你就可以开始增加拒绝的次数。

不要害怕失去某些顾客

我选择自己开公司的一个主要原因就是：我能够决定和谁做生意（以及不和谁做生意）。有些人就是太难以作为客户来对待。有时候那句老话"顾客永远是对的"是错的。

在第五章中，我们曾探讨过"如果和狗躺在一起，就会得虱子"，拥有错误的顾客就如同拥有错误的朋友一样，也会带来毒性。这里的关键就如同在生活中重新取得平衡一样，要做到向那些带来的麻烦远大于价值的顾客说"再见"。

在从事咨询业的多年间，我学会了如何对人们的性格进行评估。在第一次见到潜在顾客时，我会把会面当作一场面试——既是对他们，也是对我。我会倾听自己的直觉对他们的看法。我们是同一波段的人吗？他们是否清楚地明白自己要什么？我觉得我们可以一起工作吗？如果无法对这些问题回答"是"，那么我倾向于直接坦诚，而不是勉强自己去做，我会建议他们去其他地方。这样长期下来，能够给我节约很多时间、能量和精力。

同样，有一些时候和客户的关系会发生变化，不再能够继续下去。如果他们不断地纠结价格、开始提出无理要求或者不能有效沟通，这就是做决定的时候了。我已经多次在这种情况下"炒"掉过顾客。这令我非常满意，也令我的自尊心得到慰藉。

我的营销公司过去有一个为大型购物中心做广告宣传的项目。这是一个城里所有人都想要的项目。这意味着有很多工作，而且声望显赫到连我都觉得面上有光。但是客户的要求超乎寻常地苛刻，总是在非常短的时间里就要求准备好一切，通常时间安排非常不合理。他们总是不断跟我们砍价，好以更低廉的价格成交，并且他们往往支付得很慢。

所以我反复检查了这家客户之后，最终意识到一些有趣的东西：

■ 我们并没有在这位客户身上赚到钱。

■ 这让办公室的所有成员都备感压力。

■ 我们因此不能够更赚钱的工作，因为我们所有的资源都绑在这一家客户身上上了。

■ 我们没有长期的安全感，因为这家客户不愿意签合同。

做完了检视后，我决定开除这家客户。这是我有史以来做的最好的一个商业举措。我用四家新客户代替了这家客户，以同样的付出换得了四倍的收入。不要误解我——由于开除这家客户，我当时是在和公司每个月的七成营业额告别。但是那部分是利润很少的营业额，满意度很少或者完全没有，而且由于这家客户我面临着最好的员工因为沮丧而要辞职的风险。

有些顾客不值得拥有。如果他们消耗的你的金钱、时间满意度超过他们给你的回报，就说再见——当然，要以最友善的方式。

完美的折磨

成为完美主义者是一件需要付出艰苦努力的事情，往往我们中拥有这种特质的人在和没能达到期待的人一起工作时会感到纠结。在工作的很多方面，我当然也是一个完美主义者。我曾努力尝试过改变，但就是不起作用。不过，要努力在任何时候把任何事情都做到百分百完美是非常消耗精力的（并且不切实际）。

很多小型企业所有人是完美主义者。然而，我们必须学会以某种方式妥协，否则我们将会把自己以及身边的人逼向疯狂。

那么我们这些完美主义者应该如何克服这一问题呢？以下方法对我有效：

■ 对于我们要交付的产品和服务，我总是把期望讲得非常清楚明了。

■ 我在头脑里会对真正重要和不重要的事情进行分类，并且会把自己的完美主义倾向聚焦在真正重要的事情上。

■ 我学会了接受其他人做事方法不同这一事实，这并不意味着他们就是错的。

■ 我密切地监管质量控制方面的客户反馈。如果事情出现了差池，客户反馈会告诉我。

■ 有时候我会走开——让每个人做自己的事，免受干扰。

擅长自己所从事的工作，很好。但更重要的是承诺和付出，尽自己最大努力生产出尽量好的产品和服务。但是在某些时候，你必须学会顺其自然：完美虽然很好，出色也是不错的。

做你热爱的工作——其他的留给别人

经营一家公司最折磨人的事情之一就是做自己讨厌的工作。我们都有一些枯燥的工作。这些工作有些可能与你的业务类型有关，有些可能是公司运作的日常工作。

我厌恶会计工作，过去一直厌恶，将来也会厌恶。我没有想和这种工作打交道的愿望，并已经在心中消除了想在这方面反败为胜的复仇之神。因而，我把它外包出去，并非常清楚地说明我要的结果，什么时候会要。我无法描述当我第一次外包会计工作时，如释重负的感觉有多么好。当然，多年下来发生过一些小坎坷，但是远比不上我做这种事情时所遇的麻烦。

我认为，作为一位企业所有人，应当对所做的工作做些挑选，即使这家企业只有你一个人。你可以把不喜欢的事情（以及你怎样都做不好的事情）

外包出去。

你在企业中的角色往往会随着企业的发展而改变。你很想做你热爱的事情，但是却发现自己被困在办公室中阅读报表，而不能去发号施令或者直接与客户做交易。

你可能需要慎重考虑你经营公司的方式，以回到你真正喜欢和擅长的事情上去。就我而言，为了充满能量，我总把精力放在富有挑战性的项目上。受到挑战会提高我对工作的满意度。幸运的是，我能够选择我所喜爱的项目，那些适合的项目有时也会来找我。

我想大多数小型企业所有人都应该外包出让他们烦躁的日常工作，转而把他们的时间用在挣钱和做自己热爱的事情上。现在，听起来是不是很有驱动力？

获得外部的帮助——为什么不借助专业训练师呢

如果你已经调整了你的优先级别，并决定开始如婴儿学步一样走向更为健康、更具能量的人生，那么，你还需要一件武器来保证你真的在前进——一位专业的个人训练师。在这个外包的时代，为什么不去借助一位好的个人训练师所能提供的强大能量、激情和激励，来赢得自己的平衡之战？

在个人训练师方面，我是一个坚定的信徒，我本人曾因这样而得到超乎寻常的结果。但是并不是所有的个人训练师都一样，要找到合适你的那一位可能还需要一些努力。几年前，我曾经上过一位男训练师的课，他花了四十分钟来告诉我：我有多么胖、多么不健康，同时总是试着和在旁边那台机器上训练的女子搭讪。我感到被羞辱了，心中十分愤怒。

此后，我再也没有靠近那家健身房和那个训练师。幸运的是，我与我现在的两位教练（一位不够）已经合作了将近四年。与这两位训练师（山姆和凯利）的合作经历和我早期与那位混蛋的合作是完全不同的。

首先他们会请我坐下来，对我进行完整而详尽的评估。他们认真地了解我、了解我想要达到的目标。仔细询问我的生活习惯、我的生意和对于时间的要求，我喜欢的运动类型以及我不喜欢的类型，我喜欢什么、讨厌什么、怎样吃饭、什么时候吃饭、感情状况、能够激发我运动的时间，等等。然后我们会一同致力于解决我的主要问题。第一个就是我用餐的问题，早餐再也不能只喝一杯咖啡！他们坚持说我必须每天吃一顿健康的早餐。然后，我从做柔和的瑜伽运动和少量的负重训练开始，渐渐加至更为激烈的消耗卡路里的项目。

我无法想象如果我的生活中没有他们会怎么样。请忘掉某个影视节目中一位教练呼喊着、吼骂着某个可怜虫（你会认为那个是你）再做三十个仰卧起坐的老印象。一位好的个人训练师会激励你、鼓励你，当你感到疲累时会允许你休息，和你一样对达成目标充满激情。

每隔几个月，我就会和我的训练师坐在一起，查看我们的进度，检验我现在的感觉。整个对话完全围绕着我。有些时候我一直在外出差，他们会打电话确认我的状态是否还好，是否在坚持做一些锻炼。他们教我只选择配有装备完善的健身房的旅馆，学会在局限的空间内（比如旅馆房间或者飞机上）做瑜伽，等等。

在我锻炼的时候，我们会一起大笑、开玩笑，我们一起度过美好的时光和悲伤的时光。随着一路前行，我们成了非常亲近的朋友。他们亲眼见证过我最低谷的时期，并且也曾陪伴我渡过几次大的不幸。他们也在里程碑时刻分享了我的成就，我坦言，没有他们，我就不会取得今天的成就。

如果你需要一点帮助来让你的心智、身体和灵魂回归正轨，一位真正专业的个人训练师能够倾听你，和你沟通，这的确是一笔宝贵的财富。多花点时间，找到对你最合适的那个人（或那两个人）。

让运动成为生活的一部分

在一个体力劳动越来越少的时代，发现自己身体的运动越来越少并不是一件令人惊奇的事情。我们常常连续几个小时坐在那里，或工作，或上网和玩电子游戏，或看电视，往往很少或完全不涉及身体的运动。然而我们的身体却是为运动而设计的，而不是为了久坐。

早在人类的穴居时代，他们唯一不在运动的时间就是睡觉的时候。其他时间都会被那件叫作"战争"（包括狩猎）的事情占据了。

我已经讲过改变，讲过珍惜你的身体、过更健康的生活方式所带来的好处。做运动——即使是最微小、最简单的运动，把它当作你生活的一部分，真的对你会有所帮助。

每一天，想想你所做的事情，看看是否有某种方法能够增加你的运动。对于大多数人而言，主要代步工具就是我们的车。去商店只有十分钟的步行路程，也偷懒开车去。也许你会说，我没有走路的时间。为什么没有呢？让我们稍微把事情慢下来，就可以多空出一点时间，让自己重新开始运动。

走楼梯，而不是坐电梯，这也是一个非常简单的运动方式，只需要在短时间内花费多一点的努力。还可以约一位朋友出来走走，而不是一起吃饭，有很多人会非常乐意出来走走的。

有很多方法可以让自己更为活跃。只要稍微努力一点，发生的改变就会超出你的预料。大部分的运动欲望产生于你不假思索摸车钥匙的瞬间，你头脑中所发生的改变。一旦你在生活中有了更多的运动，你的身体就会开始回应，并且会非常适应这种改变。你运动得越多，就会感到越放松，你就会离自己生活与工作的平衡越近。

无须自责的宠爱

宠爱对每个人的意义都不相同，但是简单来说，就是让我们感觉很好的某些事。仅仅这个理由，就应该隔一段时间使自己得到一次宠爱。

首先，找出你想要什么样的宠爱。比如说，把一天的时间花在健康的SPA上是否你理想的宠爱方式？从头顶到脚趾都得到按摩、指压、推拿和精油调理，每一寸肌肉都得到按摩和清洁，如果这是一种宠爱，为什么不经常做？

可能，你有很多借口，说不能这样。你的第一个念头可能是你无法承担费用，好是好，但这并不便宜。但是真的有那么贵吗？你那种平静的感觉和全身的健康又价值多少？我们需要把宠爱自己作为一种投资，而在我看来，这有一种效果最不俗的回报。

你的第二个理由可能是你没有时间——你不认为这是更应当抽出时间来做的事吗？时间永远是无法赎回的，我们总是没有时间来做让自己感到平和的事情，在那个非常长的待做事项清单中我们自己的需求总是被放在末端，这需要改变。

最后，你可能会说从生意中抽出一天时间来宠爱自己会感到非常内疚。这实在是一个令人震惊的借口。如果你的生意因为你一天不在现场就无法进行，那么你就没有生意——你有的只是监狱拘禁。

如果花一整天休假实在难以做到，那么就试试把它分解成若干个小步骤，并在随后的每天早晨进行。在工作之前花时间做那些真正能够呵护你、让你感觉很好的事情。比如说，我往往会很早起床，并开车前往离我的住所大约四十分钟车程的一处美丽的溪湾。我会去游泳，坐着看鸟儿，等待森林苏醒，然后再回家冲个澡，准备工作。当我这样做的时候，我往往会在上午十点到达公司，但是我的感觉好得难以言表。

通过分解步骤，你可以一步步地去做那些让你感到舒适的事情，从而克服宠爱自己的自责感。自私点、放开点、松懈点——这并不要紧。一切都是为了你。你还可以在一天的中间歇息一下，花点时间看场电影，或每隔几周打一场高尔夫球，参加一个与你的工作不相关的课程，或去当地的动物庇护站服务，去健身房——去做任何能够宠爱自己的事情。

准备好经常宠爱自己。你值得宠爱！

要足够尊重自己，留时间把自己调整到最佳状态

我很强调个人仪容仪表的重要性。在你的外表上投资时间、金钱和精力，这也体现了自尊心。

往往，当人们工作过度、体力透支、疲惫不堪时，个人的风采和外表就开始滑坡。男士在公开场合忘记剃须，穿着 T 恤和磨损的、肮脏的鞋子。不注意个人仪表的情况有时也出现在女士身上。

很多年前，我参加了深水潜水指导师的培训课程。我很幸运，能够得到一位非常好的导师，他是一个大个子，名叫鲍勃·鲍尔温。我记得他盯着我的眼睛说："如果你想要人们尊重你，就要穿出尊重自己的感觉。"我发现这句话非常实用。如果你花时间来认真装扮和打理自己，人们就更有可能会礼貌地、尊敬地对待你，他们会倾听你要说的话——这也是警察和部队人员都要穿制服和注重个人仪容仪表的原因。

在夺回自己生活控制权的战役中，你是否能够抽出一些时间，确保自己看起来很得体？是时候认真地整理一下自己的仪表了，如果你不确定，真诚地询问一些可以信任的朋友的意见。经常需要整理这个规则，可以拓展到你生活的其他方面，包括你的业务。比如：你的车是不是总是沾满灰尘？你的办公室是否需要好好清理一下？

这一条很简单——给你自己一些时间，用来整理外表。你看起来越好，你就会自我感觉越好，你也会越有自信、越有控制力。如果这意味着新衣服，就买新衣服；如果这意味着新发型，就去做。对自己投资，随时都可以进行，所以今天就和任何日子一样合适。

发展出自己的冥想风格

冥想被认为是很"奇怪"的事情。不少人尝试过，但是方法不对。有些人认为这是荒谬的，还有一些人坚定地认为这是一种具有神奇的恢复能力的

锻炼。在一生的不同阶段，我曾分别持有过这些观念。

今天，我认为冥想是帮助过度饱和的大脑冷静下来的方式。这是一种放慢节奏、重新聚焦、把问题纳入视野并且重新填充自己、重新让自己充满活力的方式。

那么什么是冥想？字典将它定义为"安静地思考"，这仅仅是字面的意思。其实，冥想就是让思想活动慢下来，把所有分散注意力的事情和疯狂运转的思绪全部清理出去，而后专注于一个想法、主意或问题。

在今天这个烦乱的时代，我们很少能在一个时间只集中思考一件事情。正如本书所讨论的，压力来自个人的欲望诉求太多，它无时无刻不在推动着日常生活的运转。冥想就是其间的小憩。

那么怎样进行冥想呢？这是一个很难回答的问题。就像几乎所有活动都与健康状况有关一样，关于这个问题也有很多定义和说明。对我而言，冥想需要找一个安静的地方，让自己处在舒服的状态，做深呼吸，吸气、呼气，然后安静地去想一件事情，只想一件事情。进入冥想并不容易，因为各种思绪总想疯狂地跑进头脑。这场战斗的目标就是保持专注。要学习和锻炼这一技能需要时间。你可能需要五分钟才能进入冥想。你可能会睡着，我把这称为"迷你冥想"。我确定，有一些铁杆冥想钻研者一定会抵触这种说法。不过，即使最简单的冥想也会好于毫不行动。

你还可以去冥想者聚集的地方，和一群人一起学习冥想。我已经试过几次——有的效果好，有的不那么好。一些人会和你透彻地讨论冥想的整个过程，这会对你有帮助。然而，坐在一群人中间一个小时，并保持盘腿坐立，对于新手来说是非常难的。

按照适合你的方式冥想。如果你喜欢，想学习更多的方法，一定可以找到能够协助你的人和组织。他们会引导你逐步深入，直至真的享受安静地冥想和反思的时刻。

记录自己什么时候吃饭，吃了什么

我们往往没有意识到压力与食物之间的联系。有些人在感到压力时会停止吃东西，有些人则在压力临头时吃得更多。普遍存在的规则和我个人的经验表明，每当人们的生活失去平衡时，他们的饮食习惯也会发生变化。他们会吃得很糟，倾向于垃圾食品和快速补充能量的食品或者"方便食品"，而不是营养丰富的食品。

我知道这些，因为我曾以这样的方式生活过多年。这是一个恶性循环，因为你吃得越糟，你的感觉就会变得越糟，而你就会越渴求那些对你没有好处的食品。人类的大脑会对我们的不良饮食习惯进行惩戒，而我们通常都会否认这一点。

前些年，我百思不得其解：为什么我减不下肥来。根据一位朋友的建议，我开始写饮食日记，看一下我究竟每天吃的喝的都是什么。很快我发现我喝了大量的茶和咖啡，大概每天十杯。在每一杯中，我大概会放两匙糖——每周总计一百四十匙糖，这大概相当于喝了四升的软饮料。我意识到这件事很可怕，下决心大幅度裁减咖啡和茶的摄入量。

请你也做一下这个练习。记录下所有吃进嘴的食物——好的、坏的和恶心的。要诚实——毕竟没有人会看你的日记，除了你自己。此外，你可能会发现同时写下一天发生的事情也有帮助。这能够对于你吃的食物、时间和原因提供一些解释。

在压力特别大的日子里，你是否倾向于吃巧克力？或者你是否会停止吃所有的东西？你是否会在星期一早晨喝更多咖啡来开始一周的工作？努力找出你的压力状况和感到压力时吃的食物之间的关系。

一旦了解了自己的饮食习惯，要改变它们就会更为简单。但在这之前，人们的视角往往是曲解的，大部分观察都是瞎猜。

酒精、咖啡、尼古丁、糖……你选择的毒药是什么

如果你和我一样，在感到力不从心、压力如山或者失去控制的时候，就会伸手去找寻自己的那种毒药，或者多种毒药。对于大多数人而言，有酒精、咖啡、尼古丁和糖。我个人在人生的多种状况下，这四种全部都尝试过。

我们很容易用外卖咖啡来让头脑清醒，工作一段时间喝几杯来放松一下，吃点糖让下午的能量爆发，或者抽一支烟，从办公室的纷繁嘈杂中放个小假。你越有压力、越难以承受，你就会越依赖这些化学品来度日。

我并不是要求你完全戒除这些小嗜好，毕竟这完全取决于你，但是我建议你认真了解一下自己的毒药。我的毒药是咖啡——我以前常常一天喝大约二十杯咖啡（还是睡得像个婴儿一样）。在很久以前，在生命的某个阶段，我完全被生意所占据，我不但没有意识到自己已经那么依赖咖啡，而且，每次出门酒精、尼古丁、糖都要带上。后来，对这些都产生了依赖，仅仅是为了顺畅地度过一天。早上是咖啡和烟草，下午是糖，晚上是酒，那时我还只有十八岁。

现在我唯一的爱好就是咖啡，但是我限制自己每天只喝三杯（对于有的人来说，这个量还是不小）。这是一场战争，我必须要保持警觉，因为我越紧张、越有压力，就越馋咖啡这类东西。我还知道，如果我有所松懈，大量摄入咖啡和糖，我就会感到不适。我的大脑会混沌不堪，而且还会头痛，就好像一百个人在喧闹，在疯狂地吸引我的注意。

我有一些朋友每天晚上都会喝一瓶红酒，"帮助放松一下"。这种行为会不会变成一种依赖或者成瘾？这里的分界线非常不明显，我知道我们很多人都趴在这条线的边上。对自己诚实一点，清楚地知道改善健康所带来的好处，生活方式的改变将随之而来。

吃得好究竟意味着什么

今天，我们大多数人对于哪些食物对身体有益、哪些食物对身体无益都有非常好的理解。关于这个话题，现在有数千本书籍和很多网站。然而，很多信息都是彼此矛盾的，这当然会给你在选择适合自己的食物时带来困惑。

在生活中，我有时会从老师、医生或者媒体上得到一些建议，应当避免以下食物：蛋类、土豆、红色肉类、油脂、奶制品、坚果、面包、早餐麦片、茶和红酒。有时又会从其他人那里得到完全相反的建议，让我一定要食用以下食物：蛋类、土豆、红色肉类、油脂、奶制品、坚果、面包、早餐麦片、茶和红酒。

在食物这个问题上，我想人们需要自己来决定遵循哪一套"饮食理念"。我之所以形成自己的饮食理念，仅仅是因为我对所有这些互相矛盾的信息感到厌恶和厌倦。

我的饮食理念是：

■ 尽量在可能的情况下吃有机食物。

■ 在食品杂货店的"外围"购物（也就是果蔬区域，肉类、谷物和新鲜食品区域）。

■ 尽可能避免使用加工食品。

■ 避免糖类（尤其是隐性糖①）。

■ 阅读标签。

■ 一切适量。

在吃得好和身体健康之间有相当紧密的关系。如果你的身体一切功能正常，你就能够更好地应对经营公司和拥有生活的双重压力。不幸的是，对很多人而言，在这个充满压力和欲求的世界中，健康总是被置于图腾柱的底部。

我的好朋友保罗·霍基是一位单手登山运动员。他最近成了第一位攀上

---

① 在饮料、食物中加入的糖分，由于调味而难以察觉，导致过量摄入。

珠峰的残障人士，我问他在进行这种大型攀爬项目训练时，他都吃什么。他的建议很简单：吃新鲜水果、蔬菜和肉类，避免加工食品和化学添加剂。

在应当食用哪些食物方面，有如此多的信息源。你要想做出一个适合自己的选择，就要广泛学习相关知识，不要只接受第一次在书上或网上读到的介绍。要验证信息源，看它是否全面、可信。要询问你的医生和其他健康专家，征求他们的观点和意见。最为重要的是，尽自己最大可能收集大量的信息，根据自己的健康状态在信息充裕的情况下做决定。

在你的生活中重新争取到平衡和和谐的诸多方法中的一种，就是吃好，让自己保有健康、精力充沛的身体。

再次学习享用食物

在食物方面，我面临的最大挑战之一，就是没有时间吃饭。这听起来荒唐。但是，在一个忙碌的工作日里，电话总在响，一个会议接着一个会议，人们在我的门外排着队，有各种各样的问题等待解决，这非常容易让人直到很晚的时候才想起吃饭。

这就是我多年以来的吃饭状态：我白天吃得很少，主要靠咖啡和糖补充能量。晚上回到家，常常在晚上八点才狼吞虎咽地塞下一顿丰盛的晚餐。

现在我知道那是多么不健康，并且已经对我的身体造成了很大的损伤。我曾在六年的时间里天天都这样吃，结果增加了大概四十公斤体重。

我发自内心地产生了减肥的愿望，开始了解关于健康饮食的知识，并且意识到我的错误。我主要错在三个方面：

1. 我从不吃早餐。

2. 我晚上吃大餐。

3. 我的吃饭速度过快。

以上这些说明对于我来说，吃饭就像是做家务，而不是乐趣。我既没有把吃饭作为一个社交接触的机会，也没有把它作为停下来喘口气的空闲。吃饭对于我，只是为了活下来而做的事情。

于是我决定，必须重新对待吃饭问题，要把它作为如何对待自己的重要事项之一。我开始吃早餐，重新开始享受吃饭，期待吃饭，细细品味食物，而不是囫囵吞枣。

今天，吃饭对于我乐趣的成分已经远远大于做家务的成分。我差不多每天都会出门去吃午饭，而且每餐都会好好吃一顿。有时我将共进午餐作为陪朋友、客户或工作伙伴的机会，有时我把吃饭看作一天的休息时刻。真的很有趣味，而且我会去能让我得到健康饮食的餐馆吃饭。

不过，在特别忙碌的时候，我会又退回到错过吃饭时间的旧时代。那时我会强迫自己停下来，我告诫自己：无论有多忙，我都需要休息，我都需要享受食物，只有这样，我才能够带着更多的能量和热情投入工作。

如果这样做与你的理念有所抵触，不要紧，你并不孤独。有如此之多的企业所有人在其所排列的事项列表中都把自己放在最后，最后一个离开办公室，最后一个去填饱肚子。

是时候开始把自己放到第一位了！

随时随地喝水

当感到紧张、过度疲劳、压力过大时，我们往往会寻找刺激的东西来帮助自己渡过难关。不幸的是，为此很容易对糖和咖啡之类的食物产生依赖，因为在一天之中，这是小小的"精神能量"。

然而，你真正需要的，其实是为身体注入更多水分。喝水令人平静，令人放松。有些专家建议我们每天应该饮用多达两升水。要把足够的水放在身边，这样在需要时，可以轻易地端起一杯水，而不是含糖或者富含咖啡因的其他饮料。

目前，我的公司有两台冷水机（公司大约有十个人），而我在考虑再放一台在我自己的办公室中。能够随时得到高品质的过滤水，在我看来，应该是每个工作地点的基本要求。

当水随时可以获得时，你就会常常饮水。这里有一些方法可以帮助你饮用更多的水：

■ 一天开始时喝两杯水，理想状态下，水中应该加几滴新鲜柠檬汁。这是一个开始一天并清理身体的好方法。

■ 养成习惯，永远在点餐、点咖啡或者酒精饮料时再点一杯水。

■ 在桌上放一壶水。每天清晨用新鲜的水灌满水壶，并且力争每天饮用两升水。

■ 无论去哪里，都带一瓶水，逐渐养成习惯。在冰箱里放上几瓶便携瓶装水，方便带走。

喝水越多越好。冷水机物美价廉，每家公司都应该投资。

在外面吃饭不一定就不健康

现在，我们很多人在外吃饭比以往都要多，特别是需要与客户在轻松环境中谈生意的人。我建议把这作为一个减压的好方式，让你自己从工作场合中脱身出来，利用吃饭时间清醒一下头脑。我们可以借助一些理念，把这一体验变得更为健康。

试试以下几条——它们对我一直有效用：

■ 一些餐馆在健康饮食上就是比其他餐馆做得好。选一家可以提供健康饮食的餐馆。要对和你一起吃饭的人说明，为什么你要在这家餐馆吃饭。

■ 在到达餐馆之前，想好你要点的饭菜，想象出它的样子。而不要在到了店里以后还不确定自己要点什么。

■ 花时间认真阅读菜单。不要仅因为某个菜便宜或看起来美观就选择它。

■ 避免含有丰厚的酱或奶油酱汁以及深度油炸的菜品。

■ 不要不好意思问超出菜单介绍的问题，餐馆一般都有备选项。比如说，要求配菜用沙拉或者用蒸菜换掉薯片。

■ 向等着为你点餐的服务员询问有益于健康的推荐菜。要结识你经常前去的餐馆的服务员。如果你能记住他们的名字并且礼貌友善，他们会更愿意为你提供精心的服务。告诉他们你在走健康路线，征得他们的帮助。

■ 如果你提出要求，大多数餐馆都乐于为你做健康的餐饮。如果你担心所点的健康菜品制作费时，可以要求员工加急处理。

■ 力避软饮料、酒、甜品、面包和油腻食品。把这五种东西从你的菜单上删除，在你吃饱离开时会增加健康的感觉。

在你的工作场合鼓励健康饮食

有一次我请慈善机构在我的前台放了一个巧克力箱。你一定知道这种箱子：付上几美元，就会得到满满一箱巧克力。这是一个得到人们称赞的做法，直到办公室的每个人都开始增肥、长痘痘并陷入波动的情绪之中。

我不得不移走那个箱子。我非常乐意每个星期都给他们捐钱，只是不要再收到这些回赠的糖果。这一经历让我意识到我们作为小企业所有人的责任，我们需要在自己的工作场所鼓励健康的饮食习惯。当然，你不能命令别人吃什么，但是可以鼓励健康饮食。

几年前，我试着通过每周购买一箱有机水果供办公室全体人员吃，来兑现我的责任。不幸的是，两周之后我停止了这一活动，因为大多数时候人们吃得不踊跃，最后我只得把剩下的水果扔掉。最近，我感到应当继续关注员工的健康，正考虑是否重新来鼓励健康饮食。

要在你的工作场所鼓励健康饮食，有很多种方法。我在一些企业见到的一个好方法是设立健康饮食告示板，附有可以带走的菜单和电话号码，都是公司附近的餐馆。对于健康饮食感兴趣的员工会据此更改自己的餐单。但是，你必须确保信息准确、及时。

在办公室里，提供咖啡因的替代品和低脂牛奶都会有助于鼓励健康的生活习惯。正如前面所提到的，提供充足的过滤水等于提供了便捷、健康的软饮料替代品。

鼓励而不强制是其中的关键。我最近拜访了一家公司，在那里，咖啡被明示不"允许"，软饮料、巧克力以及其他垃圾食品也遭遇了同样的命运。我并不认为独断地规定人们可以吃什么、不可以吃什么是正确的做法。

这就像是那句老格言："你可以牵着马到水边，但是不能马不喝水强按头。"如果有人告诉我，上班时可以或者不可以吃喝，我会当场回敬他们。

所以，让他人自己来决定吃什么喝什么吧。鼓励健康饮食的最好方法就是利用榜样的力量。根据我的经验，老板饮食越健康，员工的饮食就越健康。

知道你在吃什么很重要，而选择吃饭的地点和时间也同样重要。每当我走进这样一种工作场所：所有员工都在边吃饭边工作、漫不经心地吃掉他们手上的东西，我就真切地感受到这里在失去平衡。

作为公司所有人，我们应该提供平和、干净、令人放松的环境作为人们吃东西的地方，应该确保员工有时间停下工作、享受他们的饭。如果你本人在努力获得更多平衡，而你的员工都在发狂地工作，因为过劳、疲惫而憔悴，你即使在打一场争取平衡的仗，我也不认为你会赢。

要争取平衡与和谐，你需要你身边的人也是如此。要带动他人共同创建一个健康的工作环境；这些努力产生的效果将会令你感到惊奇。而其中令人快乐的副产品就是，你的生意也将会更为顺畅地运营，结果也将更为成功。

在食物方面，永远要做好准备

过去，对于没有吃好，我有一个借口是我的橱柜里没有健康食品。因为我厌恶去超市，害怕应对人群和纷乱，害怕在采购过程中做决定。在这方面，我又是得到了私人训练师的帮助，培养起了发育不良的采购技巧，将乏味的家务活变成能够自得其乐的生活内容。

我的训练师引导我认识到，如果家里没有食物，我就可能会在回家的路上买外卖食物，通常这些都是不那么健康的热食、快餐。于是我学会了准备食物，在从家前往工作地点的路上顺道逛超市。我还开始光顾当地的新鲜产品市场，在那里可以找到最新鲜的果蔬、最好部位的肉、从出海地点直接运来的海鲜等。经过一段时间的习惯以后，这两种活动真的变得很有乐趣。我认识了一些店老板、摊主以及顾客，渐渐地（但是真的），我的购物之旅有了人际交往上的收获。

改变我的购物习惯则意味着，我在公寓中经常存有不错的新鲜水果和蔬菜。这为做一餐丰盛的健康饮食、避免靠垃圾食品果腹奠定了坚实的基础。

现在，我已习惯提前做食物采购计划，这件事我相信你们很多人都会忽视。早上，我会考虑为这一天购买什么食物——如果知道我要去餐馆吃午餐，我就会计划在晚上吃得少一点，并在头脑中做好备忘：我有什么，还需要买什么。

为了让准备健康的饮食更为容易，我开始阅读一本食谱，并把它放在车上。现在我可以快速查找我喜欢的那些菜肴，并在前往超市前决定买什么。我带着目标走进超市，就可以按照自己的喜好控制逛超市的时间。这强过站在超市的过道上，贪婪地看着食品却不知道该买什么。

我知道，我每天花在准备健康饮食上面的几分钟能够帮助我更加清楚地了解到自己都吃进去了什么，这帮助我变成一个更为健康、更为轻松的人。当然，我并不是所有时候都能做好，而我还有好几公斤体重需要减，但是每一年我都感到比前一年更为健康，这意味着我的这场战斗正在走向胜利。

创业成败：
关于挑战、机遇和创新
The Big Book of Small Business

第十八章

你的企业功德账户余额如何

　　什么是功德银行？我想这就是社会大众对一家公司是否从善积德的综合印象。大众认为，这是否一家"好公司"？是否一家在社会上扮演正面推动角色的公司？是否一家有担当、能做对事的公司？是否一家诚实、值得信赖的公司？是否关注多数人的长期利益而不是只照顾少数人短期利益的公司？

　　功德银行当然会影响媒体。那些功德银行的大客户公司——让我们以维珍为例——在各个方面都不能犯错。它们是企业界的"甜心"，它们的所作所为在媒体上都有所反映。它们并不是因为偶然而达到这种层次的——而是靠多年的行为才建立起它们的功德银行存款。只要它们的银行账户还是正值，即使犯一两个小错误，也可以免于被打击，所以在经历种种挑战之后，这些公司的情况往往比其他的公司好很多（理查德·布兰森爵士的微笑[1]就在镜头前不远）。

　　那么你应该怎样经营你的功德银行账户呢？要建立你的功德账户，没有一劳永逸的方法，但却需要无所不包的态度或文化。你的公司需要百分之百地对社会或经营地的社群做出承诺和兑现。这意味着要真诚并踊跃地为社会、大众和环境谋利益。这里的关键词是"真诚"。

---

　　[1]作者曾与理查德·布兰森爵士一同工作过，他是一位非常积极、非常幽默的人，他的笑容已经成为他的特色招牌，在此，他的微笑也具有任何一位引领企业走过挫折的企业家的笑容一样的意义。

第二点，企业需要一位强大而头脑明晰的领导者，他要有发言影响力，并且为创造不同的文化身体力行。一位好的领导者会在公司出错时挺身而出，在短时间内真诚地道歉。他们并不会被犯错的是谁这种问题牵绊，而是专注地把解决问题作为当务之急。

第三点，所创造的积极而不同的文化在整个公司范围内都得到提倡。员工积极参与其中，接受创造不同或者支持他人这类观点。随着公司的发展，对于寻找更多方法来创造不同，将会有恒久的、永不消逝的愿望。

最后，但绝非最不重要的是，企业需要非常善于沟通。要诚恳地和所有与你公司有交往的人进行真诚的沟通。这意味着企业要与他们共同面对挑战和成功，对于他们的价值观和对未来的看法保持开放的态度，并弄清他们在社群中的位置，以及他们想要如何创造不同。

功德银行这一理念对于小型企业和大型企业而言具有同样的实用性。所有企业都必须知道，它们已经在功德银行里开户了，它们账户的余额完全取决于自己。当一切顺利的时候，你可以稍微欠一点钱，但是当事情变得有些麻烦或者你的生意遇到挑战时，如果公司不能得到来自社区和大众的支持，仅仅一点负债就已经足够让你关门大吉。

很多企业所有人面对的最大挑战，就是在向别人告知，尤其是向他们的顾客告知他们如何履行市民责任时，拙于辞令。同以往一样，我讲一下"大男孩们"在做什么。在西方世界，每一家公开注册的实体都会在其网站上开一个网页，讲述他们为让这个世界变得更美好而做了些什么。很多公司还会在媒体上投放电视广告，宣传其回馈社会的理念，解释其运营的利于社会、利于环境的项目以及他们支持的非营利性组织。小型企业也应该这样做，虽然规模不同，但是也应该传达这样的信息。

公司扭扭捏捏、含含糊糊地参与社群的时代已经离我们远去了。事实上，如果你不宣传你的公司在创造不同，你将会失去顾客。如果在一家创造不同的公司和一家没有创造不同的公司之间选一家来支持，绝大多数消费者都会选择更为负责的企业，即使这家公司的产品会稍微贵一点。

　　我的建议很简单：采取正确的举措，让你的功德账户余额不断增加。每天都要这样做，并且要真诚地去做——这可能有一天会拯救你的公司。记住亨利·福特（Henry Ford）的名言："只挣钱的企业是一家可悲的企业。"

　　以下是一些更为具体的"如何去做"的小贴士，这能够帮助你成为出色的企业公民。可以把它们总结为"站出来，担起来，转过来"。

- 以超常规的视角寻找机遇
- 站出来担负责任
- 把你的知识和经验分享给他人
- 鼓励你的员工成为好的企业公民
- 有些事情不能以元角分衡量
- 投资行业的未来
- 尽可能褒奖社群的其他成员
- 孵化让你成为终极企业公民的方案

以超常规的视角寻找机遇

　　要决定参与你的社群的方式方法可能是一件有挑战性的事情，因为存在着如此之多的机遇。而且，还有一些不那么明显的机遇，也一样有价值。

　　一段时间以前，我在一家巴士公司工作，负责一些特殊化的运营。有一天，我在报纸上读到当地的血库遇到了一些问题，他们很难说服白领工作者去捐血。我做了一点研究，找出了产生问题的主要原因：让工作者离开办公室前往血库、献血、再回到办公地点，还要吃午饭，这一切花费的时间太长了。于是我们提供了一项特殊的巴士服务，工作者们可以在前往血库的路上吃午饭。我们保证能够让他们在一小时以内回到工作地点。我们提供的巴士服务是免费的，提供了这种服务后，血库得到的献血量有了明显的提高。并且在短时间内，我们建立起了经常跟进捐献者的机制。

　　寻找社群内存在的问题，看看你是否能够提供一个解决方案。这可能没有那些能给社群带来变化的项目规模那么大、影响那么大，但是也一样重要。而且，能够亲自解决这些问题也是对社会的回报。要经常阅读报纸、收看收听新闻，及时发现问题并由你的公司提供解决方案。

站出来担负责任

当你为自己的公司忙得不可开交的时候，会很容易将你的生活划分成两个泾渭分明的半球：生意的一半和生意以外的一半。生意这一半很容易成为你生活的最大部分——毕竟，你在这上面有太多的事情需要处理，而且你对你的生意充满热情和希望。在这种时候，你要提醒自己，在生活的其他方面扮演好角色。

企业所有人通常都会在社群中受到尊敬。人们懂得他们回馈给社会很多，他们提供工作机会并推动经济向前发展。出于这一原因，企业所有人的意见往往会得到重视。这使得让企业所有人在他们所在的社群中扮演积极的角色显得尤为重要。

当你的社群在对一些非常重要的事情展开争论的时候，你要发言。说出你的意见，不要顾虑你所讲的与大家不同。人们常常会一言不发，以避免得罪某个持有不同意见的顾客。但是你要敢于站出来，为你所在的社群中那些值得为之疾呼的事情或者某些不公说出你的心里话。

你虽然在为自己的公司忙碌，但不要中断在你生活的社群中所扮演的角色。写一封信，阐明一个观点，给当地的广播电台打个电话——无论采取什么举措，总之要担起你应负的责任。

你是否所在社群的参与者，你在社群中是否扮演着积极的角色？如果已经有一段时间你没有满怀激情地在你的社群中为那些值得的事情慷慨陈词，也许就是今天，你应该赶快回归到社群中去。

把你的知识和经验分享给他人

帮助其他企业成长和取得成功是一项很有意义的事情。你可以在商业集会或学校的演讲会上分享你的经验。有很多机构都在积极推荐这样的人，以使更多的人分享他们的知识和经验，去主动联系他们吧。

在你的公司接纳观摩工作的学生。给这些学生提供机会，让他们看看公司的实际运作情况。也许你在读书时也曾参加过这种观摩活动，你会想起这种活动曾给予你多么大的帮助。不要等待学校联系你——要主动亲自给他们打电话，让他们知道你有兴趣接纳观摩的学生。

训练一支体育运动队伍。在当地体育机构外面任何时候都有家长在等待他们的子女被录取。把你对领袖精神和团队精神的领悟传达给那群想要参加体育项目的年轻人。

举行一些免费的会谈，讲讲你所了解的事情——比如如何经营自己的生意。如果你已经通过努力取得了成功，你就有资格把你的经验分享给其他人。

无论什么样的活动找到你，只要对社群有益你都要踊跃参加，这是一种成为更好的企业公民的好方法。

列出能够把你的知识和经验分享给你所在社群的人的各种方法。然后开始逐一实施，把这个列表变为现实。

鼓励你的员工成为好的企业公民

如果你已经准备好成为一名好的企业公民，你的员工很有可能也想以这样的方式参与。鼓励他们参与，帮助他们实现这一愿望。有些人可能不想参与，也可以接受，但不要让他们感到可能会因此丢掉工作。

你要努力做的是，为你的员工提供好的环境，让他们的参与受到鼓励。这可能意味着要给他们一些津贴，因为他们牺牲了自己的时间，还可提供一些财务支持。比如，你的一群员工想要参加趣味赛跑，就坚决支持他们去。

一个好的团队要积极倡导社会参与，这会在多方面产生回报——不仅仅是个人得到回报，公司也会由此创造不同。提供好的环境，会促使大多数员工形成社会观念，他们反过来又会加快这一过程。尽可能去鼓励并支持你的员工成为好的企业公民吧。

经常思考用什么方法帮助员工成为更好的企业公民。让你的团队参与进来，询问他们的意见。如果你已经拥有一个踊跃的团队，他们大幅度参与社群活动，你能不能给予认可？

有些事情不能以元角分衡量

在我写的每个营销策划中，我总是会提出，鼓励企业更多地参与到他们的社群中。这会形成好的企业共鸣。消费者都愿意与活跃地参与社群活动的企业做生意。

有一些企业所有人就是认识不到这一点。他们总是询问："我能够得到多少免税政策？""可能会有多少新客户来找我？""这会给我增加多少收入？"等等。我认为，有些事情根本无法用元角分衡量，社群参与度就是其中之一。

我无法告诉你参与这些活动能够给你带来多少钱，但是我能够告诉你，很多消费者都会审慎地考虑他们的钱应该花在哪里。一家是积极踊跃参与社群活动的公司，另一家是不那么踊跃的公司，如果消费者去选择，你认为他们会选哪一家？

更重要的是，做了对社群有益的事情，感到对得起自己的良心，你不想有这种感觉吗？你要想得更深入一点，不要只想着投资回报。如今即使世界上最大的企业都已经意识到了这一点，他们为社会做了很多事，向世界展示他们的企业使命和企业责任。

这就是我积极宣传参与社群活动的原因。如果这意味着社群获利，那不是很有意义吗？我们都担负着让世界变得更美好的责任。

如果一提到帮助建立一个更好的社群，你就想询问关于投资回报的问题，你需要建立一个金钱以外的衡量体系。将之称为功德，或者任何你喜欢的词，并把它看作和钱一样的货币。在很多意义上，这种功德比钱更重要。

投资行业的未来

投入你的时间、精力，甚至可能是金钱，用以建设你的行业的未来，这也是成为好的企业公民的一部分。这与帮助一个慈善机构或者一个社群虽然不同，但也一样重要。

我要说的例子是我和当地大学的关系。那里有很好的商学教职员工，并且主攻营销方向。我经常去那里开客座讲座，评估他们的项目或者论文，并邀请他们的学生来我的公司实习以获取经验。我很高兴地投入我的时间，因为我非常相信这会对我的行业有所回报，也会为下一代人的成长提供帮助。

很多人对生意局限于"这对我有什么好处"这种思路。真正成功的那些人会为了未来而奉献自己，因为他们知道大局是什么。

寻找能够支持你行业未来的途径和方法。询问你行业中其他的那些人在做什么，真诚地帮助他们发展。

尽可能褒奖社群的其他成员

我最近协助策划了一场大型户外演奏会，所有筹得的资金都给了生命线（Lifeline）组织。生命线在社群担负着一个神奇的工作：通过他们的二十四小时紧急热线来帮助那些在生命的黑暗时刻需要有人陪他们说话的人。这次演奏会非常棒，这次活动被认为在多个层次上取得了成功。

几天后，我在邮箱中收到一封信，写信者是一位年长的妇女，感谢我筹划了这次演奏会。她解释说，生命线在她丈夫因为癌症离开后，对她有着怎样的帮助，她那时感觉很孤独，并且曾认真地考虑过自杀。读着信，我的眼泪顺着脸颊流淌下来，支持社群活动所具有的人性意义在这一刻清清楚楚地刻在了我的心上。

从那一天起，我开始给每一位曾见过面的、曾致力于让我们的社会变得更好的人，写一封简短信笺或者一封电子邮件。有时候就是一句谢谢，有时候则更详细一些，我会告诉他们我的经历，正如这位老夫人曾写给我的那样。

花时间对那些不知疲倦地奉献自己的人说一声谢谢，这是一件好事。这些人当然没有期待这句感谢，但是我肯定他们会喜欢它。我会坚持做下去。

下一次，当你知道到某一个人付出额外的努力帮助你的社群变得更好的时候，做一点调查，并追索到他们的地址，然后给他们送一张贺卡，或者一封感谢信。

孵化让你成为终极企业公民的方案

正如任何成功的企业组织所经历的那样，策划得越好，成功的概率就越大。同样的道理也适用于成为终极企业公民这一目标。制订出一个计划，写下你和你的企业将如何在你的社群扮演积极的角色，并准备为落实这个计划而努力。

这种计划应该列出：

■ 你愿意参与哪种类型的组织

■ 你每周可以抽出来多少时间

■ 你能够给出多少经济支持

■ 你能够提供什么产品和服务（记住这些仍然是一种成本，所以不要为了帮助别人把自己搞到破产）

■ 鼓励员工参与的方式方法

■ 告诉顾客你具有社会精神的方式方法

■ 你将怎样认出在社群中参与活动的其他人

■ 你怎样让他人分享你的知识和经验

这并不需要一个长时间或者很深入的计划，只需要薄薄几页，就可以列举出以上所有问题。以一个以"成为终极企业公民"为题的文档开始，你将很快真正地踏上达成这一目标的道路。一旦你的计划写就，花时间把这一计划分享给你的员工。他们将会，而且一定会在其中扮演重要的角色。

第十九章

社交并不是一个肮脏的词语

说实在话，对于大多数人而言，社交已经成了一个肮脏的词语。我们虽然需要社交，但是我们却憎恶、厌倦站在一间全是陌生人的房间里，吃着杂拼香肠，尴尬地简短闲聊，且害怕某个人走向自己，开始一段让我们无法逃避的对话。

但是，社交活动确实是非常好的获取新生意的方式。我们应该在每次收到邀请函时都欣然而去，把它视作一个花不了多少钱就能够接触满满一屋子潜在客户的机会。

我为我的客户做过很多次社交培训，我发现，一旦他们得到一些明确的指导意见，他们对于社交活动就不会再抗拒和退缩。

什么是能够去除恐惧和憎恶的感情，使人踊跃参加社交活动的正确策略呢？以下是一些可供你参考的观念和方法：

- 做好该做的准备
- 人不可貌相
- 学会询问开放性问题
- 阅读当日的报纸
- 不要到得太早
- 你不是去上绞刑架，所以要记得微笑
- 不要只缠着你认识的人
- 喝酒并不会让你更懂社交
- 带上足够的名片和宣传材料

- 随手拿上一支笔，并在名片背面做笔记
- 穿一些与众不同的东西
- 在食物附近多逛逛
- 寻找一群人，而不是一个人
- 请别人帮你做介绍
- 给予赞美（请真心实意）
- 专注于你面前的这个人
- 带着目标行动
- 在交谈中提起对方的名字
- 问到你的生意时，一定要充满热情地答复
- 快速跟进，以得到结果

做好该做的准备

参加社交活动前应该做好应有的准备工作。我会弄清楚参加这次社交活动的都有谁，预测可能会发生的谈话的内容以及场内的情绪状态等。盲目地去参加，往往只会在场内转来转去而毫无收获。如果你已经被邀请，请对方给你一些这次聚会的背景信息，这样有利于你更好地做好准备工作。

人不可貌相

在社交场合，我最怕某些人看见你会心生厌倦，他们甚至不掩饰他们的不礼貌，你就站在他们面前，他们却当你不存在，四处张望寻找他们感兴趣的人。奉劝你，在社交场所，永远不要以貌取人。要礼貌地与你遇到的每个人交谈，尽可能多了解他们。如果你实在无法从对方身上找到做生意的门路，礼貌地告辞后再去寻找下一个对象。

学会询问开放性问题

为了摆脱初次见面容易尴尬的窘况，询问开放性的问题是个好办法。可

以询问对方做生意的情况，但不是那种用是或否就能回答的简单问题，而是要询问真正需要答案的问题，比如："您能够告诉我您的公司提供什么产品或服务吗？""您公司的竞争优势在哪里？""您的行业在过去十年内都发生了哪些变化？""您认为您的行业在未来十年将会向什么方向发展？"等等。这会让人们进行真正的沟通。

阅读当日的报纸

很多人在社交中总感到没话可说。所以我每天都会坚持阅读当天的报纸，并且记下五到六个常见的可以用来在任何场合进行谈话的话题。这些往往是当前的"焦点话题"，会引发人们的谈话兴趣，尤其在你擅长询问开放性话题的情况下："那么你认为……怎么样？"

不要到得太早

我总是避免参加社交活动时去得太早。一个屋子里只有一两个人，异常尴尬，特别期望更多人到来，没有比这种情况更糟糕的了。当然，我想你会觉得可以把它当作一个机会，俘获听众，但如果在现场的话，很少会是这种感受。

你不是去上绞刑架，所以要记得微笑

令人惊奇的是，现在有如此之多的人在面对友善而温暖的微笑时，脸上却是一副见鬼的表情。如果你看起来总好像是很痛苦的样子，人们就不大可能顺畅地与你交谈。谈话中要有眼神交流，露出五颗牙（理想状态下要有微笑，但绝不可面目狰狞），你将会感到惊讶，因为有这么多的人欢迎你加入他们的谈话，因为你看起来很友好。

不要只缠着你认识的人

在公众场所，我们很多人会环视一下整个房间的陌生人，努力寻找一个熟悉且友好的面孔，这样我们就找到搭话的人了。一旦我们发现了那张熟悉的面孔，就非常容易把整个社交活动都用来与一位已经认识你、已经知道你在做什么的人闲聊，而不是寻找新的生意伙伴。这里的关键在于，要有足够的勇气走向陌生人，准备好伸出手问好并介绍自己。你这样做得越多，事情就会变得越容易。

记住，社交也是营销，营销就是在拓展你的生意。用一切方法与潜在的客户产生联系，把社交当作结识新客户的工具。

喝酒并不会让你更懂社交

很抱歉把这句话说给那些认为一些刺激性饮料能够让他们放松并且更容易和别人打成一片的人。也许实际情景会是那样，但是这传达了什么信息？看见一个人豪饮啤酒并不能够让人产生想与他做生意的欲望。我建议你在这些场合避免饮酒。需要喝酒才能社交是如同恐龙一样早已灭绝了的社交理念。社交活动的理念就是让人们看出你是专业的，大家因此都愿意与你合作，而不是愿意与你一起喝酒。

带上足够的名片和宣传材料

人们会经常带着商务名片参加社交活动，频繁程度往往令人吃惊。我在脑子里有一个清单：商务名片、两支钢笔、一些手册，并且可能会带上几本我自己写的书，这可根据场合决定。这里的关键在于，参加社交活动之前要做好准备。有很多需要兑现和跟进的承诺后来都了不了了之，因为你无法找到他们的名片，然后你又忘记了他们的公司名称，那么你就会把这些事放入"太难"的箩筐中。

随手拿上一支笔，并在名片背面做笔记

我总是在名片后面写下提示的只言片语——可能是这个人说的一些话，可能是他们所穿衣服的颜色式样，可能是一个直觉的特征，或者一些需要跟进的项目。当我翻阅早些时候见过的这些人的名片时，这些提醒就会激发我的回忆。不过有一个建议：不要在这个人站在你面前的时候写这些提示，因为那看起来有些失礼。去找一个僻静的地方写下你的提醒，但是时间不要耽搁太久。

穿一些与众不同的东西

"人靠衣装"，这是句老话，也是句好话。有些人会特意穿一些独特的衣装，这样在社交场合就如同鹤立鸡群，被人们记住。这可能听起来有些陈腐，但是在一间有三百人的房间里，要引起人们的注意可能是非常困难的。如果能让我们得到注意，就可能为我们带来潜在的顾客。被人们记住，才能得到新的生意。

在食物附近多逛逛

当人们吃东西的时候，往往更容易展开对话。那时人们心态放松，往往还有一点歉疚，因为他们本该管住嘴，却没有管住，而且面对的也是最容易引起讨论的话题——食物。所以，如果你在自助餐台附近多晃一晃，你可能会发现在这里更容易遇见人，并展开一些高品质的谈话。

寻找一群人，而不是一个人

明智的做法是找到一个能够以某种方式打入的人群。首先站在旁边安静地观察，然后渐渐加入谈话。当我们在一个群体中的时候，我们的行为有一点像企鹅——人们将会换班，让其他企鹅加进来，然后重新聚起来。这里我的建议是，当你进入一个群体的时候，要保持安静，等一段时间，然后人们会与你说话。如果你加入群体后就开始在整个谈话中不断插嘴，这个群体很

快就会散开，只剩下你一个人。

请别人帮你做介绍

如果我准备参加一个社交活动，知道参加者中有一两个是和我关系非常好的朋友，我会事先询问他们是否愿意在活动上把我介绍给其他人。事实上，我这样做过很多次，而且效果很好。那时的介绍人会拉着我四处走，尽可能将我介绍给更多的有品质的人——这是一种高速社交的方式。尤其是，如果我们陷入一个不想再待下去的处境，只要这位合作者说一句"抱歉我们不能再聊了，我今晚还要把他介绍给更多的人"，就可以轻松脱身。非常完美。

给予赞美（请真心实意）

在结识新认识的人的时候，如果你不知道怎样做开场白，那么请尝试使用资历最老的方法，就是赞美。你可以选择走向某个人，夸赞他的某件衣服配饰，或者夸赞他们做过的某件事（如果你对他们有一些了解）。要想让这一招生效，关键在于，你的赞美一定要是真诚的。如果并非真诚，人们往往不会理会，这完全是你自作自受。

专注于你面前的这个人

在社交活动中，把你的注意力全部集中在你面前的人是非常重要的，即便他们可能不是潜在联系人或者商务负责人。不要表现出厌倦（以及失礼），最后为自己找个理由辞去，然后再继续其他活动。

带着目标行动

在赶赴一次社交活动时，如果头脑中带有明确的"目标"，则往往让你能清楚地感知目标并对活动的结果有所期待。做好预习，知道你想要见谁，为什么想要见到他，然后再去行动。制定目标往往能够得到结果。

在交谈中提起对方的名字

正如戴尔·卡耐基所说："对于任何人而言，最甜美的声音就是他们的大名。"当你被介绍给某个人的时候，答复时要引用他的名字，并且在谈话中反复引用。如果你是那些别人刚说过就会忘了他们名字的人，你可能会发现这一招能够有效（并请参考第十二章中的其他要点）。

问到你的生意时，一定要充满热情地答复

当社交活动中遇到某个人的时候，他一定会问的一个问题是："你是做什么的？"你回答这个问题的方法是非常重要的——记住，话语的意义没有身体语言和你的声音中所传达的情绪重要（在我们的每次接触中，非语言交流传达了九成的信息和意义）。你一定要对"你是做什么的"这个问题给予积极、富有能量、令人印象深刻的回答。还可以尝试新的做法，自嘲一下，人们将会记住你。

快速跟进，以得到结果

很多人在社交上颇有风度，但是却不善跟进。如果是这样，又何必去社交呢？杰出的社交人士会在第二天跟进。如果你说，你要去做某事，那么就去做。这会打动他人，并且向他们展示，你不仅敏锐，而且说到做到。

在你开始下一次社交活动之前，可能有很多事情需要注意。你可以慢慢来，在每次参加社交活动时都采取一些上面提到的要点，我保证，过不了多久，你就会成为社交高手。每次社交活动都能使你有所收获。

我曾给过一位客户一份这些想法的合辑，他把这些想法写到一个小型的商务名片大小的纸上，这样在社交中他一旦发现自己陷入尴尬境地，稍做小动作就可以翻阅要点。他过去从不习惯参加社交活动，因为他感觉自己非常笨拙；现在他对这些活动兴致勃勃。

第二十章

不要改变员工，试着改变自己

当人们抱怨员工时，我会有不同看法，虽然我也在一些情况下犯过同样的错误。大多数情况下，问题并不在员工身上，而是在我们身上。也许我们只是雇了不适合这份工作的人，或者让某个人做某项工作，却没有提供培训，使得他们无法圆满地完成工作任务。

比如，很多企业所有人都会抱怨某个年龄层的员工（往往是20世纪80年代到90年代初期出生的人），说他们不会沟通，不会为一份工作全心投入，只会做自己喜欢做的事，总之要抱怨的事情有很多。

其实，这种看法很不正确。那些年轻人事实上在他们自己年龄层的群体中非常善于沟通。他们不喜欢浪费时间在不必要的事情上，也不满意工作的节奏过慢。原罪在于，那些永不终止的会议总是无法做出决定，而他们认为通过电子邮件，这本来可以在几秒钟内解决。

他们有时不愿意在一件工作上全力以赴，这是因为他们志向远大，而且其行动力全由目标带动。但是他们知道，他们必须在各方面不断攀升，这必须要借助知识的积累和能力的提高，所以他们会把所有的工作都视为取得知识和能力提高的机会。你应当接受这一事实：你最多只能把这些青年员工留在身边几年时间，只要他们勤奋地学习、工作下去，终有一天他们会一飞冲天。他们对公司的发展一定有很多好的想法，你应当花时间去询问他们，认真倾听他们的建议和意见。

这些青年员工有着强烈的创业精神，他们非常了解当今时代和这个时代的人。如果你想要你的公司跑在时代的前面，就信任和依赖他们吧。

这里的关键在于你究竟需要什么样的员工。如果你只想要服从的人，按照你说的话按部就班地做事的人，那么，青年员工们就不适合这份工作。

以下的建议着眼于避免在招聘、管理和留住员工中犯最为常见的错误。这是一个复杂的课题，很难把它处理好。这些建议应该有助于避免最为常见的错误。

- 写明工作要求
- 永远查验背景
- 同意试用期，这对你和新员工均有保护作用
- 恰当地训练你的员工（和你自己）
- 以身作则，你的团队将仿效
- 和你的员工进行有效沟通
- 进行绩效检查
- 对于安全问题审慎考虑——保护你的公司
- 裁掉没有业绩的员工
- 不要因为雇用太多员工而导致自己破产

写明工作要求

只有很少的公司会花时间认真为每一种岗位写明岗位要求。这种说明就是一份简明的文档，列出雇主对新招聘人员的期待。这里难做的事情在于写出第一份岗位描述；在此之后，就可以借鉴这一经验来写其他岗位的要求。这种信息可能每个公司、每个行业都不一样，但是以下几条应该是经典的处理方法所涵盖的：

- 公司的整体理念和使命宣言，可以确保员工理解你们的出发点。

■ 你们期待员工做什么，他们应该什么时候完成工作。这确保所有人都能够清楚担负的工作和工作的所有内容。

■ 准确地说明员工完成这项工作能够得到的回报。这可能包括他们将会得到多少工资，年假和病假有多少天，公司对于退休金的缴纳，医保、产假以及任何基于业绩的鼓励措施。

还应该包括其他方式的补贴，诸如提供制服、免费停车位、工休时间等。

■ 公司制度中可能与新员工相关的详细规定。这些可以包含员工折扣、如何处理其他员工的投诉、安保、保险等条款。

■ 常见的行政事务，诸如期待员工开始和完成工作的时间，他们的衣着，应该如何同其他员工互动，辞职需要提前通知的时间，他们将在何时以何种方式收到工资，等等。

新员工应该阅读岗位说明书并在说明书上签字，他们应该得到一份副本自己存档。这既保护你，也保护新员工。如果你对文档的任何方面有不确定的地方，请你的法律代表看一下。很多企业咨询团队会有标准的表单，你只要填写即可。

使用岗位说明书可以让你与员工的关系踏出规范的第一步。在员工和管理者之间出现的争端通常就是因为没有任何书面材料，那可能会造成时间和财力的巨大损失，甚至还会引起憎恶。

而且，你可以定期和员工重新阅读岗位说明书。这能够确保彼此都照章办事，并解决潜在的问题。

永远查验背景

你可以采取一些方法了解将要为你工作的人。有一些公司喜欢借助人力资源公司，由这种公司来推荐他们认为符合招聘条件的申请人，让整个过程显得不那么严酷。当然，你要为这种服务支付费用，但是这能够为你节省不少精力。

如果你通过广告招聘，你将很可能收到很多份简历。我一直想看一份不让应聘者显得出色的简历，却始终找不到；毕竟，不出色的简历不会发出来。问题在于，仅仅因为一个人说自己很棒，并不代表他真的很棒。

我总是会去查验证据。虽然大多数人是诚实的，但也有些人并不是这样的。过去的雇主可以被列入证人名单，他们可能对应聘者和他的能力讲出一个不同的故事。

在工作生涯中，我大约为二十个人做过证人。其中只有两次是有人找到我，向我询问应聘者的能力。这令我感到吃惊：大多数雇主不会查验证据。他们往往会根据简历上写的话和简短的面试就雇用一个人。

在查验证据时，应做详尽询问，并确保事实与他们所说的一致。给证人打电话时，不要只问他们这个人是否为他们工作过，是否曾出现过什么问题。要告诉他们你的公司和你的业务，询问他们是否认为应聘者将会有好的表现，并能为你的公司创造出业绩。

这里另外一个值得讨论的要点在于，你是否同意担任前任雇员的证人，如果有人联系你，要据实以告。这种诚实包括既要介绍他的优点，也要介绍他的缺点。

现在，在隐私方面有很多要注意的问题，有一些事你不能问或者不能说。所以，如果你对此不确定，要向你的律师确认。

同意试用期，这对你和新员工均有保护作用

当新员工为你工作时，对他们进行一段时间的试用是个不错的主意。试用期可能是几个星期，也可能是几个月，取决于工作的复杂程度。应该非常明确地向所有申请者说明试用期的时长，并且应该在岗位说明书中写清楚。

试用期的用意就在于保护你与新员工双方。现在，如果一个员工没有业绩，要裁掉他变得越来越难。有了这段试用期，可以让你在新员工正式成为你的团队成员前对他进行认真考察。

同样，员工可能会发现他们得到了一份地狱般的工作，老板可能有点神经质，以致他们无法合作。试用阶段结束后，员工在申请未来的工作时可以提出一个简单的解释："我曾为某公司试用工作过一个月，但是我感到那份工作对我而言不够具有挑战性，于是我在试用期结束时离开，好让我的雇主能够找到更适合这份工作的人。"这是一种成熟而有责任的处理方法。

我也曾雇用过没有经过试用期的人，而我真的对此非常遗憾。找到适合工作的人在任何时期都是非常难的，而这是生意场中一个常见的事实。而且往往你找到的第一个人最终证明就是不合适。留一个试用期，就是给彼此留一道平和分手的方便之门。

恰当地训练你的员工（和你自己）

我常常看见有些员工由于没有得到足够的培训，工作业绩不佳而遭受批评。如果你希望某人能够圆满地完成工作，你就需要教会他们必要的技能。

很多公司把新员工视为麻烦，而不是推动公司发展的巨大动能。这种事情通常发生在较大的公司中，这里经常有人员流动。

如果你每周都支付员工工资，你当然想要他们尽可能把工作做到最好。毕竟，他们的工作做得越好，你的客户就会越高兴，而你的公司也就能获得越来越多的收入。

培训有很多种形式。培训的核心在于，在你的企业运作中训练你的新员工。他们需要了解你的期待，了解客户的期待。每一家企业都有些许不同——即使两家非常相似的汉堡店都会有不同的操作流程，需要教会员工这些。花时间来充分培训新员工，这样能让他们明白如何为你工作。

另一种类型的培训内容是通用技巧。这些包括电话礼仪、客户服务、销售技巧，甚至类似时间管理的事情等。这些通用技巧大多数企业都在使用，但是对很多人而言这种技巧并非天生。让员工去参加专门培训，或者外聘一位培训师来公司进行现场培训。培训成本将由受训后提升的效率和更高的客户满意度弥补。

第三种类型的培训内容包括跟你的公司或行业的类型相关的特殊技能。人们往往选择为一家特殊的公司工作，因为这将给予他们学习新技能的机会。教会你的员工这种技能，让他们的工作处于行业的前列，他们和你都将获得好处。

让你的员工得到良好的培训非常重要，同样，也不要忘了不时让自己也接受培训。我还没有遇到一个没有从某种培训中受益的人。我们都需要不断拓展自己的技能和专业水平。比如，在经营一家公司时，我们能够很好地把握公司的运营，但是却不知道如何做会计工作，如何管理实践，或者如何更好地进行谈判。

我看到的在培训方面常见的另外一个问题是，企业会在一段时间内密集培训——可能会在一个月内开办五次培训课程，而在一年中的其他时间却没有任何培训。试着为你的员工培训工作制订计划，合理地安排培训时间。我喜欢在空闲的时候做培训，也就是在业务处于淡季时，不要让人们坐在那里闲聊，而要让他们学习专业知识，或者提高现有的技能。

有很多提供培训的企业。有些收费昂贵，而有些则不是。我建议你咨询当地的商会，弄清楚在你所在的地区可以参加哪些培训。你甚至可以为某些类型的培训提供一些经济资助。花一点时间研究你的培训选择，再实施行动。

或者询问你的员工，问他们觉得自己在哪些方面需要培训。当然，这可能会捅开一个马蜂窝（比如，你也许没有用来举办公众游泳课的场所），但是你可能会感到吃惊，因为他们有这么多种事情想要学习。

在这个问题上，我们为不少公司进行过调查，我发现反馈发人深省。人们最需要帮助的领域有两个：压力管理和处理工作场所发生的变动。这二者都是现代工作环境的清晰写照。

以身作则，你的团队将仿效

如果你穿着短裤和 T 恤去上班，却期待员工穿着阿玛尼正装，你就是自找烦恼。如果你每天的午饭都吃很长时间，却抱怨你的员工午休回来玩了几分钟，你就是在传达冲突的信息。

你的语言和行动将会决定雇员的语言和行动。如果你工作勤奋，他们也会工作努力。如果你礼貌而友善，他们也会礼貌而友好。如果你有点不诚实，他们也会耍滑。重要的是，要认识到，在你的公司，你会建立一个基础行为准则，而所有人都会遵循它。让你的准则成为好的准则，并且自己坚持下去，你将会收到回报。

和你的员工进行有效沟通

有些人擅长沟通，而有些人则不擅长。与你的员工沟通可以保障你的公司高效运营，取得好的成果。

根据我的经验，企业所有人中有这样两种人：一种完全不沟通；另一种则以备忘录、会议和数以百计的其他方式对员工进行狂轰滥炸。在这二者中间的某个位置则是最佳举措。

通常，糟糕的沟通者只是不知道如何传达信息。有几种简单的方法可以用来做这件事：

■ 员工会议。应该定期召开员工会议，最好是在每天、每周或者每月的固定时间，根据你自己的安排。这会提供双向的信息共享平台。

■ 公告板。用公告板传达信息，可以不必打扰正常的工作。把公告板放在某个所有员工一天内都要经过的地方，让他们能够很方便地阅读到。我在报道上看到，最近一家公司把公告板放在厕所中，因为厕所是唯一一个所有员工一天之内都会去的地方。

■ 备忘录。备忘录通常是只有一页的文档，它们会被分发给与这份备忘录主题相关的全体员工。备忘录存在的问题在于，往往人们不认真阅读它们。我建议在阅读后签上自己的名字，然后互相传阅。这当然可能会花费时间，也不一定是最好的传递信息方法，但这是一种可以借鉴的工具。

■ 电子邮件。公司内部邮件可能会是最有效、最省事的在大型企业内部传递信息的方式。不幸的是，由于电子邮件传送十分方便，人们可能会滥用邮件。我的一位朋友每天收到的办公室内部邮件多达一百封，其中很多都与他的工作无关。我怀疑这会成为一种通病，应当注意。

我是一个通过语言沟通的人，所以我更喜欢坐下来面对面地与我的团队交流。你需要决定哪种方式对你有效，哪些方式对你的公司有效。这里，你要抓住的重点是，在你的公司内部建立高效的信息分享机制将有助于提高你成功的概率。

进行绩效检查

随着公司的发展，每个人所担负的工作责任在不同阶段会发生变化。由于这一原因，应该每过一个阶段对岗位情况进行一次复查。这一过程还会促使岗位职能执行情况更加完善。

复查中应重点对绩效进行审查，这可以向你的员工传达一个清晰的信息，告诉他们公司对每个人期待的表现是什么。定期审查能够有助于避免让业绩不佳的员工滥竽充数。

根据公司的规模，绩效审查可以是正式的过程，也可以是一场边喝咖啡边进行的简单对话。无论采取何种方式完成绩效审查，最终结果都应记录在案，一份留档，一份交予员工。

正如很多工作场合的问题一样，你可能需要询问你的法律咨询师，请教他们这种会议采取什么方式最好。绩效审查一般需要第三个人在场作为证人。

以下是在做绩效审查时的一个简单的日程表。可能包括：

■ 员工对于他们业绩的看法。

- 你对于员工业绩的看法。
- 指出员工做得好的地方。
- 指出员工需要改进的地方。
- 员工对与公司相关的未来发展的目标和计划。
- 你对于员工未来的期待。
- 审查员工职责和薪酬结构是否可行。
- 倾听员工遇到的问题或委屈。

这个审查过程也包括对出色完成工作进行奖励。

可能看起来我的这个建议为你带来了更多工作量。事实上，我是在提议一种可以提高你的员工工作效率的方法。一个和谐的工作场合更有可能产生更多工作动能，而在紧张、充满敌意的环境中，员工总是被内部的斗争所牵扯。如果你对人开放而真诚，你就在传达一个非常明确的信息——你希望他们对你也一样。

对于安全问题审慎考虑——保护你的公司

我过去常常反对与安保相关的投入。毕竟，谁会想攫取像我这种小营销公司的什么关键信息？然而，我后来遇到了许多安全疏漏问题，有些是关于公司的，有些是发生在客户身上的，这些使我对安保不再漠不关心。

我可以保证，你的竞争者非常乐意知道你最重要的商业机密，即使是你的主要客户是谁、你的关键供应商是谁、你收费多少之类的简单问题，也不例外。当然，只要做一点调查，就不难得到这种信息，有时候你的员工或客户会在不经意间把信息泄露出去，而你却全然不知。

大的方面的问题是：对于网络安全和一般性安全你有哪些防备措施？如果你有绝对不想让别人知道的信息，就不要把它存在你的电脑中。可以打印出来，然后删除电脑中的信息，或将其放在外设存储硬盘中，随身携带。电脑安全软件和防火墙等防护软件一直在改进，对于大多数公司而言，它们已经够用。然而，如果你仍有疑虑，唯一能够确保没有人能从你的电脑中窃取信息的方法就是：不要将信息存储在你的电脑中，或者使用一台不连接网络（其他电脑）或者电话线路的电脑。我知道有一些商业人士会专门使用一台电脑用于他们的财务记录，所有相关资料受到全面的密码保护，并且与所有其他电脑和电话线路隔绝。

至于其他可能会被盗窃或者被员工泄露出去的信息，你需要告诉员工哪些信息不可以泄漏。可以将之作为基准原则的内容之一。

内鬼一直是一个问题，不幸的是，对于企业而言，这个问题正在越来越严重。另外，员工有时会将产品带回家，有些员工把这视为工作的福利。你需要制定非常明确的界线和规范，说清楚哪些物品员工可以拿或者使用，哪些绝对不能带走。而且，你应该对内鬼有一个清楚的定义，包括明确细致的界定。一旦发现内鬼，立即将其清除。当然要询问你的法律咨询师，确保你的处理符合法律要求。

店内失窃也是一个不断增多的问题，也是很多零售商家需要解决的问题。店铺布局与店内偷窃有很大关系，有很多种方法可以用来让被窃的损失减小到最少。需要注意的是，店内偷窃常常是有组织的且行为快速，这种团体偷窃会使你损失很大。

很多公司使用摄像头。我本人并不喜欢这个主意，而且在某些情况下可能会侵犯到个人隐私。不过，在有些情况下，比如深夜和昼夜便利店，使用摄像监控至关重要。

如果安保是你所面临的一个大问题，请一位专业人士给你一些建议。有很多公司能够帮助你达到需要的安全水平。

也可以和你的保险公司谈一下安保问题，这往往是个不错的做法。请一位专业安全咨询师的成本往往可以通过减少保险条款而得到补偿，这样你还能够得到更多的安全保证。

裁掉没有业绩的员工

这是个难题。没有人喜欢告诉某位员工，不再需要他；也没有人愿意听到这样令人痛苦的话语。

我曾经营过一家出版公司，并雇用了几位销售代表来销售广告。有一位代表就是没有业绩。我的搭档和我试过各种努力，包括销售培训、激励、提薪、劝诫——一切努力皆无效。从第一天起，一切就很明显，她不适合这个岗位。我们决定：她必须走。日期已经确定，也已经安排约见。她走进门来，一个瘦小的女生坐在一个阔大的办公椅中。我的搭档和我都已经横下心来。就是那天，看起来事情已经不可避免。我开始了"我不认为事情有起色"的谈话。她的嘴唇颤抖着，我的神经也是一样，但我还是不断地说下去。直到我说到"今天是你在这里的最后一天"，我的搭档冲过去，使劲地抱住她，说："别担心，我们愿意继续努力。"好吧，我的下巴要掉到地上了。她继续和我们一起工作了几个月，直到最后离开。

裁掉一个员工是最为终极的拒绝，人们都不喜欢这种事情。但是，在任何公司都会因为某个原因，不得不裁掉某个人。我相信这些人通常都知道他们将会被裁掉。重要的是，在这种情况下，你要有一个清晰的执行过程和手续。

和你的法律顾问确认在决定终止某位员工的工作时你有哪些义务。如果你不遵循恰当的步骤，你将可能面临法律问题。我认为最好和他们面对面交谈，而不是只给他们发一封 DCM（周一不要来）的邮件。

我曾经见过一个人，他在政府机构工作了二十五年。有一天，他在去变更账户详情时发现自己已经被支付部门除名。会计人员给他出示了一份来自管理部门的通知函，说他已经被裁员。他受到了非常大的打击，随后起诉并成功胜诉。我同样也听说过极端的故事，有的员工的离职是通过所有人都能听见的大喇叭宣布的。

你采取何种方式解雇一名员工，这完全取决于你自己，但是这样做的时候，一定要遵循法律，给他们尊严，照顾他们的感情。

不要因为雇用太多员工而导致自己破产

毫无疑问，员工成本是很多企业的头号常规成本。一旦你开始雇用员工，你每个月的常规成本会比天花板还高，很多企业家的失败都是因为他们雇用了太多员工而致使成本失控。员工的薪酬只是成本的一部分，还有诸如工作空间、计算机、可能需要的电器、可能需要的车辆、休假工资、病假工资以及通信费用等问题需要你认真解决。

真正的技巧在于把握人员编制与需要完成的工作量（或者需要服务的客户量）之间的平衡点。这个平衡点通常会随着公司发展而不断变化，所以你必须随时进行研究，以保证能精准地确定。

你还可以根据你的现金流雇用临时工或者兼职员工。这些人可以在多种项目上为你的公司工作。他们中有些人还有其他工作，为你的公司工作主要是来挣外快。实践证明，这种方法常常比招聘全职员工更好。

我曾经见过很多公司由于招聘了太多员工而惹上麻烦，就是因为员工成本过高。很多企业有淡旺季之分，在雇用新员工时就更加需要慎重考虑。

在澳大利亚，我想我们还可以去雇用年纪较大的员工，也许是退休人员。他们有着丰富的知识、熟练的技能，他们中的很多人常常是因为公司规定而被迫离职的。这些人是成熟、智慧的工作者，他们会给公司带来很多好处，而不仅仅是填补了一个岗位。所以，雇用员工时一定要从多方面考虑，找出有创意的人员解决方案，你将会得到一个获胜的方案。

第二十一章

与家人、朋友和爱人一起工作

如果你拥有自己的生意，通常会发现你与家人、朋友甚至爱人一起工作只是个时间问题。很多公司都是如此。家庭成员通常会在"家族企业"中得到雇用，因为他们可以信任（通常而言），并且出于情感等原因会工作很长时间。

与家人、朋友或爱人一起工作，有很多积极的方面。我曾经和我的前妻在我们的营销公司一起工作，那真的很棒。我们那时候都完全投入工作，每天都有很多乐趣。不幸的是，我们共事的状态比婚姻的状态要好。没有人教过我们该怎样共事，但我们就是在一起工作的过程中，把问题解决了，虽然像大多数共事的夫妻一样，犯了很多错误。

现在，我和很多家族式的公司一起工作。这可能是夫妻团队、父子组合或者母女企业。这些公司在运营中有很多优点，但是也存在着各种各样的问题。另外，大多数小型企业都不时需要外部的帮助，企业所有人更可能雇用他们认识的人，通常是朋友，来帮他一把。这样做有很多优势，但是同样也潜伏着危险。

以下建议来自我本人的经验，以及很多我曾经遇见过的、共事过的有家人、朋友或爱人在他的公司工作的人的经验。

■ 建立基准原则并让他们遵守

■ 好的枕畔私语和坏的枕畔私语

■ 在公司内部确立明晰的职务和责任

- 抽时间分开一下，各自享受快乐
- 解决争端，最好在萌芽时期
- 对于公司的走向抱有清晰的认识，并保证所有人都知道这一点
- 接受我们所有人都以不同的方式工作、思考和做事——而且这完全没关系
- 知道你的强项和缺点，还要有二者都能承认的心胸
- 永远不要停止享受乐趣、游戏，并且，最为重要的事，欢庆你的胜利
- 如果你离开了公司，就彻底离开

建立基准原则并让他们遵守

对于在你公司里工作的人而言，无论他们是谁，你和他们的关系如何，建立起所有人都遵守的基准原则真的非常重要。

基准原则是任何公司的基础，适用于每一位被雇用的人，这些规则对于家人和朋友也不应该有所区别，否则"普通"工作者将会产生憎恶。

我则会更进一步，一定将基准原则写下来。所有参与的人都需要阅读这些原则，同意并签字。这些原则可以涵盖一些重要的话题，如行为、对客户的承诺、道义的考虑、运营问题、期待和任何其他可能有些含混的方面。

你可以借鉴其他公司的基准原则。如果你是商业世界的新手，就和你的员工一起制定这些原则。要反复审视这些原则，如果在执行中出现问题，就和大家一起开诚布公地讨论。未说明的事情和含混不清的界限是任何牵涉到家人、朋友和爱人的公司的大敌。

好的枕畔私语和坏的枕畔私语

我想我们都知道好的枕畔私语是什么，所以在这里就不赘述了，但是有一些"坏枕畔私语"的例子：

- "亲爱的，可以把计算器和二〇〇四年以来的损益表递给我吗？"
- "宝贝，你今天下午怎么没有把包裹发出去？这是你今天唯一的职责，你又让我失望了。"
- "你这个坏孩子——怎么不照看好你的那一摊！要是让我再这么说你一次，你就该哭鼻子了……"
- "喂，让我们把衣服脱了，好好理一下我们的账单！"
- "明天的员工大会上，我们是不是可以……"

希望我这些拙劣的例子能够把问题描述清楚。可能一些读者读到这里会笑出来，但是我真的曾经遇到过这种情况，我的搭档和我都爬上床了，点上了蜡烛，也放上了巴瑞·怀特（Barry White）的音乐，氛围已经够了，然后忽然有一个人问了一个（愚蠢）问题，引出一段对生意的讨论，最终以对于某件事情的争执结束。卧室是用来安睡和做一些亲密举动的地方，不是用来谈工作的。

这一要点的含义非常简单：我们需要在工作和居家之间有着剃刀般锋利的分界线。这并不是说我们在家不可以讨论与工作相关的事情——事实上，我认为在工作地点以外的地方谈论你的工作是至关重要的——但是我们需要有分寸。限制你谈论工作的时间总量，说出需要说的话，然后就该做别的事情了。这需要一点自律，因为我们大多数人都会想到什么就说什么。

我学到的一点做法是，在厨房放一个记事板，然后如果我想到了关于工作的什么事情，就写下来，做一个列表，然后在家里安排合适的"商务会议时间"，我们可以分别整理一下两个人的列表。

做任何能够对你有作用的事情，但是请一定保证，要有某种运作体系。要珍惜你们的关系，尊重关系并把它作为首要任务。如果基础稳固，其他的事情大多也会运作顺利。下一次，当你发现你们又在枕边说了不合适的话的时候，在心里做一个记录，大笑出来，告诉你的伴侣，并讨论一下如何避免这种情况再次发生。

在公司内部确立明晰的职务和责任

在我所能提供的所有建议中，可能对于夫妻团队而言最重要的就是：在公司内必须要有非常明确的职位和责任。这并不意味着在需要帮助的时候，我们不能参与进来并互施援手，也不是说彼此没有能力打理生意的所有方面，但是我们真的需要明确各自需要管理的生意的部分。我接待的陷入麻烦的家庭企业，通常都是因为没有明确的分界线，每个人都会什么都管，从而导致了各种各样的问题。最为成功的家族企业，是那些职能有明确划分的企业：例如，丈夫管理财务并支付账单，而妻子负责联系业务、与客户打交道或者制作产品。

如果你正计划着和你的爱人或者家人一起开创一份事业，请花时间坐下来，讨论出谁将负责哪些业务。同样的原理也适用于雇请朋友加入你的公司。

有时候你会需要更改一些职能和责任。为了某种原因，你还需要做一些不是很擅长的事情，但是必须放下顾虑，以便把问题解决好。这里的关键在于，当出现了问题，立即坐下来，把问题说清楚，并找出替换的方案。

最后，不要管理琐碎的事情。不要给了某个人责任，然后又像鹰一样盯着他们做每件事，在整个过程中不断插嘴，指手画脚。如果他们来找你征求意见，无论怎样都要给予意见。但是除非你感到问题已经很严重，否则就让家人和朋友做他们有权做的事情，即使他们做事的方法与你不同。

抽时间分开一下，各自享受快乐

当我与前妻一起工作时，我们彼此分开的时间就是各自驾驶各自的车开到公司的那段时间。因为我们住的地方距离公司只有十分钟的车程，对于酝酿自己的想法而言，这并不是一段很长的时间。

当我们和配偶一起工作的时候，我们往往会变成一个有机体，而且，正如我要不断强调的，这有很大的好处，但也可能会很难处理。

我知道很多夫妻在一家公司共事，并且每年会分开度假，这样他们能够暂时和对方分开一下。我理解这一点，并且十分赞同。

我相信，拥有一些分开的时间，或享受工作之外自己独处的时间，这真的非常重要。往往我们的生意会占据我们的生活，而我们会因此停止做我们热爱的事情，比如放弃了一些爱好，或者不能参与和生意无关的社交活动。长此以往，绝非好事。有一天，我们停下来，环顾四周，不禁问自己："这里就只有这些吗？"换句话说，如果你的生命全部被你的生意占据，这开始时可能是件好事，甚至是伟大的事，但是久而久之，就会产生一种全是工作、毫无乐趣的感觉，你不禁会问："我们为什么要这样做？"

打破已有的习惯可能会是件困难的事情。但是，如果你确实忘不了你的那些兴趣和爱好，忘不了你真的热爱的那些事情，就要坚决去做。最好的方法是慢慢来。一开始先是一周抽一个早晨，单独留给自己，做任何你想做的事情。让你的妻子也这样做。

无论你想独自做什么，你都应该去实施。夫妻之间，更要给彼此一段独处的时间，这至关重要。其实，这也是父母和子女之间保持融洽关系的一个举措。如果你们不这样做，随着时间流逝，十有八九会在生意或关系上引发问题。

解决争端，最好在萌芽时期

这种家族式的公司中存在着一种必须解决的问题，在以家庭成员作为伙伴建立的公司中更为明显，就是处理争执。如果你们地位相同，但对生意的一些方面存在异议，你们将如何解决这一问题？

如果彼此地位不尽相同，处理这一问题的典型情况是，占据主导地位的人按照自己的想法行事，而居于从属地位的人心怀愤怒。假以时间，这个关系将以泪水收场。一个人让步那么多次，可能仅仅因为对方的嗓门更大或者更为武断，并不意味着对方就是正确的。

我发现非常好用的一个处理理念是，请一个第三方仲裁员来处理这种问题。两个伙伴需要共同指定这位仲裁员，并且要同意接受最后的判决。你们还需要找到合适的仲裁员。仲裁员应该对你们两个人都有所了解，公平、正直、机智、懂得商业运作并值得信赖。

当出现了一个你们两个人都有着强烈感触的矛盾时，你们要把这个矛盾交给仲裁员，由他来做判定。你们必须遵从最终结果。渐渐地，你们解决那种需要仲裁员来解决的"威胁"的能力会提高，你会为此感到惊讶。

当然，你可能认为这一方法对你并不适用。不过，无论你怎么做，记住，靠一方占据支配地位、另一方居于从属地位来解决矛盾终究会导致不和。长时间的这种内部权力斗争最终将影响公司的运作。要找出正确的解决争执、利于做出重大决定的方法，双方达成统一意见，公司才能良好地运转下去。

对于公司的走向抱有清晰的认识，并保证所有人都知道这一点

在和家族企业合作，并和其中的个人讨论公司发展方向以及他们对于未来的蓝图时，我往往会吃惊地发现，没有人能够说出清晰的视图，只是每个人都有一些不同的想法。

这个关于生意的蓝图十分重要。它使我们所做的事情有着明晰的方向。随着时间的流逝，蓝图当然也会发生改变，这没什么不妥。当有很多人参与公司运作时，很有必要让所有人都知道蓝图的样貌。理想状态下，公司内的所有人都应该共同勾勒这一蓝图——这是能从你的员工那里获取意见并形成合力共同为之奋斗的好方法。

这里的关键是首先弄清你们现在的处境。你是否对公司的未来已经有了蓝图？如果有，这是一个综合他人意见的蓝图，还是你一个人的？如果没有看到蓝图，现在就是创建的时候，让所有人都参与进来和你一起勾勒公司的明天。

接受我们所有人都以不同的方式工作、思考和做事——而且这完全没关系

在本章前面部分，我曾简单地提起过，在和家人、朋友、爱人一起工作时，我们需要欣赏他们的不同之处，但是我想这值得更多地讨论。我曾遇到过很多把彼此逼向疯狂的家族式公司，因为他们无法接受每个人工作方式都不同这个事实。其实，各有不同不仅完全可以接受，而且还非常令人愉快。

公司如果不改进，就很少能够发展。而公司改进的方法就是尝试新的东西，接受新观念并赞赏我们摆到明面上的各自的特质。当与家人、朋友和爱人一起工作时，这是必须做到的。

之前，我还提到过，人们有抱怨年轻一代的习惯。实际上，我发现，年轻一代很是令人惊叹——他们中的很多人将来必是出色的企业家，他们在同龄人之间非常善于沟通，不喜欢浪费自己的时间，而且他们通常对雇主有着很高的期待。我真的没有看出这些性格特质有什么不对的地方。这里真正的关键在于要让他们凭借强项工作，而不是靠短板工作。

任何一家拖拖沓沓、浪费时间的公司都不会对年轻一代具有吸引力。任何控制狂企业主都将不适应年轻一代；任何没有设计好发展道路和缺乏动力的公司，都将被年轻一代摒弃。你可能会觉得，符合年轻一代的标准要求太难了，但是那些能够接受这一代人，努力使他们将自己的强项用于工作而不抱怨他们不同的行事风格的公司都在取得令人难以置信的成绩。

接纳"不同"，给人们足够空间，让他们做自己最擅长的事情。要有耐心，提供建议，而非控制，这会创造一种文化，并带来非比寻常的成功。

知道你的强项和缺点，还要有二者都能承认的心胸

要和家人、朋友或者爱人一起工作，我们还需要谦和，能够接受和容忍每个人的强项和缺点，并适时地给予引导。

另一方面，正如我们需要接受其他人，我们对自己也应有透彻的了解。在公司内，你可能会热爱做某件特定的工作，但是你真的擅长这项工作吗？而且（以逻辑推理该问题），你是否这一工作的最佳人选？

和自己展开一场诚实的心灵对话，分析一下你的强项和弱项，这很重要。一个真正经营得好、一定会成功的企业会为合适的人安排合适的工作，或者安排适宜的职责。有太多的时候，我看见有些人并没有在他们所擅长的岗位上工作，反而恰恰相反：整个公司看起来就是固执地让每个人从事自己最不擅长的工作。

一旦你认为你对自己的强项和弱项已经非常清楚，就和你的家人展开一场开诚布公的讨论，看看他们是否同意你的看法。这是一个很好的团队训练，每一位家庭成员（或者朋友，特别是在小企业中）都应该能够围绕这个话题展开诚实公开的讨论，从而让每个人都能在工作中发挥自己的长处。

我曾经看见很多家公司借助这种方法，在一夜之间实现了彻底的转变。

永远不要停止享受乐趣、游戏，并且，最为重要的是，欢庆你的胜利

当你和家人、朋友或爱人一起工作时，家庭和工作之间的界限通常会模糊，并且产生冲突。当一家人在一起享受欢乐，并庆祝他们在企业发展方面的成功时，真的是非常好的事情。但是随着时间流逝，随着业务压力的逐渐堆积，乐趣和庆祝可能会悄然终结。

享受欢乐对于减缓压力有重大作用。和你爱的人一起工作当然会有压力，尤其是在你自己的企业中。有时候我们需要提醒自己振作起来，放轻松点，不要把事情看得过于严重。如果你拥有这家公司，你就是公司的晴雨表，这一点我先前也在书中讲过。如果你总是严肃紧张的状态，所有其他人将如履薄冰，也会一样感到紧张。这并不是一个有利于获得长期商业成功的环境。

我们还一定要庆祝公司取得的成绩，无论是大还是小，要经常庆祝。让大家都感到公司所取得的成就是共同努力的结果，其中当然也包含着每个人

所做的贡献。

我建议每一年要选出一天，让所有员工欢聚在一起，尤其是你的家庭成员，列出大家在过去一年所取得的成就，认可大家的成功和每一个人在其中扮演的角色，并为遭遇的挑战和这些挑战教给大家的东西开怀大笑。最重要的是，花时间表彰每一个人，感谢每一个人，爱每一个人，并且和大家一起开怀大笑。

如果你离开了公司，就彻底离开

如果你确定现在已经到了离开公司、把掌控大权交给你的孩子或者其他家庭成员的时候，就一定要保证你真的这样去做。如果告诉他们你让出了控制权，但是却继续干扰，这将会酿成灾难。

当然，你的专业素养和对于这家公司的经验积累是无价之宝，但是正如我们曾经让我们的孩子自己探寻这个世界上的道路一样，这个情况也适用于你把生意托付给他的任何人。

很多较为年长的企业所有人在这个问题上非常纠结。我曾经见过一些美妙的交易，企业的创始人接受改版，并对新的方向、目标和想法感到兴奋，这都是因为把公司交给了新一代人。但与此同时，我也曾见到过一些公司最后四分五裂，就是因为太上皇或者皇太后不肯放手。

如果你做出决定要离开这家公司，那么一定要保证你真的离开。如果你无法放手，就去度一个长长的假期。接受这个事实：没有你，公司会有所不同——不是变好也不是变坏，只是不同。

第二十二章

遇到商业危机，请读这一章

如果你在运营一家公司，你很可能会在某些时候遇到一些紧急的事情。对于很多公司而言，这就是经济危机。

在最近几年，我们很多人都有过在现金流上殊死挣扎的经历，难以找到需要的信贷，遇到的不是破产者就是大幅度缩减运营规模的客户。在最为艰难、未来无法确定的时候，经营公司对企业所有人来说简直成了非常恐怖的事情。

通常这种时候会发生很多企业关门、很多人被严重压力压垮、一些公司大幅度裁员等一连串恐慌事件。你会发现自己置身于一场求生的战役之中，完全不知道自己是否能够成功。

我曾经亲身经历过这个情况，并且曾经和很多处在这一境地的企业合作过。这很艰难，必须做出很多痛苦的决定，对于每个遇上这种情况的人而言，心理上都要承受巨大的负担。

我还看见过很多企业在这种情况下滑入破产，因为他们缺乏领袖、分崩离析，因而被灾难彻底击垮。换句话说，如果有正确的人采取正确的行动，这些公司可能会幸存下来。以下信息将为你指出正确的方向，无论你的公司规模如何。

- 立即行动
- 让你身边的人知道情况的严重性
- 获得了第一个建议，再去争取第二个
- 缩减成本而不伤害你的公司

- 找一些可以信赖的人，让他们走近你
- 跳出思维定式
- 供应商不想看见你破产
- 还款方面，不要过度承诺却过低交付
- 做艰难的决定，并快速行动
- 一面观察你在哪里，一面看着你要去的地方

立即行动

约翰·希尔是我的一位长期客户，也是一位密友。他是一位高个子的加拿大人，有一嘴极突出的大胡子，多年以来经营了很多家公司。我们首次接触是在他购买了北昆士兰的一家名叫芒果（Mango Jam in Port Douglas）的餐馆时。从见到他那天起，我就意识到他不仅聪颖，还是小型企业家的典范。让我印象最为深刻的是，每当有现实情况作为依据时，他会立即行动。

在一个旅游小镇上经营一家餐馆是很困难的。在过去十年内，这种企业出现过不少挑战（和机遇）。每当媒体中出现了相关的新闻，无论新闻是好是坏，约翰都会立即应对。他以询问具体的问题开始，借助答复制订出行动计划。这将对我的生意有怎样的影响？我们需要做出哪些改变？我需要和谁商量一下目前的问题？我应该怎样告诉员工？这会花费多少成本？

约翰遇到的挑战之一就是澳大利亚引入廉价航空业务一事。他了解到有更多人将会更为频繁地旅行，这些人考虑问题往往会受到预算的制约。旅游胜地有更多人到访就意味着资金充裕的旅行者倾向于寻找更具有独享性的地点，以摆脱众人的干扰。

所以，廉价航空不仅为已经比较完善的旅游区域带来了更多以省钱为动机的客户，同时还吓走了富裕的旅游者。这意味着，在这一地区的与旅游业相关的公司需要进行重新定位，除非它们已经在为廉价市场服务。

约翰和他主管财务的妻子利兹召开了电话会议。参会的还有饭店经理大

卫和我，一同商量这家饭店如果要在这个正在发生变化的市场上生存，需要做出什么努力。我们进行了几个小时的头脑风暴，最终想出了能够让这家饭店对在意预算的旅游者更具吸引力的办法。我们着眼于提高菜品的性价比，鼓励更多人进这家饭店吃饭。我们对第二次来饭店吃饭的回头客提供特别优惠，并为孩子们提供礼物。同时，我们还对饭店进行了大的改动，停止了其他项目的支出。

当然，市场确实发生了戏剧性的改变。很多饭店和公司适应得过慢，然后倒闭了，但是芒果今天仍在那里，并且每年都赢利丰厚。这并不是一家很大、很炫目、很精美的餐馆——它只以有趣的方式提供有品质的食物，每年都有数万人光顾。

在面临亚洲禽流感、九一一事件、悉尼奥运会等对他的生意有或好或坏影响的事件时，约翰和他的团队都能以同样的方式快速应对。我们每次都要进行商讨，做出计划，然后快速地实践决定的措施。

也许这个例子听起来和经营大公司的人没有什么关系，但是这一策略事实上对任何企业都有效果。一家能够及时制订出有逻辑性的行动计划，并认真贯彻执行计划的公司会比不这样做的企业更具有生存的可能。

当公司面临危机时，有人会停滞下来，期待某个奇迹发生，然后非常容易地改变一切。也许真的会发生奇迹，但是从我的经验来看，这种事从未发生过。即使是我自己的公司，当我遇到危机时，也会被身边发生的事情引起的恐惧冰冻住。夜里我躺在床上，祈祷奇迹发生。结果什么也没有改变，情况仍在不断恶化。只有当我从床上跳起来，在镜子中看着自己，与自己进行严肃的谈话，然后制订出计划，并采取快速、明智、果断的行动时，一切才会好转。

企业是否会存活，取决于经营它的人采取的行动。如果你没有能够做出决定，也没有采取行动，那么你需要跳过本章直接，阅读第二十三章"如果你的公司未能幸存，你该如何存活"。我知道这可能听起来过于残酷，但是如果你的公司处在危机之中，你就必须站出来承担责任，采取行动。

让你身边的人知道情况的严重性

我们往往太害怕或者多虑，总是想着如果被人发现情况会有多糟糕，会发生什么样的事情。如果客户发现我们处境艰难，会不会放弃我们？如果员工听说我们陷入困难，他们是否会拥堵在门口？如果告诉配偶或搭档企业正濒临破产，他们是否会离开我？其他的人会怎么想？必须明白，这些想法永远不会以任何方式对我们有所帮助。现在并不是屈服于恐惧的时候，即便你正处在恐惧之中。

根据我的观察，人们通常会采用两种方式来管控危机。第一种是采取间谍行动和深夜会谈。在高度保密的情况下，没有员工知道发生了什么事情，更不会知道将会有一半员工要丢掉工作。这并不是一种管控艰难处境的好方法，这当然不会鼓励员工团结在公司的旗帜周围，尽一切努力去迎接挑战。

第二种方法是鼓励。这种情况下，所有人，包括你的家人、员工、咨询师和其他相关人员都能得到清楚的告知。在我看来，这种方法要比由恐惧驱动的隐秘举措有效得多。你必须同时告诉所有的人，你正在应对危机。当然，你不能说"我们的公司已经陷入困境，我们对此毫无办法"那样的话。你需要有明确的应对危机的行动计划，计划中要包含一系列可选择的措施。你还要告诉身边的人，在这一过程中需要他们做什么来支持你。没有人想看到你破产——当然，你的竞争者可能会那样想，但是即使是他们也应该明白，你走了，下一个就轮到他们了，或者可能会有更强大更具攻击性的竞争者来顶替你的位置。

当你开诚布公地告诉周围的人情况的严重性之后，你身边的人的回应可能会令你吃惊。你的家人会拥抱你，向你提供爱和支持，承诺以任何可能的方式帮助你。你会发现你的员工愿意尽他们一切可能来同你共渡危机，即使这意味着要缩减薪水，工作更长时间，将就使用老化的电器设备，等等。

在这种时候，任何处在控制位置上的人——无论是有着一万员工的公司的 CEO，还是只有一两个员工的小型企业所有人，都需要支持。前提是，你需要让人们参与进来，并告诉他们发生了什么事情。我保证你得到的回应会令你吃惊。

获得了第一个建议，再去争取第二个

我过去一直相信，对于处在困难中的企业而言，会有一条可以选择的道路来避免破产。然而，在过去几年中，我为我的公司和客户的公司处理过一些非常复杂的情况，并意识到事情并非如此简单。事实上，有多种选择和替代方案，其中有些方案一定比其他方案更可能成功。这就是为什么你在得到了与你的特殊情况相应的建议后，应该再花钱去得到第二个建议。

我过去一直是那种相信律师、会计师或者企业咨询师的人，因为有些事我不知道如何解决。现在我不是那种人了。我并不想冒犯这些行业的任何人士，但是多年以来，我曾得到过一些非常糟的建议，而且为此付出了很大代价，既有感情上的，也有经济上的。为了让这种事情的危害性降至最小，你必须进一步去寻找更好的建议。盲目接受建议是危险的。

我是否在说，接受了建议但不要听从？当然不是，我是在说，不要把听到的建议当作真理盲从，要努力去得到最好的建议。询问你的咨询师，分析他们的建议，如果你必须要在紧急的情况下做出重要的决定，那就再去询问第二种意见。我知道这会影响快速做出决定，而且花费会增多，但这真的能够阻止你犯大错。

一段时间以前，我打算和一位之前合作过的商业伙伴签署债券分配契约，这将会花费我一大笔钱，我需要非常努力才付得起——可能还会让我走向破产。我的律师那时候建议我签署这份契约。幸运的是，我接到了一位身为企业重组专家的朋友的电话，他处理过很多大型企业的危机。他参与进来并控制了事态发展，我们撤销了这份交易。他让我意识到，这份契约对我的伙伴慷慨到了荒唐的地步，而我即便不在签约之时就破产，也须花费多年时间还债。虽然花费了一段漫长而令人疲惫的时间，但是最后我得到了更好的结果，并且对我的前商业伙伴也有好处。本来我们双方都会因此而失去一切。

今天我拥有杰出的咨询师，但是在任何重要的事情上，我都会征求第二种意见。总会有第二条路可以走，总会有选择，即便是在你被告知没有选择的时候。

缩减成本而不伤害你的公司

如果过于剧烈地缩减开支，在危机结束时，你可能会面临公司无法继续生存的风险。往往公司过于缩减开支，其代价则是业务减少。

曾经与我合作过多年的一家建筑公司遇到了困难，于是他们决定对所有开支延期支付。目前，这家公司要挣到钱，需要在一个高度竞争、所有方面利润都降至最低的行业中取得中标的成功。为了赢得激烈的竞争，他们决定提供最好的标书和提案，所以就为递交的文档研发出更为专业的封面和格式。这项费用每年要花费大约两千五百美元：该公司每年发出大约两百五十封标书，每封标书大概花费十美元。这项费用虽大，但企业最终盈余一百万美元。

越是在困难的时候，越要力争取得一切能够取得的竞争优势。虽然仅凭一份外观新潮的文档并不一定能够中标，但是这确实会对公司的专业性加分很多。

只知一味裁减成本的人肯定不懂营销，他们不能在那些原本的计划支出上看见任何价值。这就是危险所在。成本上的每一处裁减都会带来副作用，而这些需要进行充分的考虑。往往实实在在的裁减，如裁员等，是清晰的；而不那么容易感觉到的裁减，如一家饭店减少菜量，则不那么明显。但是，这种裁剪最终会带来明显的结果——客户不满意，另寻他处。

在需要缩减成本的时候，有很多方法可以裁减成本，但是如果裁减某项成本会有可能危及你获得收入的能力，我的理念是这些裁减一定要放在最后面，只有你真的绝望时才能去减。"以任何你能够的方式缩减成本"是一句非常危险的话。我见过一个这样的案例，那时候我在为一家大型船运公司的子公司工作。有一天，总公司给我们公司的 CEO 发了一封传真，就是简单地说所有成本都要缩减百分之十。

我们举行了一次大型集体商谈会，寻找能够达到这个要求的方法，之后制订出了行动方案。在第二个月，我们真的把成本降低了十个百分点。几个月后，CEO 又接到了一封来自总部的传真，要求他再降低十个百分点。于是，我们又一次开始努力去找降低的方法。我们采取了一些非常愚蠢的做法，虽然达到了十个百分点的缩减，却最终花费了公司很多钱。

我们失去了员工，营销也减少了，不再按要求完成应该达到的设备维护频率，没有更换制服，裁减了清洁服务，很多其他事情也停了下来。当然，这意味着服务水平随之下降，而且船开始出现颠簸、变得有点不稳，我们失去了业务，营销大幅度减少，而员工士气也跌破最低值。

几个月后，我们又收到一封传真，要求从我们的运营预算中再裁减百分之十。CEO 勃然大怒，给总部写了一封言辞激烈的传真，说裁减成本这件事本质有多么荒谬，而且我们真的不能再裁减开支了，否则企业就无法再生存。来自总部的回应很简单："好的。"真是一件有趣的事，总部只是想看看我们能够减少多少成本。而我们出于服从心理，便按照他们要求的方式行事。这家公司再也没有从这些缩减的成本中康复，并且最终被人们遗忘了。

这个故事告诉我们：是的，我们需要缩减成本，但是我们需要以智慧的方式做这种事，而不要以非理性的方式进行。如果缩减得太苛刻，可能最终毁坏的是你的公司。

找一些可以信赖的人，让他们走近你

当我们正在为公司奋力争取生存机会的时候，要处理的问题、要迎接的挑战、要管理的事务是如此之多，以至于有些让人难于承受。其实，你可以坦诚地求助于他人，求助于你可以信赖的人。

这个人应当是你的知心人和你尊敬的人，最重要的是，要是能够告诉你事实真相的人，即使事实真相并非你想要听的。如果围绕着你的人在什么事情上都对你无条件赞同，那你什么也得不到。

这个人最好对商业运作有着整体的了解，即使并不一定理解你具体的生意。他可能是一个出色的参谋，你可以向他讲解你的想法，尤其是如果你在做决定时遇到了困难。在面临危机时调整公司的方向会带来疯狂、紧张和压力，这种情况下，能够有这样一个人在你身边，会是非常令人欣慰的。

找到你自己的"特别咨询师"可能并不像你想象的那么困难。往往这些人已经在我们身边。他们可能是已经退休的企业管理者，他们可能是你的亲戚，或者可能是想要慢慢隐退的行业管理者。这又回到了在身边拥有一个好的社交圈子的核心策略上。花时间来建立这个社交网络，你将会发现有人正好符合你的要求。如果你想要拥有这样一位可以推心置腹的人，你就需要对身边的人坦诚相待。如果他们了解了所有讯息，他们会给你最好的建议。去真诚地争取身边的人对你的帮助吧！

跳出思维定式

当我们发现自己处在进退两难的境地，不能幸免的概率很大时，我们需要具有创意。如果债务堆积，供应商不时缠着我们，我过去总以为只剩了一条路——破产。现在我知道，再没有比这个想法更偏颇的了。在这种时候，我们需要激活我们的创造力，解放思想，找到潜在机遇。

我有一位经营网络托管业务的客户，他正在竭尽全力地平衡收支。他看不到出路，无法解决他最大的问题——偿还父母为生意提供的十万美元的贷款。他很沮丧，工作时间超长，还是没有任何进展。他找到我来寻求帮助。

我的建议是让他找到一些最大的客户，去谈谈并购，甚至卖出他的公司。要价就是他欠父母的费用。他的一位客户表现出了兴趣，因为这位客户的业务与他的业务十分匹配。他最后得到了一份高薪的工作，经营一家新合并的公司的分部，他的压力和焦虑比过去几年少了很多。

我最近听说一家建筑公司的全体员工为了与公司共同应对危机，都同意每周工作四天，拿原来工资的百分之八十。这家公司目前仍具有活力，所有人都保住了自己的工作。公司承诺当情况改善、需求增长时，他们的工作时间可以恢复到原来的状况。

在很多方面你都可以具有创意。我的一位朋友是脊椎按摩师，她对于健康有着整体性的处理策略，并且她的诊所提供长期颈椎按摩治疗。她发展出一种优惠价的长期服务包，鼓励客户一次购买六次治疗，这对于他们的健康有好处，对她的生意更有好处。要找到新的顾客，就要发展出特殊的业务，在这些业务中，你可能会提供一个能够为你的顾客节约金钱或时间，或者二者都节省的方案。所有人都会对此感兴趣。

和你的员工讨论，寻找节省时间或者创造更多工作业绩的方法，让他们都来活跃参与，他们将会提供你想象不到的奇妙点子。和你的客户、顾客聊天，向他们询问能够帮你节省金钱或者创造更多业务的点子，我打赌你将会被他们想出来的主意和帮助你的真诚所打动。

如果你精疲力竭，将被压力压垮且充满恐惧，创意就不可能光顾你。反之，即使你的公司处在近乎绝望的泥淖之中，只要你坚定信心，保持积极健康的心态，跳出思维定式，就能想出拯救公司的办法。

供应商不想看见你破产

遇到危机时，供应商可以成就你，也可以毁掉你。但是他们不会愿意看见一个顾客破产，在艰难的时候，供应商并不是敌人——他们将会与你协作。

我总是记得我的那位特立独行的客户，他开了一家大型画廊，旺季非常忙，而淡季清淡得令人痛苦。他和供应商制定了一个协议，在旺季，他在七天之内向供应商支付款项；在淡季，则在九十天之内支付。这对他很有帮助，对供应商也有用，所有人都得到了实惠。

在困难的时候，一些企业所有人开始避开供应商的电话，不回复他们的信件和电子邮件，通常还会关掉所有联络方式。这是让供应商停止供应或者采取法律行动的最佳方式。在面临经济危机的时候，并不是清空库存或者让关键的物品或服务供应断流的时候。你需要让供应商了解你的处境的最新进展，并告诉他们你的应对措施。

当我处在一个经济的拮据点上，我通常都会和供应商一起努力解决危机。当我做出承诺后，我会做我能力以内的一切事情来信守承诺。我会随时让他们了解最新的进展，或者由我的会计师团队来与他们沟通。

我已经在我的供应商之中建立起一个名声：我总会支付我的账单。他们知道我总会付账，即使有时候我可能付得慢一点。如果我的一位供应商卷入了财务危机，我会提前支付我的账单，至少比要求的时间早很多。有时候我会预购库存，预购将来几个月内要交付的库存。我的信条是，如果他们帮助我，我也会帮助他们。

和供应商建立良好的关系将会给你极大的帮助。抓起电话，常和他们沟通。请他们和你一起努力应对危机，大多数情况下他们都会愿意。

还款方面，不要过度承诺却过低交付

当现金日渐减少时，就连挣扎着还款都变得希望渺茫。如果你已经在挣扎，你会知道情况有多糟。每一通电话听起来似乎都有人在催钱。你的账单夹要爆开，而你算不出到底以什么方式来偿还所有这一切。

你要做的事情就是试着和你的债权人达成某种协议。银行和金融公司可能会让你推迟几个月支付，虽然那会收费，但是这有助于你渡过当前的现金难关。如果你欠政府部门的钱，如税务局，他们也很可能会给你延期和弥补的时间。正如在之前的要点中讨论过的，供应商通常会愿意与你一起努力，帮助你渡过危机，当然这取决于他们自己有没有问题。

在还款问题上讨价还价，是会感到非常不好意思的。例如，一位讨债人打来电话，说需要你在一周内支付一万美元，你当时表示同意，虽然你知道自己不大可能付款，但这能够给你留下一个星期的缓冲时间。但这是一个错误——当债务违约的时候，你可以预想到，他们将采取的行动会比电话通知严重得多。

当你制订了支付计划，就必须严格遵守。所以关键在于，对你能够支付的金额和时间都要做出现实的估计。如果你对于支付日程做了过度承诺，随后又交付不足，后果将非常不好。

无论这有多难，都不要因为压力而答应某个你在心底里知道做不到的支付计划。向和你谈判的人解释清楚。他们将会欣赏你的诚实。他们可能不会接受你的建议，但是这是你处在这种位置上必须承担的风险。

做艰难的决定，并快速行动

在困难的处境中，你将必须做出一些艰难的决定。我的建议是，快速做出这种决定，并以更快的速度执行它们。往往在企业所有人犹豫不决的时候，企业就已经破产了。

毫无疑问，这会有痛苦。你将可能需要裁掉一些员工，虽然他们毫无过错。这是当老板最难的地方。你可能需要搬漂亮的办公室回到家里办公，并且面对随之而来的困窘。你可能需要给一位你非常尊敬的供应商打电话，告诉他们你正在为支付他们的账单而竭尽全力。

所有这些都是非常难办的事情，但是你必须做。我的一位老朋友性格倔强如牛，他过去常常说："如果你遇上了问题，迎头面对它！"无论做这些决定有多困难，无论你感到多么忐忑不安，都要迎难而上，解决难题。

我过去的一个问题是，在业务上一直太软弱。多年以来，我已经有很多提醒电话，告诉我需要快速采取行动，而我却没有行动，因为我不想让任何人感到不安或者受伤。即使是我要破产的时候，我也会留下员工。有两年时间，我一直和一位业务伙伴一起工作，他做的事情很少，而且花了我不少钱，我们却仍然合作着。在最困难的时候我仍会继续留在一个昂贵的办公室中，因为我的员工喜欢那里。多年以来，这种软弱和不行动让我损失了很多钱。

我不想成为一个冷酷、吝啬的商人，但是我确实想经营一家能够赢利的公司，而且不需要担心收支平衡。要做到这些，我需要做出艰难的决定，现在我已能够做出来了。因为我已经认识到，如果你由于害怕伤害到别人而拒绝做一些事情，这会带来更多的痛苦。从长期来看，永远有要付的代价。

为了拯救你的企业，无论需要做出多么艰难的决定，你都必须做，而且你需要毫不迟疑地执行它们。

要体贴，但是不要因为恐惧而等待——立刻采取果断行动。

记住，如果你有问题，就面对它！

一面观察你在哪里，一面看着你要去的地方

当你感到你的世界即将土崩瓦解的时候，压力可能会不可避免地侵袭而来，而且往往很难把目光看远一点，看到将来的日子。我记得，我曾经在凌晨三点醒来，想着自己一天将要面对的事情，心中是那样绝望。我觉得我的世界正在走向灭亡，而且完全没有解决的办法。

在这种疯狂的境遇里，我的一位密友特里·罗塞尔——他过去也曾是我的老板——把我叫到一边，告诉我一些非常简单但是非常重要的道理——他告诉我，走在森林中的时候，不要被那些挡住路的树分心。就在那一天，这些话语让我坐了起来，并且集中了注意力。

我记得，就在那时，就在那里，我所能看到的一切都是障碍。但是当我不再只盯着障碍物，视线越过它们，就能够看见我要去的地方，一切都变得简单起来。我意识到，自己正在经历的只是一时的危机。无论我的企业是否能够存活下来，在这些障碍之后都还有生活。这让我感到好了很多，并且赶走了心中大部分的焦虑和恐惧。

在生活中，有很多时候我们都忘了越过障碍看一下前进的方向。如果你

的公司正处于危机之中，而你并不确定明天将到达哪里，请记住，在这个公司后面，还有生活。如果失败了，失之坦然。但是如果你成功了呢——哇！

想想当你在这一路上攻克了一个又一个障碍，到达了森林的另一边，你会怎样？想象一下，你将会学习到什么？在未来，你处理挑战的能力又将提升多少？

只是生活在梦想里，现实会让你崩溃。只是困在眼前的泥淖中，你就会沉没。找到这二者之间的那个地方，一面观察着你在哪里，一面看着你要去的地方，你就会找到那条帮助你存活的道路。

创业成败：
关于挑战、机遇和创新
The Big Book of Small Business

第二十三章

如果你的公司没能幸存，你该如何存活

我们都听说过西方国家令人恐怖的小企业失败率。在一些报告中，根据统计数据，在五年的时间内，每十家企业中有九家没能幸存下来，大多数会在前两年破产。同样，大型企业看起来也在进行同样的挣扎，但是它们一般不是破产，而是被另一家大企业兼并。

开创或者购买一家公司就意味着开始承担风险，谁都不能保证这家公司一定会成功。然而每一年，在世界上每一个国家里，都有成千上万的人孤注一掷，开始自己的事业。经济会下滑，竞争会加剧，资源会短缺，购买习惯会改变，还有很多其他事件会发生，这些都是企业失败率的创造者。而且不幸的是，在每一扇关上的门背后面，都有一个苦苦抗争的故事。

对于开创自己公司的人来说，他们把自己一生的积蓄拿出来投资，他们疯狂工作的时间，他们一路上克服的挑战，他们在无法陪伴家人上的牺牲，谁又计算得出有多少？一旦他们失去生意，就如同失去一个深爱的人，有着切肤之痛。破产的企业所有人的自杀率为什么会如此高？那是因为他们找不到从失败、痛苦和财务损失中解脱出来的方法。

我也曾走到财务毁灭的边缘。那是一个令人恐惧的地方。我的世界似乎正在走到终点。多少个夜晚，我仰望星空，担心着下一天就是我破产的日子。沮丧、窘迫、耻辱感阵阵袭上心头，不知道我将如何生活下去。我已经闻到了破产的气息，这也是激发我奋力拼搏，杀出一条血路的原因。我经历了许多动荡不安的岁月，因为我足够绝望和疯狂，能够在第一时间做我应该完成的事情，我杀出来了。但是并不是所有人都能像我那样幸运脱身。

作为公共关系咨询师，长期以来，我必须与很多业务处于低谷期的客户合作。我曾经在这种情况下担任过一些公司的发言人，有些公司从价值数亿美元的大企业直线下跌，变成"妈妈和爸爸"型公司①。总有一些人把一切都投给了他们的梦想，而失败这种并非初衷的结果在他们的眼中反射出恐惧的光芒。这每次都让我心碎。

还有很多人并没有真的破产，但是他们失去了一切。我遇见过一位女士，她买了一个位于偏僻小镇的美容沙龙，花了十八万美元。然后她又投资了十万美元，由于缺乏经验，最后只剩下分文不值的一家公司。她和丈夫共同拥有的住房必须卖掉，在结婚二十年之后，他们真的什么也没有剩下来。

有很多书都是为了帮助企业所有人获得成功的，但是我没有看见过一本是关于当你的公司破产时你应该做什么的。以下建议和经验来自对那些经历过这种情况的人的采访。有些人损失的钱相对较少，有的则高达数亿美元。通过从他们身上学习，你将从公司的损失中平复过来。

我曾遇到很多经历过破产的小型企业所有人，以下是我多年以来给过他们的一些建议。

- 找出错误的根源，从中学习
- 接受公司破产的事实
- 说出你的感觉，如果需要，就去请求帮助
- 保持健康
- 会有人珍视你的技能的
- 明智地使用你的时间

---

①意指只剩两位老板。

- 人们真的理解
- 对过去淡然，为未来激动
- 列出你从公司中得到的那些伟大的东西
- 这可能是发生在你身上的最好的事情
- 最后的话

找出错误的根源，从中学习

要找出生意哪里出了错，我们需要坦诚地面对自己。人们很容易把不幸归罪于身边的所有人和所有事情——经济不景气、肮脏的金融家、善变的客户，当然，还有 GFC（全球经济危机）。但是如果我们想要从发生的事情中找到一些有价值的东西，我们需要有足够的勇气来承认自己的错误。

一家企业为什么失败，原因很多，但是根据我的经验，主要原因往往是企业所有人做了错误的决定，就是这么简单。我们可以阅读一百万本关于如何经营生意的书，或者可以参加很多这方面的课程，但是，在现实情况中，我们必须通过实践来学习如何经营公司，必须边干边学，这意味着一定会发生错误，有时候这些错误会带来严重的后果。

往往一家企业倾覆就是因为犯了一个看起来很简单的错误，比如在不该购买的时候购买，视线不再关注客户服务，没能在应该采取行动的时候行动，没有做足够的营销，或者可能是我们太忙了，没有做我们应该做的事情。然后"突然"发现自己陷入了严重的麻烦之中。往往最简单的错误会让一家公司倒闭。很多大型企业倒闭也是因为犯了同样简单的错误。

我并不提倡在犯错之后拼命打击自己，重要的是清晰地知道发生了什么错误，下次你应该在哪些方面吸取教训。我把我的商业错误视为大学学位。我发现，只要我能够从这些错误中学习，我将会从整个经历中得到一些收获，这使得损失变成了有价值的投资。我会权衡失去的，并且在头脑中把它们列入一个名叫"培训支出"的栏目中。最重要的是，我会对这次经历感恩，因为下一次当我遇到同样的情况，我的教训最终可能会为我挽回数百万美元，而不仅仅是几千美元。

我建议那些破产的人花一些时间来理清他们主要的错误是什么，认清他们下一次应当在哪些方面有所不同（如果你想，就会有下一次）。虽然这可能有些令人不愉快，但我觉得这是对过去的失败放手，并且是对未来的事情开始有认知的第一步。聪明人会从他们的错误中学习，并继续前进。这对你而言也是个很好的机会。

接受公司破产的事实

当一家公司破产之后，对企业所有人的打击会非常大，那是一种真正的失去和挫败的感觉。但是残酷的现实是，在我们之前，已经有数百万企业破产；在之后的很长时间里，还会有数百万企业走上同样的不归路。这就是商业生活的现实。

几年前，在一次伙伴纷争中，我不得不让我的一家公司走入自愿管理程序①。那真的非常艰难，我简直就是被迫把公司的钥匙和支票簿交给一位陌生人。我感到全世界只有我一个人处在那种境况中。我的接收人是一位非常可爱的男士，当我告诉他我的感受时，他大笑了起来。他带我走到他的档案室，给我展示了他那时正在处理的其他四百个案子——我感到好多了。

破产之后，我们必须在头脑里移除情感的部分，简单地接受发生的事实。很明显，这种事情说起来容易做起来难，但是必须懂得，即使我们沉迷于这种失败感，也不会因此获得任何成就。我曾经遇到过一些破产了之后抱着这种情绪过了几十年的人。他们因为破产的影响，没能利用生命做更多的事情，他们变得又老、又酸涩。那才是真正的悲剧！

我们可以释放愤怒或痛苦，这很自然。有一次，在一家公司的办公室中

---

①澳大利亚破产法中的一种破产处理程序。

我看到，一位身着黑衣的人走进来，搬走所有的电脑和文件，并开始换锁，而企业的所有人坐在那里抽抽搭搭，抱着他的写字台不愿意松手，直到警察过来，才把他和不再属于他的财产分开。

是的，这确实很难接受，而且我们心中也许还有些不平：要是能再多给我一个月，或者我再多有几千美元该多好——即使那样恐怕也挽救不了企业的倒闭。你对生意已经结束这个事实接受得越快，你就能够越早继续生活，并把眼光投向未来。

我们曾听到或者在电视上看到多少这类鼓舞人心的故事：经历过很多次破产，某人最终取得了成功。仔细想想，这其中是有着一定的逻辑关系的。你在生意中懂得的越来越多，你的错误就会越来越少，结果，你将得到你想要的成功。

你从哪里而来并不重要，你要去的地方才是重要的。现在，接受生意破产的现实，坚信虽然这种事发生在你身上，但这并不会毁坏你今后的生活。这是一个让你振作起来，去探索有着无穷希望的未来的机会。而且，你将会以比以往更为聪明、准备更为充分的姿态去追逐这些机遇。

说出你的感觉，如果需要，就去请求帮助

当濒临破产或者已经破产的时候，有很多要处理的事情。把你的感觉封存起来并非最聪明的做法，无论你感到多么不好意思。

在这种时候，你需要有一些人围在你身边，一些你能够敞开心扉、坦诚相待的人，一些你能够在他们面前哭泣而不感到困窘的人，一些不是因为你在做什么而是真正爱你的人。

问题在于，我们很多人衡量自己价值的标准就是看自己取得的成果，而不是我们自己是什么人。如果我们的生意不值钱，我们就会感到自己也不值钱。这很明显是一种偏执的想法。我自己多年前就曾信奉这一理念。我十八岁购买了第一份生意，在随后五年与破产苦苦抗争时，我失去了所有的信心，

认为自己是个失败者，因为我没有经营好我的生意。

那时我却拒绝别人的帮助，如果有人问我生意怎么样，我会脱口而出说它很好。我不想让任何人知道我陷入了麻烦，这让我以巨大的精力来维持着自己的门面，而我知道任何时候都可能有人从门口进来，给我出示一张破产通知。

过去，我从不习惯和人讨论我的财务问题。现在，尤其是在过去的十年中，每当我遇到了财务问题，我保证，我所了解的，我的员工也都知道。他们分享我的痛苦和负担，并以额外的努力回报我的信任。

遇到挫折时，与曾有过类似经历的人聊一聊总是好的。找到一些经历过破产的人，问他们是如何撑过来的。相信我，这对你有极大的好处。如果你找不到这样的人，就和有关专业人士讲一讲。找一位心理辅导师、心理学家或精神病学家，向他敞开心扉。把这件事从你的精神世界中请出去，这会让你感觉好很多。

你不能只谈一次、一次只谈五分钟。你需要经常与人交谈。当你的公司经历着死亡的痛楚，你将会经历犹如过山车般的情感颠簸。而找到能够分享你的感觉、你的恐惧和你的痛苦的人，真的是非常重要。

对于一些人而言，失去一门生意就如同感情破裂，得了一场重病，甚至如同深爱的人去世一样难以接受。在这个过程中，我们会经历这样一些阶段：震惊、怀疑、愤怒、悲伤和绝望。

如果你认识的某个人正在经历着破产，请努力让他们敞开胸怀，或者至少让他们知道，只要他们需要一个可以倚靠来哭泣的朋友的肩膀，你就在那里。在一场危机中，人是非常容易感到隔绝和孤独的。

保持健康

正如我先前提到过的，企业不会在一夜之间破产。通常这些企业会经历长时间的现金流紧张，承受由于挖东补西、躲避讨债人而产生的压力，在这个过程期间，人们一直都在猜想公司能否生存下来。有时候，这种情况会持续多年，最终，这家企业或者自行了断，或者被迫关门。这一过程伴随的压力和疲惫令人难以置信。我曾听一些企业所有人说，公司的事情终于走到头的时候，真的有一种轻松感。

如果你已经处在公司最终破产的不幸境地，这种时候是非常容易陷入极度沮丧、自我虐待、体质滑坡中的。让人难过的是，我认识不少在生意垮台后酗酒至死的人。人们在这种时候往往靠药物和酒精支撑着。开始时，是喝一两杯舒缓压力，或者吃一片药来帮助忘记痛苦，好在夜间入眠。问题在于，压力和痛苦第二天还会来，第三天还会来，除非危机得到了解决，否则会一直存在下去。最后药物和酒精会让情况变得更糟。

重要的是，一定要保持身体健康，要立即采取行动，无论让自己行动有多难。你要逼迫着自己做到：锻炼，吃好，得到充分的休息。如果可以的话，享受一个悠长的假期将会有神奇的功效。虽然去健身房也许是你永远也不想做的事情，但是你一定要明白：你活动得越多，你的精神状态就会越好。我爱瑜伽，我发现瑜伽是一种非常好的消除压力、重获能量的方法，瑜伽曾多次帮助过我渡过了艰难、有挑战性的时期。

采取的行动越快，你对自己就照顾得越好，你的感觉就会越好，就更有能力继续前进。把这个时期作为重新关爱身体的机会，通过刻苦的身体锻炼和良好的饮食清除自己的压力。当你锻炼出一个强壮、健康、充满活力的身体后，你就会获得人生的控制力。

会有人珍视你的技能的

对于一位失去自己生意的人而言，他最大的忧虑就是如何谋生。与处在这种境地的客户合作时，我经常被问到这个问题："谁会愿意雇用一个失败的企业主呢？"

有趣的是，有很多人都愿意。通常开创自己的生意的人总是在一些事情上有着专长。可能他们不擅长的只是经营。社会上有很多人都懂得这个道理。他们通常都会很乐意雇用一位有着合适技能的人。这与某个人的公司没能存活下来，并没有多大关系。

事实上，很多破产的企业所有人最终都被他们过去的供应商，甚至竞争对手雇用了。我经常看见这种情况，而且我认为这是很聪明的举措。新的雇主知道他们在雇用在特定领域有着非常出色技能的人，在此过程中，他们也还可能得到一些雇员的客户。

正如你拥有的技能可能会引领你开创自己的生意一样，你在经营生意的过程中，也会在整体上懂得很多。你将学会如何成为一名轻车熟路、善于和人打交道的管理者，并且具有财务管理、营销、客户关系、沟通、谈判、协商、库存控制、法律事务和很多其他领域的技能。别人会珍视你所拥有的类型如此丰富的技能的。

所以，虽然你的企业并没有存活下来，也不要认为你在职场上就没有价值了。事实上，一旦尘埃落定，你可能会为有如此之多的人来请你为他们工作而感到惊讶。

对你有危害的是，沉湎于自怜自艾、一事无成的情绪之中。这种状态不会带来任何结果。所以，花几分钟时间，想一想你在经营自己企业的过程中都学会了什么技能，把它们列出来。想想都有哪些类型的公司可能会需要你这样的人。再进一步，撰写自己的简历。很显然，你有很多技能可以提供给社会，用不了多久，你和其他人就会意识到这一点。

明智地使用你的时间

可能是多年以来的第一次，你突然有很多时间可供支配。你必须明智地使用这些时间，并且要以积极的方式利用时间。

回想一下最近几年所有那些你想要做却一直没有做的事情，那时你的借口是你没有时间。当然，你现在可能没有钱来完成这些事情中的一部分，但是我打赌有很多事情并不用花很多钱。像花时间陪伴家人和朋友、阅读、野营、锻炼、学习烹饪、看电影、帮助当地的慈善机构或者你的子女所在的学校，按写你一直想要写的书，给你关爱的人打电话，甚至与老朋友聊聊天、玩玩乐器，等等，我敢确定你可以做的事情有很多。

你现在拥有很多时间来做你喜欢的事情。即使明天就找到一份工作，你也不大可能像过去几年为你自己的事业打拼那样辛苦。这些富余的时间是一个礼物，是上天对你能够解脱出来、享受生活的赏赐。

在你应该去做的所有事情中，有一个就是帮助那些没有你幸运的人。去当地某位老人的家中当义工，或者去动物保护所、救济站。帮助其他需要帮助的人能够有助于让我们更好地看待自己的生活，让我们对于世界的理解更为均衡。

在本书写作期间的一个早晨，我醒来时发现仍有很多压力。我有这么多要做的事情，却只有这么少的时间：要完成为客户所做的工作，要在写作的截止期限前完成，有些客户还没有付账要去追账。于是，我放了一张韦恩·迪尔（Wayne Dyer）博士的碟片，他是一位广受欢迎的美国精神治疗医师，也是自助活动提倡者。我听到韦恩博士讲述凯耶·欧巴拉女士的故事，这位女士照顾她陷入昏迷的女儿爱德华达已超过二十七年时间，我真的不敢相信我的耳朵。

欧巴拉夫人需要每隔两个小时给女儿喂食。她永远无法连续睡上超过两个小时，永远不能逛商店超过几分钟，或者去看一场电影、度假或外出吃饭。欧巴拉夫人独自一人。她的丈夫在爱德华达陷入昏迷后不久就因心脏病突发去世了，而她其他的女儿染上了毒瘾，流落街头。

欧巴拉夫人身无分文。仅仅为了照顾爱德华达，她每月就需要挣超过三千美元。她向高利贷借钱，用信用卡周转还钱，并靠卖蛋糕来努力达到收支平衡，然而却陷入了更深的债务之中。

当询问她是如何在这种生活中生存下来的时，她谦虚地回答道，她感到能够照看爱德华达是一份荣耀，她是她美丽的女儿。这真是一个令人难以置信的奉献传奇。

那么我为什么要与你分享这个故事呢？因为这展现了两个事实：第一是当你明智地使用你的时间，帮助他人，做有正面意义的事情时，你的生活会因此变得更好。第二是，无论你认为你的生活有多么糟糕，我们都知道有些人过的不是有一点糟糕的生活，而是令人难以置信的更糟糕的生活。

明智地使用你的时间。时间的投资会使你成为真正想成为的人。学习、服务、给予——说起要如何利用你的时间，这三个关键词会为你指出方向。

人们真的理解

任何企业所有人在生意破产后都会遇到很多挑战，其中最大的挑战之一就是感到所有人都视他们为失败者。而事实是，一些人可能会这么想，但很多人不会。

在这个世界上，每一个企业所有人都懂得，有一天他们可能也会陷入破产。这可能是因为他们无法控制的客观条件，或者可能因为自己百密一疏中犯下的错误。但是毫无疑问，当我们以企业家的身份开创一份事业时，我们都会面临这个风险。

我曾经参与过很多债权人的会议。这些会议一般都在一家企业进入破产清算过程，管理者要最终理清细节的时候召开。通常与会的代表都是来自失败企业的债权企业。这种会议并不是令人愉快的，因为那些人都知道，破产企业欠他们的钱将只能拿回很少一部分。

当我坐在这些会议上时，我的观点有所不同。我知道一个破产的人失去的通常比在座的所有人加起来都要多，破产企业的所有人需要应付巨大的焦虑、痛苦和破产的困窘，这是种十分痛苦的困窘。当一家公司破产时，没有人是赢家。曾经有过这种经历的人都知道这个事实，并懂得这个道理。

破产可能令人感到羞辱，但是有很多人真的理解你。人们并不会把你当作失败者来看待，所以不要和这个世界隔绝开来。放下心中的负担，高昂起你的头，继续你的生活。

对过去淡然，为未来激动

二十多年前，我曾经有过一次糟糕的经历。那时候，我拥有一家潜水用品商店，并在悉尼郊区有一所学校。我那时已经拥有这家公司大概四年时间了，并刚刚把一部分股权卖给了一位为我工作的人。这笔交易的部分内容是，一旦他买入公司的股份，我可以休一次假，因为我那时真的非常需要一个假期。

我前往公海进行钓鱼旅行，度过了几个星期。当我在海上的时候，我这位有创意的业务伙伴在我们店里开了一个大单。事实上他把一切都卖出去了，然后他就消失了。回到悉尼，我发现我的潜水用品商店看起来就像亚利桑那沙漠一样——一无所有，只有一团团风滚草①在地板上滚动。

他留下我一个人，破产、负债，我真的愤怒了。我不知道该做什么，于是我抓起了一张纸，看到上边写着一份工作就去申请，那份工作就是在塔斯马尼亚挨家挨户推销百科全书。我下定决心，等存到足够的钱，就找一些我认识的人去"修理"我的前业务伙伴。我完全执迷于这个目标，为之拼命努力，两年后，我终于在银行存了足够的钱。那时，我正在澳大利亚西部沙漠为一家开采金矿的公司工作。我仍然记得那天，当我拿到工资条，我知道我已经有了足够的钱来狠狠地收拾我的前业务伙伴。

然而，我却静静地坐了下来，开始思考过去的几年。这几年，我的体质逐渐变差，生了病，背上长满了恶心的疖子，心中除了燃烧着的复仇怒火，没有任何实际的计划或者目标。我开始自问，从这种复仇中我又能得到什么，而它已经让我付出了身体和精神上的代价。于是我决定"让它过去"，我做到了。从那时起，生活开始变得好起来。我的身体开始痊愈，疖疮全部消失，

---

① 一种沙漠植物，因随风滚动成球而得名。

我重新拥有了自己的生活。

我学到了人生中最为重要的一课：我们都需要放手那些不再对我们有益的事情，或者是生活中那些负面的事情。抓住这些不放只能导致更深的愤怒、痛苦、憎恶和对自己的伤害。所以，如果你的生意破产了，就随它去。如果抓住这些负面情绪不放，是什么也不会得到的。

当你真正做到放手过去的时候，你就可以面向未来。你会兴奋起来，能够重新制订计划，能够重新赢回你的生活。一次破产并不需要你用余生来偿还。

列出你从公司中得到的那些伟大的东西

在生活中，每当面临挑战的时候，我们往往会把注意力聚焦在糟糕的事情上。当一段关系结束时，我们会谈论我们的前伙伴做过的那些把我们气疯的坏事。在一份糟糕的工作中，我们会关注这份工作所有不好的方面。同样的事情也会发生在一家公司破产的时候。我们总在回想和谈论最终导致生意失败的坏事，却很少认真思考那桩生意给过我们的好处。

如果你经营一个公司纯粹是为了挣钱，我想你注定会感到不快，尤其是当你面临着生意失败的时候。要看到，经营一家公司还有很多其他的回报：能够为社会做贡献，能够让其他人的生活更好，能够做你想做的事情，能够从工作中得到一种满足感，能够促使个人得到学习和成长，等等。在这个过程中，我们可以得到很多好的体验，而且在拥有自己的企业时，还能感到自豪。

让一次生意的损失真正过去的关键因素就是寻找那些积极的方面。我建议你花几分钟时间，写下一长串列表，把你的生意给你的一切都写下来。要尽自己最大可能写全，比如：

- 物质财产
- 以前没有而现在具有的技能

- 学到的课程

- 去过的地方

- 结识的朋友

- 支持过的慈善事业

- 曾经在生活上得到你积极帮助的那些人

把注意力集中在好事上，而不是坏事上，一切都会改变。我还没有遇到过一个不能列出自己生意带来的至少二十件美妙事情的人。

一旦你列出了你的清单，把它贴在墙上，记在日记中，或者把它贴在浴室的镜子上。每天阅读它，对生意给予你的美妙事情心怀感激。当你感到日子变得棘手的时候，更应经常地阅读你的列表，闭上眼睛，感受那些好事情。我知道有些人可能对此有所抵触，尤其是当破产的感觉还没有过去的时候，但是上述这个方法真的有用。

面对破产的企业所有人可以分成两类：一类接受发生的事情，懂得他们错的地方，并且，最重要的是，能够找出他们下回该做什么。他们振作精神，重新组织队伍，积极准备再战。另一类被失败感完全压垮，虐待自己的身体，变得沮丧，失去方向和希望，永远不会从失败中恢复。这两种族群之间的差异就在于心态。学会感激是培育最好的心态的方法之一。

这可能是发生在你身上的最好的事情

我花了很长时间寻找恰当的语言来开始这一条。这句话是我在拿破仑·希尔（Napoleon Hill）激动人心的作品《思考致富》（*Think and Grow Rich*）中找到的："大多数人都在距离最大的失败仅仅一步之处取得了他们最大的成功。你也可能如此。你最大的成功现在离你可能只有一步之遥。"

我有一位朋友，经营着一家大型运输公司。他从零开始，投入了非常多的时间、精力和金钱。经过一系列不幸的事件，他不得不把将这家公司托付监管，最终破产。在快要破产的那些日子里，我的朋友忙得要死，他虐待自己的身体，吸烟酗酒。我毫不怀疑，如果一切没有改变，他可能会在五十岁之前死去。

失去公司之后，他的生活翻开了全新的一页。他戒了烟，几乎完全戒了酒，而且开始练瑜伽。如今他的生活方式几乎像一位僧侣；他很开心很满足地过着简单的生活，享受爱意满满的感情，并能够享受那些对他最为重要的事情。破产以一种奇特的方式成了他有史以来遇到的最好的事情，因为他重新得到了生活。

任何曾经拥有过自己公司的人都知道，不是你拥有公司，是公司拥有你。公司是我们拥有的最无法满足其欲求的事物。它会创造显赫的高峰，也会带来悲惨的低谷，通常你经营公司的每一步都如同坐在过山车上。当然，创业也可能会是生命中最美妙的经历。

如果你因为自己的生意没能存活下来而感到自己像个失败者，记住，这只是你人生这本大书中的一个章节。你在此之前有很多篇章，在此之后还会有很多篇章。你从这一经历中学到的经验将会永远改变你，而且是往最好的方向转变。往往，我们只是等待整个故事自己铺展开来。谁知道我们二十年后又会在哪里？但是无论我们在哪里，都是这些经验带我们去的地方。

最后的话

嗯，如果你看到了这里，真的要拍拍你的肩膀了。你现在得到了数百条实用的建议和想法，我完全相信，它们将帮助你建立你梦想的事业。大多数企业所有人面临的一个最大挑战就是平衡他们的生意和生活。建立一家公司会消耗大量的精力、热情，需要大量的承诺和全心的付出，常常会挑战你的生意和生活之间的平衡。解决这个挑战，你的未来就会有久远而成功的企业家生活。

每当有机会，就要主动出击，帮助他人。分享你的经验，永远不要低估你在作为企业所有人这条路上获得的经验，或者你能够为他人带来多少不同。

但是可能最为重要的是，保持热切的激情。激情就等于赢利。我每天都能看到这样的例子。小型企业所有人从来不会停止学习，他们对自己投资，他们奖励自己也奖励他人，他们以巨大的敬意对待他们的员工和顾客，而且他们对自己的生意充满自豪。

祝你不断取得成功！